Das Buch

Ein Mann in der Midlife-Crisis – als Nigel Marsh seinen Job verliert und zugleich wegen einer unangenehmen Operation auf der Nase liegt, kommt er ins Grübeln. Will er wirklich so weiterleben wie bisher? Will er weiterhin ein übergewichtiger, unsportlicher Workaholic sein, der seine Kinder kaum zu Gesicht bekommt und nie Zeit findet, das Leben zu genießen? Er fasst den Plan, ein Jahr Auszeit zu nehmen, um einige wesentliche Änderungen in seinem Leben vorzunehmen – unter anderem fit werden, sich um die Familie kümmern und einen guten Ausgleich zwischen Arbeit und Leben finden. Trotz der knappen Finanzlage ist seine Ehefrau Kate einverstanden, sie stimmt sogar zu, in ein kleineres Haus umzuziehen und das Kindermädchen zu entlassen. Doch Nigel muss feststellen, dass es gar nicht so einfach ist, sein Leben von einem Tag auf den anderen völlig umzukrempeln. Und dass das Dasein als Hausmann ganz eigene Herausforderungen mit sich bringt.

»Ein höchst unterhaltsames Buch, das dennoch nachdenklich macht.«
Sunday Herald Sun

Der Autor

Nigel Marsh wurde in England geboren und kam mit fünf Jahren ins Internat. Seitdem bemüht er sich um die Aufmerksamkeit und Anerkennung seiner Eltern. Nach Reisen durch die Welt und drei Jahren Theologiestudium hat Nigel Marsh seinen Himmel in Sydney gefunden. Dort ist er CEO einer Mediengruppe. Er lebt mit seiner Familie in Bronte.

Nigel Marsh

VIERZIG – FETT – GEFEUERT

DAS JAHR, IN DEM ICH MEINEN JOB VERLOR UND MEIN LEBEN FAND

Aus dem Englischen
von Christoph Bausum

Ullstein

Besuchen Sie uns im Internet:
www.ullstein-taschenbuch.de

Umwelthinweis:
Dieses Buch wurde auf chlor- und säurefreiem Papier gedruckt.

Deutsche Erstausgabe im Ullstein Taschenbuch
1. Auflage Juni 2007

Titel der australischen Originalausgabe: *Fat, Forty and Fired* (Bantam, Sydney)
Umschlaggestaltung: Büro Hamburg
Titelabbildung: © Blue Cork
(Foto Umschlagrückseite: © Jo Negrine)
Satz: Pinkuin Satz und Datentechnik, Berlin
Gesetzt aus der Minion
Druck und Bindearbeiten: Ebner & Spiegel, Ulm
Printed in Germany
ISBN 978-3-548-36922-8

Für Kate, Alex, Harry, Grace und Eve

Seit ewig, für immer

Einleitung

Haben Sie je den Wunsch verspürt, aufs Land oder ans Meer zu ziehen und einen Neuanfang zu wagen? Ich kenne dieses Gefühl nur zu gut. Ich habe die letzten zwanzig Jahre damit zugebracht, mir in einer Vielzahl von Jobs den Rücken krumm zu arbeiten, die meiste Zeit in einem verstädterten und ziemlich regnerischen Land.

Wie die meisten Menschen hatte ich anfangs weder Vermögen noch eine einflussreiche Familie, die mir die Türen zu einer entsprechenden Karriere hätte öffnen können. Ehrlich gesagt hatte ich überhaupt kein Geld – außer dem, was ich Woche für Woche verdiente. London kann ein ziemlich gnadenloses Pflaster sein für einen jungen Mann ohne Verbindungen und ohne Qualifikationen – abgesehen von einem gültigen Führerschein und der Fähigkeit, die Bibel in Altgriechisch zu lesen.

Als ich nach dem Abschluss meines Studiums nach London ging, um mein Glück zu suchen, waren meine ersten Erfahrungen nicht gerade vielversprechend. Aber ich hatte keine Familie zu ernähren, und im Auto eines Kumpels zu schlafen, während ich bei der Eisenbahn arbeitete, kam mir zu der Zeit gar nicht so schlimm vor.

Im Lauf der Jahre bekam ich irgendwann die unterste Stufe einer Karriereleiter zu fassen, die meinen persönlichen Talenten zu entsprechen schien – die Welt des Marketings winkte. Mein Aufstieg verlief zufriedenstellend, und bald fand ich mich oberhalb der Armutsgrenze wieder. Und nach einigen Jahren hatte ich mich sogar für die schwindelnden Höhen des mittleren Managements qualifiziert.

Meine privaten Verpflichtungen nahmen zu – vier Kinder bei der letzten Zählung –, ebenso wie mein Einkommen, wobei es die Verpflichtungen jedes Mal schafften, Gehaltssteigerungen umgehend auszugleichen. Ich fing an, härter und härter zu arbeiten, um über Wasser zu bleiben. Ich wechselte die Jobs, die Unternehmen, sogar die Länder, um meine Karriere voranzutreiben. Und während die Jahre vorüberzogen, meldete sich eine zunehmend drängende Stimme in meinem Kopf zu Wort. *Wofür das alles, Nigel? Dein Leben rutscht dir durch die Finger. Du musst deine Prioritäten ändern und Zeit für deine Familie finden.* Die Stimme verschwand nicht – im Gegenteil, sie wurde im Lauf der Zeit immer lauter. Lange Zeit tat ich natürlich überhaupt nichts, weder änderte ich meinen Lebensstil, noch nahm ich eine Auszeit – doch das hinderte mich nicht daran, während meiner letzten zehn Jahre den unrealistischen Traum zu pflegen, dass ich bald alles an den Nagel hängen würde.

Dann, im Jahr 2003, fand ich mich plötzlich als das Opfer von Personalabbau in Sydney lebend wieder. Die Realität sah nicht ganz so aus wie meine Tagträume. Glaubt man einer Schlagzeile, die kürzlich in der *Financial Times* zu lesen war, dann gilt: »Die Armen sind die neuen Reichen, und Aussteigen ist der neue Wunschtraum.« Das ist Quatsch. Arm ist arm und Aussteigen kann zum Albtraum werden.

Ich habe keinen eingängigen Slogan, der auf den Punkt bringt, was ich in meinem Jahr als Aussteiger gelernt habe.

Doch ich weiß, dass Männer nicht vom Mars kommen und dass Fett kein exklusives Thema der Feministinnen ist. Männer kommen von der Erde, und Fett ist Fett. Ich behaupte nicht, dass ich für irgendjemanden Patentrezepte zu bieten hätte. Ich kann nur sagen, dass ich den Traum vom Aussteigen verwirklicht habe. Und ich kann erzählen, was ich dabei erlebte.

1
Papierunterhosen

Letztes Jahr kam der Weihnachtsmann nicht nach Bronte. Stattdessen kam die Gemeindeschwester. Meine vier Kinder waren über diese Veränderung nicht gerade begeistert – aber das war ich schließlich auch nicht. Wer sich eine frisch geöffnete Wunde am Hintern regelmäßig mit mehr als einem Kilo Algenverband verbinden lassen muss, bei dem kann die Festtagsstimmung schon ein wenig verlorengehen. Besonders dann, wenn gleichzeitig das Unternehmen, bei dem man beschäftigt ist, aufgelöst wird und man rund 24000 Kilometer von seinem Zuhause entfernt am falschen Ende der Welt festsitzt.

Aber was soll's, es könnte schlimmer sein, wie mein Vater immer sagt. Mir ist zwar vollkommen schleierhaft, wie die Tatsache, dass es *noch* schlimmer sein könnte, einem helfen soll, aber das ist genau die Sorte von nutzlosen Kommentaren, die man zu hören bekommt, wenn man in einer beschissenen Situation steckt und die Leute einem etwas Nettes sagen wollen. Wenn ich ein paar von den Ratschlägen berücksichtigte, die ich beim Durchblättern von Lebenshilferatgebern in diversen Flughafen-Buchhandlungen gelesen hatte, würde ich das Problem schon in den Griff bekommen.

Das Problem war exakt eine Woche zuvor aufgetreten.

Ein Besuch beim Hausarzt mit dem, was ich für einen Furunkel an meinem Hintern gehalten hatte, endete damit, dass ich mir ein grünes Kittelchen falsch herum anziehen und eine Menge Formulare unterschreiben musste, in denen ich alle Beteiligten von jeglicher Verantwortung lossprach für den Fall, dass ich bei der bevorstehenden Operation sterben sollte. Analfistel ist der korrekte medizinische Name für mein verfrühtes Weihnachtsgeschenk – König Heinrich V. starb im Alter von 36 Jahren an solch einem Ding – und die Operation heißt Fistulektomie. Nebenbei bemerkt: Die Nachsorge nach der Operation hat keinen offiziellen medizinischen Namen, weil man »Gottverdammtbeschisseneendloseelendiglicheschmerzen« nicht vernünftig ins Lateinische übersetzen kann. Zwölf Stunden später erwachte ich nach einer solchen Operation im Prince of Wales-Krankenhaus von Sydney und sagte noch leicht benommen zu meiner Frau Kate: »Das war gar nicht so schlimm.«

»Die Operation ist der leichtere Teil. Die Wundauflagen hinterher sind das Schlimme«, versicherte mir der ebenfalls anwesende Arzt fröhlich. Abgesehen davon, dass ich zu der Zeit keine Ahnung hatte, was »Auflagen« in diesem Zusammenhang bedeutet, dachte ich lediglich: Wie schlimm kann das wohl werden? Wie sich herausstellte, sehr schlimm. Schlimmer als schlimm. Nicht bloß zum Heulen schmerzhaft schlimm, sondern seelentötend und entwürdigend schlimm. Die erste Schwester, die meine Auflagen wechselte, war sympathisch, mitfühlend und geschickt. Sie zuckte kaum mit der Wimper, als ich Schreie ausstieß wie eine Frau im letzten Stadium der Wehen.

»So. Das war's schon, Mr. Marsh«, sagte sie.

»Oh, vielen Dank und entschuldigen Sie das Geschrei. Ein Glück, dass es überstanden ist. Ich glaube nicht, dass ich das noch einmal aushalten könnte.« Da erklärte sie mir sanft, dass diese Prozedur jeden Tag nötig sei, mindestens sechs Wochen lang.

»Jeden Tag?«, ächzte ich.

»Jeden Tag«, bestätigte sie.

»Auch an Heiligabend?«

»Auch an Heiligabend.«

»Auch an Silvester?«

»Auch an Silvester.«

Und so kam es, dass ich in diesem Jahr in unserer Familie nicht den Weihnachtsmann, sondern eher den Scrooge aus Charles Dickens' Weihnachtsgeschichte spielte und jegliche Festtagsstimmung unmöglich machte. Ich hatte die Ratschläge der Lebenshilfebücher bald vergessen und mich in einer Mischung aus Selbstmitleid, Wut und Hilflosigkeit eingerichtet, die vor jedem Gericht als Scheidungsgrund anerkannt würde. »Daddy ist schlecht drauf«, wie es mein wundervoller achtjähriger Sohn Alex allen Freunden und Bekannten erklärte, deren gute Wünsche zu Weihnachten auf wenig Gegenliebe stießen.

Die Sache wurde nicht gerade besser dadurch, dass fast jeden Tag eine andere Schwester zum Wechseln der Wundauflage bei uns vorbeikam. Eine endlose Abfolge von völlig fremden Menschen (zwei davon männlich), die Tag für Tag im heimischen Schlafzimmer vorbeischauen und einem die Eier zur Seite schieben, damit sie besser am Hintern rumfummeln können, kann durchaus dazu beitragen, die männliche Würde zu untergraben. Am ersten Weihnachtsfeiertag fasste ich den Entschluss, meinem völligen Abgleiten in die Verzweiflung Einhalt zu gebieten, und ich verkündete also meiner einigermaßen skeptischen Frau, dass ich nicht gewillt sei, mich von diesem kleinen Problemchen dauerhaft ans Bett fesseln zu lassen. »Wir gehen alle an den

Strand«, bellte ich. Doch meine neu entdeckte Lebenslust sollte sich als kurzlebig erweisen.

»Kate, ich hab's verloren«, blaffte ich meine Frau an, als ich vorsichtig die ersten Schritte auf den Sand gewagt hatte.

»*Was* hast du verloren?«, fragte sie geduldig zurück.

»Die Auflage. Die vermaledeite Auflage ist weg.« Irgendwo auf dem Weg zwischen unserem Haus und dem Strand hatte sich die Auflage, die meine Wunde bedecken sollte, gelöst und war aus meiner Einweg-Krankenhausunterhose aus Papier herausgerutscht.

Es war eindeutig an der Zeit für eine radikale Neuorientierung.

2
Hirnfrosch

Glücklicherweise war die Zeit geradezu ideal für eine Neuorientierung. Ein paar Wochen vor dem Problem mit meinem Hintern hatte ich einen Anruf bekommen, in dessen Verlauf mir mitgeteilt wurde, dass unser Unternehmen mit einem anderen Unternehmen fusionieren werde. Kleine Fische, dachte ich, so was passiert andauernd. Dann erklärte mir mein Chef, dass das Unternehmen, das ich in Australien leitete, im Zuge der Fusion aufgelöst würde – genauer gesagt, ich würde es auflösen müssen. Angesichts der Tatsache, dass meine Kollegen und ich gerade ein Jahr unseres Lebens damit zugebracht hatten, diese Firma erfolgreich zu machen, hielt sich die Begeisterung über diese Nachricht in Grenzen. Sie bedeutete, dass viele Kollegen – von denen niemand etwas falsch gemacht hatte – ihre Jobs verlieren würden. Wir waren in diesem einen Jahr zu einem sehr engen und ausgesprochen loyalen Team zusammengewachsen, und das bevorstehende Ende erfüllte mich mit einer großen Traurigkeit – und mit Schuldgefühlen. Es ist mir egal, was den Leuten auf der *Business School* beigebracht wird – meiner Meinung nach besteht die Hauptaufgabe eines jeden Unternehmensleiters darin, den Menschen eine sinnvolle Beschäftigung zu geben, nicht, sie ihnen wegzunehmen. Kosten senken kann jeder Schwachkopf, die wirkliche Herausforderung besteht darin, etwas Wertvolles – in jeglicher Bedeutung dieses Wortes – zu schaffen.

In meiner Verzweiflung schrieb ich sogar an den neuen Oberboss in Paris und bot ihm an, das Unternehmen zu kaufen. Um es kurz zu machen: Die Antwort lautete »*non*«. Die Werbung ist eine zynische Branche, und man kann leicht darüber spotten, wenn eine Gruppe von Menschen behauptet, dass sie an höhere Dinge glaubt als an den nackten Eigennutz – doch genau diese Einstellung hatten wir bei D'Arcy Australia. Das Unternehmen war mehr als die lokale Niederlassung eines internationalen Konzerns: Es war eine Familie. Unglücklicherweise sah es wirklich so aus, als sollte diese Familie auseinanderbrechen. Und ich als das Familienoberhaupt schämte mich für meine Unfähigkeit, das zu verhindern. Außerdem war ich ausgebrannt und unausgeglichen. In meinem Bemühen, der einen Familie gerecht zu werden, hatte ich meine andere Familie sträflich vernachlässigt.

Einen Vorteil hat es, wenn man vierzehn Tage lang auf dem Bauch liegen muss: Man hat jede Menge Zeit zum Nachdenken. Und je mehr ich darüber nachdachte, desto mehr wollte ich eine Veränderung. Ich hatte kurz zuvor ein Buch mit dem Titel *Männer auf der Suche* gelesen. Der

Autor, ein Bursche namens Steve Biddulph, schreibt, man solle jeden Mann dazu zwingen, sein vierzigstes Lebensjahr freizunehmen. Nach Biddulphs Überzeugung hat die große Mehrheit der Männer kein Leben – sie tun lediglich so, als hätten sie eines. In Wahrheit sind sie einsam, emotional ängstlich und auf armselige und zwanghafte Weise konkurrenzorientiert. Einer der Gründe dafür, dass sie niemals aus diesem tragischen Zustand herauskommen, ist, dass sie in seelenlosen Jobs und Karrieren gefangen sind, die sie dazu verurteilen, ihr Leben bis zur Rente hintanzustellen. Und wenn sie dann in Rente gehen, ist es natürlich zu spät. Solange sie arbeiten, haben sie keine Zeit zum Nachdenken, und aus diesem Grund fristen sie ein sinnleeres Dasein, in dem sie es niemals zu einem reichen und erfüllten Innenleben bringen. Wie Biddulph selbst es ausdrückt: »Unsere Ehen gehen in die Brüche, unsere Kinder hassen uns, wir sterben am Stress und auf dem Weg dorthin zerstören wir die Welt.« Ich weiß nicht, ob es an den Medikamenten lag, die ich einnehmen musste, aber diese Idee, ein Jahr freizunehmen, faszinierte mich. Ich war zwar nicht dazu gezwungen – ich hätte mich auch nach einem neuen Job umsehen können –, aber meine Lebenssituation war einfach reif für eine Denkpause und eine Richtungsänderung.

Ich trug schon eine Zeitlang das nagende Gefühl mit mir herum, dass all meine Herrlichkeit der Vergangenheit angehörte. Im gleichen Maße, wie mein Wohlstand anwuchs, waren meine Interessen weniger geworden. Als junger Mann hatte ich ein wirklich lebhaftes Sozialleben, und zwar im Beruf ebenso wie privat. Ich will mich nicht als übermäßig kulturbeflissen hinstellen, aber ich kann wohl sagen, dass ich das Verzichten auf Schlaf zu einer Kunstform entwickelte. Jeder Abend war wie ein kleines Wochenende: Livemusik, Stand-up-Comedy, Nachtclubs oder einfach einen trinken gehen gehörten von Montag bis Freitag zum Standardprogramm. Am Wochenende wurde das Menü durch die Zugabe Sport, Ausflüge oder 48-Stunden-Partys angereichert. Unabhängig davon, wie unreif und verantwortungslos mein Leben in jener Zeit möglicherweise war – eindimensional war es ganz bestimmt nicht. In letzter Zeit hatte ich dagegen den Eindruck, dass ich nichts anderes mehr tat, als zu arbeiten, mich auf die Arbeit vorzubereiten, mich über die Arbeit zu beklagen und zu schlafen – und dabei von der Arbeit zu träumen.

Noch bedrückender freilich war, dass auch mein »Charme-Faktor« rapide abnahm. Zwar war ich mir sicher, dass alle Eltern ihre Kinder anbrüllten, aber ich war nicht ganz so überzeugt, dass sie das mit der gleichen Regelmäßigkeit taten wie ich. In meiner eigenen Familie war ich zum Nebendarsteller geworden. Ich verließ das Haus frühmorgens, bevor die Kinder aufstanden, und kam zurück, wenn sie schon im Bett lagen – leider aber immer noch früh genug, um Kate anzutreffen und ihr mit immer öderen Geschichten über meine beruflichen Sorgen und Nöte auf den Senkel zu gehen. Außerdem machte ich mir Sorgen, weil mein vierjähriger Sohn Harry anfing, ein paar merkwürdige Verhaltensweisen an den Tag zu legen. Wir bemerkten das Ganze erst, als eines der Bilder, die er aus dem Kindergarten mit nach Hause brachte, mit »Flederboing« unterschrieben war. Kate und ich dachten uns nichts weiter dabei, bis das nächste Kunstwerk mit der Unterschrift »Hirnfrosch« zu Hause ankam.

Kate hatte auch keine Ahnung, was das bedeuten sollte, und so beschloss ich, der Sache selbst auf den Grund zu gehen. Ich kam früher nach Hause, um Harry aus dem Kindergarten abzuholen. Das bedeutete peinlicherweise, dass Kate mir zuerst einmal erklären musste, wo dieser sich überhaupt befand, weil ich noch nie vorher Zeit dafür gefunden hatte. Nachdem ich endlich die richtige Straße und einen Parkplatz für mein Auto gefunden hatte, gab ich mich an der Tür des Kindergartens als »abholenden Elternteil« zu erkennen und machte mich auf die Suche nach Harrys Gruppenleiterin. Das Abholen der Kinder ist ein Tohuwabohu und definitiv nicht die beste Zeit, um einem besorgten Vater Aufmerksamkeit und beruhigende Worte zuteil werden zu lassen, doch Harrys Erzieherin erwies sich als wirklich nett, als ich sie schließlich gefunden hatte.

»Entschuldigen Sie bitte, ich bin Harrys Vater. Er hat letzte Woche ein paar Bilder mit seltsamen Namen mit nach Hause gebracht, und ich wollte einfach mal fragen, was der Zweck dieser Übungen ist«, fragte ich sie.

»O nein, Mr. Marsh, das ist keine von unseren Übungen«, gab sie zur Antwort. »Es ist einfach so, dass Harry seit ein paar Monaten jeden Morgen in den Kindergarten kommt und verkündet, dass sein Name nicht Harry ist. Dann teilt er uns seinen neuen Namen mit – Spinnenpotter, Winnie Ranger, Hirnfrosch, solche Sachen – und weigert sich, auf irgendeine andere Ansprache zu reagieren.«

»Sagten Sie *ein paar Monate*?«, fragte ich.

»Ja, wir nahmen an, dass Sie das zu Hause mit ihm spielen.«

Ich quälte mich die ganze Woche mit immer schrecklicheren Erklärungen dafür, was Harrys Verhalten bedeuten könnte. Vielleicht war es ein Ausdruck der tief verwurzelten Persönlichkeitsprobleme des armen Würmchens, die daraus resultierten, dass ich ein so beschissener Vater war. Hatten meine Ungeduld und mein Gebrüll ihn dazu veranlasst, eine Reihe von fiktiven Persönlichkeiten zu erfinden, die es ihm erlaubten, sich in eine angenehmere Welt zu flüchten? Ich war einfach nicht dazu in der Lage, diese Selbstgeißelungen zum Verstummen zu bringen – außer natürlich an den Wochenenden, die ich wie üblich damit verbrachte, ihn und seine Geschwister anzubrüllen.

Ob Harrys Namensspiele nun etwas damit zu tun hatten oder nicht, es war nicht zu leugnen, dass ich die Perspektive verloren hatte. Die Arbeit nahm einen viel zu großen Teil meines Lebens in Anspruch, und ich entsprach jenem Menschentyp, der ich nie hatte werden wollen – eine Büroratte, die lebte, um zu arbeiten, und nicht arbeitete, um zu leben. Das Ganze wurde noch schlimmer dadurch, dass ich meinen eigenen Werten und Vorstellungen nicht mehr entsprach. Ich verbrachte nicht nur zu wenig Zeit mit meiner Familie – die wenige Zeit, die ich mit ihr zusammen hatte, wurde durch mein mürrisches, widersprüchliches und abgespanntes Verhalten ruiniert.

Die Werbebranche kann auf Außenstehende ziemlich glamourös wirken, die Realität entspricht selten – wenn überhaupt jemals – dieser Vorstellung. Die Branche hat ihren Zenit lange hinter sich. Werbeagenturen bezahlen keine Spitzengehälter mehr und bieten auch keinen attraktiven Arbeitsalltag mit langen Arbeitsessen und hohen Gratifikationen am Jahresende. Wenn Sie eine Werbeagentur leiten, müssen Sie sich nicht nur täglich mit einer langen Liste immer anspruchsvollerer Klienten herumschlagen, sie müssen darüber hinaus eine oftmals erschöpfte und unterbezahlte Belegschaft dazu bringen, für ziemlich wenig Gehalt ein unvernünftig hohes Arbeitspensum zu leisten. Zehn 14-Stunden-Tage hintereinander, das Abwandern eines Key-Account-Kunden, ein paar unerwünschte Kündigungen und dann noch ein Anruf Ihres Chefs, der sich darüber beschwert, dass der Laden keine zweistelligen

Zuwachsraten aufweist, kann dann schon einmal auf die Laune schlagen.

Das Schlimme war nur: Je unleidlicher ich wurde, desto netter war meine Familie zu mir. Es wäre mir eine gewisse Beruhigung gewesen, eine zänkische Frau und ungezogene, nervende Kinder zu haben, aber das genaue Gegenteil war der Fall. Kate und ich waren seit zehn Jahren verheiratet und sie hatte mich in dieser ganzen Zeit rückhaltlos unterstützt; war immer voller Verständnis gewesen. Sie hatte ihre eigene Karriere aufgegeben und mir vier der wundervollsten Kinder geschenkt, die je auf Erden wandelten. Alex, Harry und unsere dreijährigen Zwillinge Grace und Eve überschütteten mich geradezu mit Liebe, wenn ich abends von der Arbeit nach Hause kam. Sobald sie meinen Schlüssel in der Tür hörten, ließen sie alles stehen und liegen – zu Kates verständlichem Missfallen, wenn es gerade Essenszeit war – und rannten Hals über Kopf den Flur entlang, wobei sie um die Wette »Daddy! Daddy! Daddy ist da!« schrien. Auf dem Weg wurden sie zu einem einzigen ineinander verschlungenen Kind mit acht Armen und acht Beinen. Oft krachten sie von innen gegen die Tür, noch bevor ich sie geöffnet hatte, und machten es mir unmöglich, ins Haus zu kommen. Kate musste sie dann ein Stück von der Tür wegziehen, damit ich mich hindurchzwängen und die aktuellen Zeichnungen, Gemälde und Sportergebnisse in Empfang nehmen konnte.

Ich war der glücklichste Mann der Welt – doch immer öfter reagierte ich auf dieses Bombardement bedingungsloser Liebe mit einem Grunzen oder, schlimmer noch, mit einem Wutausbruch. Wenn ich von der Arbeit nach Hause kam, fühlte ich mich manchmal so erschöpft, dass ich erst einmal im Auto sitzen blieb und Radio hörte, anstatt hineinzugehen. In meinen rationaleren Momenten verurteilte ich dieses Verhalten und versank in einem Meer von Selbsthass und Verzweiflung, doch meistens beschränkte ich mich darauf, bedenkenlos über die Gefühle der Menschen, die mir am meisten bedeuteten, hinwegzutrampeln.

Anfang Dezember war ich nach New York geflogen, um mich mit Hank zu treffen, dem großen Häuptling unseres Konzerns. Ich hatte mehrere Wochen lang auf dieses Treffen gewartet, seitdem verkündet worden war, dass alle Niederlassungen unseres Unternehmens weltweit fusionieren würden. In solchen Situationen ist der Leiter jener Firma, die mit einer anderen zusammengelegt werden soll, immer der Erste, der seine Papiere bekommt. Das war in diesem Fall ich selbst, also war ich auf das Schlimmste gefasst. Ich war nach dem langen Flug am John-F.-Kennedy-Flughafen abgeholt und geradewegs zu dem Wolkenkratzer gefahren worden, in dem unsere Unternehmenszentrale residierte. Die Büros waren beeindruckend – jede Menge Marmor und Glas. Ich wurde in den 33. Stock gebeten und dort in das Vorzimmer von Hanks Büro.

Für einen Mann, der ein weltweit operierendes Unternehmen leitet, war Hank erfreulich informell und offen.

»Hallo, Nigel, schön Sie zu sehen. Wie war Ihr Flug? Soll Dani Ihnen einen Kaffee bringen? Oder lieber ein Wasser?«, fragte er, als ich in sein riesiges Eckbüro vorgelassen wurde, das einen atemberaubenden Blick auf den Central Park bot.

Ich fragte ihn, wie es ihm gehe, und er sprach offen über das Jahr, das hinter ihm lag. Wie schwierig es gewesen war. Wie jeder nur darauf aus war, ihm ein Bein zu stellen. Wie enttäuschend die ganze Situation war. Moment mal, dachte ich, bist du nicht der Kerl, der gerade im Zuge unserer Fusion 85 Millionen Dollar an persönlichen Gratifikationen eingesteckt hat? Kate und ich könnten eine Enttäuschung in dieser Größenordnung gut verkraften. Ich biss mir auf die Zunge und sagte nichts.

Er redete weiter.

Und weiter.

Und weiter.

Unser Meeting war bereits 55 Minuten alt, und wir hatten noch kein Wort über Australien gesprochen – geschweige denn über mich. Wir redeten immer noch darüber, wie viel Hank reisen musste, wie sehr ihn die Presseberichte über seine persönlichen Einkünfte aus dem Fusions-Deal verletzt hatten und wie schwierig es war, mit Investoren zu verhandeln.

Mich beschlichen Zweifel, ob er überhaupt wusste, wer ich war. Vielleicht spielte er auf Zeit und hoffte, dass ihm jemand auf die Sprünge half. Ich beschloss, ihm ein wenig Hilfestellung zu geben.

»Das muss schlimm für Sie gewesen sein, kann ich mir vorstellen«, sagte ich. »Aber es hört sich so an, als hätten Sie den Sturm erstaunlich gut überstanden, Hank. Wir könnten etwas von Ihrem Know-how gebrauchen, drunten in *Australien*«, fügte ich mit besonderer Betonung hinzu.

»Ach, Australien«, sagte er, sichtlich munterer werdend. »Habt ihr eigentlich noch diesen Hafen?«

»Hafen?«

»Ja, Hafen. Den Hafen von Sydney.«

»Ja, den haben wir noch«, antwortete ich. Ist das bloß mein Jetlag oder reden wir hier absoluten und vollkommenen Schwachsinn, fragte ich mich im Stillen. Ich bin über 22 000 Kilometer geflogen, um meine Kündigung entgegenzunehmen, und nach einer Stunde machen wir hier eine Erdkunde-Wiederholungsstunde für Zurückgebliebene.

Ich beschloss, das Thema selbst zur Sprache zur bringen.

»Was die bevorstehende Fusion angeht, möchte ich Sie gerne fragen, welchen Rat Sie mir persönlich geben würden«, begann ich.

»Mein Rat ist, sichern Sie sich einen Platz im Bus – irgendeinen Platz, in irgendeinem Bus –, schnappen Sie sich einen und halten Sie sich dran fest«, antwortete er mit überraschend viel Leidenschaft und Nachdruck. Ich fühlte mich unwillkürlich an diese Szene im Film *Die Reifeprüfung* erinnert, in der Dustin Hoffman bei einer Party von einem Freund der Familie vor die Tür gebeten wird, der ihm einige Karrieretipps geben will, dann aber mit todernster Mine lediglich das eine Wort »Plastik« sagt.

Hank erklärte langatmig, das sei als Vergleich gemeint (echt wahr?), und bei einer Fusion müsse für jemanden wie mich das oberste Gebot sein, einen Job zu ergattern, gleich in welcher Funktion oder an welchem Ort. Meine eigenen Wünsche und Ziele erwähnte er nicht. Die Sicht des Unternehmens hatte ebenfalls nichts mitzureden. Die simple Botschaft lautete: Halte dich an deinem Job fest, oder … Hank sprach engagiert und schien ehrlich bemüht, mich beim Erreichen dieses Ziels zu unterstützen. Am Ende unseres Meetings empfahl er mir zwei Leute, mit denen ich mich seiner Meinung nach treffen sollte – beide hätten Stellen zu besetzen, über die sie gerne mit mir sprechen würden. Es wäre mir undankbar vorgekommen, ihn darauf hinzuweisen, dass die fraglichen Positionen beide in der nördlichen Hemisphäre angesiedelt waren und dass ich vor gerade mal zwölf Monaten meine gesamte Familie auf die Südhalbkugel verpflanzt hatte. Ich dankte ihm für seinen Rat und versprach, ernsthaft darüber nachzudenken.

Und genau das tat ich. Unser Meeting war vielleicht ein wenig bizarr gewesen, aber es half mir auf jeden Fall zu entscheiden, was ich eigentlich wollte. Hanks Standpunkt war nicht ungewöhnlich, und aus seiner Sicht war sein Rat zweifellos absolut vernünftig. Doch aus einer anderen Perspektive betrachtet ist es ziemlich schwachsinnig, auf einen Bus aufzuspringen, wenn einem nicht gefällt, wo dieser hinfährt. Ich hatte wenig Lust, mein eigenes Leben zu ruinieren, und außerdem wollte ich auch meinen Kindern das richtige Vorbild geben. Auf die Gefahr hin, die Metapher zu Tode zu strapazieren: Ich wollte ihnen zeigen, dass es manchmal besser ist, auszusteigen und zu Fuß zu gehen, anstatt in einem Bus zu sitzen, der von jemand anderem gesteuert wird. So kann man sich die Strecke selbst aussuchen, und am Ende lernt man vielleicht sogar mehr. Und wenn alles schiefgeht, kann man immer noch einen anderen Bus nehmen.

Ich hatte einfach das Gefühl, dass es an der Zeit war, ins kalte Wasser zu springen und dem Angestelltendasein für einige Zeit Lebewohl zu sagen. Tot ist man schließlich lange genug – und ich hatte schon immer bezweifelt, dass das Herumsitzen in einem Büro die Summe all dessen ist, was die Welt uns zu bieten hat. Außerdem hatte ich es bisher noch nie bereut, wenn ich mich auf ein Risiko eingelassen hatte – weder meine Versuche als Stand-up-Comedian, mein Theologiestudium, den Umzug nach Australien noch die Entscheidung für Baby Nummer drei – das dann zu Zwillingen wurde. Genaugenommen waren diese Risiken keineswegs die »verrückten« Abschnitte meines Lebens, sondern im Gegenteil ausnahmslos Dinge, die mein Leben bereicherten und aufregend machten und an die ich mich gerne erinnere. Vielleicht war ein befristetes Aussteigen aus der Tretmühle genau das, was ich und meine Familie brauchten.

Je mehr ich darüber nachdachte, umso attraktiver erschien mir diese Vorstellung. Ein Zeitungsartikel gab der Idee noch weiteren Auftrieb. Er zitierte eine Umfrage neueren Datums, nach der 88 Prozent aller Australier mit ihrer Arbeit unzufrieden sind und sich ein sinnerfüllteres und ausgewogeneres Leben wünschen. Vielleicht war mein Fall ja gar nicht so ungewöhnlich. Ich fing an, völlig unrealistische Pläne zusammenzufantasieren, was ich alles tun würde, wenn ich nicht mehr in mein verflixtes Büro gehen müsste. Offenbar überschätzen die meisten Leute, was sie im Verlauf eines Jahres tun können – und unterschätzen, was in zehn Jahren möglich ist. Zu der Sache mit den zehn Jahren kann ich nicht viel sagen, aber ich kann bezeugen, dass ich hinsichtlich des einen Jahres an schwerer Selbstüberschätzung litt.

Meine Liste begann mit den üblichen Dingen wie abnehmen und fitter werden. Nach einigen Dosen Bier fügte ich noch Russisch lernen und regelmäßig zeichnen hinzu. Ein paar Biere später wollte ich meine Kinder von der Schule abmelden, um sie zu Hause zu unterrichten, und für das Amt des Bürgermeisters kandidieren. Am Ende meines Sixpacks standen der Weltfrieden und ein Impfstoff gegen Krebs auf meiner Agenda. Doch erst, als dann auf einmal »für England in Wimbledon gewinnen« auf der Liste erschien, wurde mir klar, dass ich mich im Märchenland befand. Letzten Endes gibt es eben doch ein paar Dinge, die nie passieren werden.

3
Lamm oder Schwertfisch

Ich mag vielleicht selbstbezogen sein, doch mir war klar, dass ich den Entschluss, einfach ein Jahr lang auszusteigen, nicht leichtfertig fassen konnte – und schon gar nicht allein. Bevor ich irgendetwas Übereiltes tat, brauchte ich ein offenes Gespräch mit Kate. also unternahm ich den bedeutsamen Schritt, nach meiner Rückkehr aus New York einen Tisch in einem Restaurant zu reservieren. Ich sage bedeutsam, weil mit Kate in ein schickes Restaurant essen zu gehen einerseits eine der größten Freuden in meinem Leben ist – andererseits gehört es auch zu den frustrierendsten Erlebnissen, die ich mir vorstellen kann. Im Verlauf unserer Ehe habe ich das immer gleichbleibende Eröffnungs-Szenario unserer gemeinsamen Restaurantbesuche fürchten gelernt. Nicht, dass es mir keinen Spaß machen würde, mit Kate zusammen auszugehen – das tut es. Es ist einfach, dass unter ihren Händen der Prozess der Essensbestellung zu einem nervenzerreißenden und geradezu körperlich schmerzhaften Prozess wird. Kurz gesagt, sie hat das Bestellen zu einer Kunstform entwickelt.

Die Unterhaltung beginnt immer mit dem gleichen Satz. Heute Abend würde offensichtlich keine Ausnahme bilden.

»Weißt du schon, was du bestellen willst?«, fragte sie, nachdem wir einige Minuten lang die Karte studiert hatten.

»Ja«, antwortete ich.

»Was denn?«

»Ich glaube, ich werde heute mal den Schwertfisch probieren.«

»Bist du sicher?«, hakte sie nach.

O Gott, jetzt geht es wieder los.

»Ja«, war meine Antwort.

»Warum?«

»Du liebe Zeit, keine Ahnung. Ich habe einfach Lust darauf.«

Kate winkte den Kellner herbei.

»Was empfehlen Sie?«, fragte sie ihn.

»Es ist alles sehr gut, meine Dame.«

O Scheiße, die schlechteste aller denkbaren Antworten. Wir werden heute Abend die komplette Bring-mich-zum-Heulen-Version geboten bekommen, dachte ich. Kate bohrte unterdessen weiter: »Ja, aber was würden *Sie* bestellen?«

»Äh ... ich nehme normalerweise das Lamm oder den Schwertfisch, meine Dame.«

»Ist das Lamm nett?«

»Nett?«

»Ja, nett. Ist es gut? Glauben Sie, dass es mir schmecken würde? Mir ist heute nicht nach schwerem Essen.«

»Dann glaube ich, dass der Schwertfisch perfekt für Sie wäre, meine Dame.«

Du hältst dich für schlau, mein Freund, aber du hast keine Ahnung, auf was du dich eingelassen hast, dachte ich. So leicht kommt keiner davon.

»Nein, Schwertfisch geht nicht. Dann hätten wir ja beide das Gleiche.«

»Das ist kein Problem, Schatz. Es macht mir nichts aus«, sagte ich.

»Nein, das macht keinen Spaß, wenn beide das Gleiche bestellen.«

»Dann nehme ich eben das Lamm. Ich glaube, ich habe doch eher Lust auf Fleisch heute«, sagte ich zu dem Kellner, der aussah, als würde er mich am liebsten umarmen.

»Nein, nein. Das sagst du jetzt nur. Du bleibst bei deinem Fisch. Ich werde mir etwas anderes aussuchen«, sagte Kate.

Ich verlor langsam meinen Lebenswillen; wir waren in den letzten fünf Minuten einer Entscheidung keinen Schritt näher gekommen.

»Was haben denn die da?«, fragte Kate und zeigte auf den Nebentisch.

»Die Tagessuppe, meine Dame – eine sehr delikate leichte Vorspeise«, antwortete der Kellner.

»Könnte ich das als Hauptgericht haben?«, fragte Kate.

Wenn du so weitermachst, bekommst du es als Gesichtspackung, dachte ich. Ich könnte noch weitermachen – Kate tat es jedenfalls –, aber ich will Ihnen den Rest ersparen. Es versteht sich von selbst, dass ich sauer wurde, wir uns stritten, ich sie zu einer Entscheidung zwang, sie eingeschnappt war und wir schweigend am Tisch saßen, bis unser Essen kam, was sie in der traditionellen Weise kommentierte:

»Deins sieht aber lecker aus. Ich hätte doch den Schwertfisch bestellen sollen.«

Das soll aber nicht heißen, dass wir nicht zu der Unterhaltung kamen, für die wir hergekommen waren. Ehrlich gesagt fiel es uns wesentlich leichter, darüber zu sprechen, wie wir unser weiteres Leben gestalten wollten, als das vermaledeite Essen zu bestellen.

»Ich glaube, ich möchte ein Jahr aussetzen«, fing ich an.

»Du meinst, sie haben dir keinen Job angeboten, der dir gefällt?«, fragte sie.

»So kann man es auch sagen. Ich bin nicht gerade begeistert von den Möglichkeiten, die auf dem Tisch liegen. Aber ich glaube, es steckt mehr dahinter. Ich will mein Leben ändern.«

»Um was zu tun?«

»Ich weiß nicht. Nichts. Keine Krawatte anziehen. Meine Kinder richtig kennenlernen. Ein wirklicher Teil der Familie sein. Ein anderes Ventil für meinen Ehrgeiz finden als die traditionelle Karriere.«

»Aber womit würden wir Geld verdienen?«, fragte Kate

»Das würden wir nicht«, gab ich zur Antwort.

»Und wovon würden wir leben?«

»Von meiner Abfindung.« Kate hob fragend die Augenbrauen und zündete sich eine Zigarette an, bevor sie zum Kern des Problems vorstieß.

»Wie lange würde die reichen?«, fragte sie.

»Wenn wir sparsam sind, könnte sie für ein Jahr reichen«, antwortete ich.

»Was heißt ›sparsam‹ in diesem Zusammenhang?«, fragte Kate.

»Na ja, wir müssten in ein kleineres Haus ziehen. Und den Subaru verkaufen. Und das Kindermädchen müsste gehen. Ansonsten würde sich nicht viel ändern.«

»Und was passiert am Ende dieses Jahres?« Verdammt, genau die Frage, von der ich gehofft hatte, dass sie sie nicht stellt.

»Ganz ehrlich?«, antwortete ich.

»Ganz ehrlich.«

»Wir stecken in der Scheiße. Unsere gesamten Ersparnisse sind aufgebraucht. Ich bin vergessen, ein 40 Jahre alter Werbemanager, der ein Jahr lang nicht gearbeitet hat. Nicht vermittelbar.«

»Also ich bekomme doppelt so viel Ehemann, das halbe Einkommen und am Ende des Jahres müssen wir beide bei Woolworth's arbeiten?«

»Im Großen und Ganzen: ja.«

Kate dachte eine Minute lang nach. »Und wenn wir das tun, wirst du nicht mehr so ein Arschloch sein?«

»Das ist der Grund, warum ich es tun will. Ich kann es nicht versprechen, aber ich werde es versuchen.«

Kate nahm ihre Gabel und pickte einen Bissen Schwertfisch von meinem Teller. Sie kaute nachdenklich, dann lächelte sie mich an.

»Okay, wenn du glaubst, dass es dich glücklich macht, bin ich dabei.«

Wäre sie doch nur so entscheidungsfreudig, wenn es darum geht, ein Hauptgericht zu bestellen.

4
Little Lunch

Nach meiner Rückkehr aus dem Fistelurlaub hatte ich in meinem alten Job noch einen Monat lang Zeit, um endgültig über meine Zukunft zu entscheiden. Das Fusionieren eines Unternehmens ist nicht gerade eine dankbare Aufgabe, aber es war mir extrem wichtig, die Sache so gut wie möglich über die Bühne zu bringen, und zwar bis ganz zum Ende. Das geschah nicht nur aus beruflichem Stolz, sondern weil meine Entscheidungen als Geschäftsführer für andere Menschen den Unterschied zwischen Weiterbeschäftigung oder Arbeitslosigkeit bedeuteten. Nur weil ich mit dem Gedanken spielte, ein Jahr freizunehmen, hieß das noch lange nicht, dass auch andere den gleichen Wunsch verspürten – oder das finanzielle Polster hatten, es sich zu erlauben. Jeder einzelne meiner australischen Kollegen war mir gegenüber unglaublich fair gewesen, und das wollte ich zurückzahlen, indem ich dafür sorgte, dass so viele von ihnen wie nur irgend möglich einen Job in der neuen Firma oder zumindest eine akzeptable Abfindung bekamen.

Doch davon abgesehen ist es natürlich ein Unterschied, ob man ein Unternehmen Tag für Tag vorantreibt oder ob man es abwickelt, deshalb hatte ich jetzt mehr Zeit für die Familie. Kate und ich waren entschlossen, diese Zeit zu nutzen, um mein praktisches Wissen über das Leben, für das ich mich entscheiden wollte, zu vergrößern. Unsere Überlegung war, dass es mir leichter fallen würde, die endgültige Entscheidung zu treffen, meinen Job aufzugeben, wenn es so weit war, wenn ich ein paar der Freuden kannte, die auf der anderen Seite auf mich warteten. Wir setzten den 31. Januar fest, um uns endgültig auf eine Entscheidung festzulegen.

Wir begannen das Experiment langsam, mit einer einfachen Aufgabe. Ich sollte mir einen Morgen freinehmen und die »Schulfahrt« übernehmen. Nicht gleich für alle Kinder, sondern erst einmal nur mit den Jungs. Alex würde ich zu seiner Schule bringen und Harry im Kindergarten abliefern. Ich hatte mächtig Bammel vor dieser Aufgabe, aber ich wollte mir beweisen, dass ich es konnte – schließlich war dies ja genau das neue, bessere, »ausgewogene« Leben, das mir vorschwebte. Kate brachte die Mädchen mit dem Bus zu etwas, das sich Kinderturnen nannte, und ich fuhr die Jungen. Ich stellte den Wecker besonders früh. Je mehr Zeit, desto besser, dachte ich bei mir, denn sogar ich wusste, dass es kein besseres Rezept gibt, um ins Brüllen zu kommen, als die Kombination von Kindern und Zeitdruck. Doch trotz meiner fehlenden Erfahrung, der Widerspenstigkeit der Kinder und meines Katers (der das Resultat unseres gemeinsamen Essens war) konnte ich nach einer Stunde fieberhafter Aktivität mit stolzgeschwellter Brust die beiden kleinen Racker ins Auto setzen. Zugegeben, Alex hatte Harrys Oberteil an und Harry trug die Schuhe seiner Schwester, aber sie waren im Auto und, was noch wichtiger war, Alex hatte ein Schulfrühstück mit, das ihm sein Vater ganz allein zubereitet hatte.

Es hatte mehr als eine Stunde voller Tränen, Gebrüll und Jammern gebraucht, bis wir die richtige Mischung aus Erdnussbutter, Bananen, Apfelsaft und Chips gefunden hatten, aber jetzt war es Viertel vor neun, der Motor lief und ich hatte volle 15 Minuten Zeit, um Alex zur Schule und dann noch einmal 15 Minuten, um Harry zu seinem Kindergarten zu bringen. Doch der Berufsverkehr war ein Albtraum. Es schien Ewigkeiten zu dauern, als wir uns zentimeterweise der Schule näherten. Einen Parkplatz zu finden erwies sich als genauso problematisch. Mein ohnehin schon hoher Adrenalinspiegel stieg noch weiter. Ich war wild entschlossen, nicht zu spät zu kommen. Inzwischen fluchte ich buchstäblich vor mich hin und würgte mit weißen Knöcheln das Lenkrad. Es war einfach kein Parkplatz zu entdecken. In meiner Verzweiflung stellte ich mich ins Halteverbot direkt vor dem Schultor. Noch drei Minuten. Wenn wir uns beeilten, würden wir es noch schaffen.

»Mach die Tür auf, Alex, mach die Tür auf, Alex, MACH DIE TÜR AUF. Ach, verdammt noch mal, ich mach es selber.« Ich ließ die Schiebetür nach hinten gleiten und schaute zu, wie Alex' Schultasche in Zeitlupe aus dem Auto auf den Bürgersteig fiel und seine Lieblings-Trinkflasche mit dem Logo des Clovelly Rugby Clubs im Rinnstein außer Sicht rollte.

»Nicht weinen, mein Schatz – Harry, mach die Tür auf – ich kauf dir eine neue, Alex. Harry, mach die Tür auf – mach schon, Alex, es klingelt gleich. Ach, verdammt noch mal, Harry, ich mach es selber.«

Ich rannte um das Auto herum, wobei meine Bewegung allerdings jäh zum Stillstand kam, als sich mir das Schild mit der Aufschrift »Parken verboten – Durchgang für Schulkinder« in Höhe meiner linken Augenbraue in den Weg stellte.

»Verdammte elende Scheiße«, schrie ich und fiel auf die

Knie. Eine vorbeilaufende Mutter äußerte deutlich hörbar ihr Missfallen über meine Wortwahl vor den Ohren meiner – und ihrer – Kinder. Eine mit etwas mehr Mitgefühl ausgestattete Mutter kam zu mir herüber und sagte: »Sie bluten ja, Sie Armer. Ist alles in Ordnung?« Sie half mir auf die Füße und fragte mich höflich, warum Alex einen Frühstücksbeutel mithabe, wo doch heute Kantinentag sei.

»Kantinentag?«, fragte ich mich schwacher Stimme. »Was ist denn das?«

»Das ist der Tag, an dem die Eltern Geld für die Schulkantine mitbringen und an dem kein von zu Hause mitgebrachtes Frühstück erlaubt ist.«

»Wo ist die Kantine?«, fragte ich.

»Da drüben, aber Sie müssen sich beeilen, man kann nur bis neun Uhr bestellen.«

Ich fühlte mich nicht gut genug, um irgendjemanden anzuschreien, also zog ich einfach mit meinen Söhnen im Schlepptau los. Erstaunlicherweise reichten die 3 Dollar 30, die ich in Form von Kleingeld einstecken hatte – Geldscheine hatte ich keine dabei –, gerade aus, um meine eilige Bestellung für Alex' Essen zu bezahlen. Dann war da allerdings noch der »Little Lunch«, und das war es dann, was mein Budget und meine Nervenkraft endgültig überstieg.

»Was ist denn Little Lunch?«, fragte ich die Dame hinter der Kantinentheke.

»Das ist für die meisten Kinder das Wichtigste am ganzen Tag«, antwortete sie. »Dabei werden die meisten Freundschaften geschlossen. Um zwanzig nach zehn versammeln sich alle Kinder draußen auf dem Basketballplatz und frühstücken gemeinsam. Dabei tauschen sie Süßigkeiten und Sammelbilder und so weiter, es ist wirklich faszinierend. Die meisten Kinder würden lieber ohne Hosen in die Schule gehen als auf den Little Lunch verzichten.« Diese letzte hilfreiche Information verband sie mit einem mitleidigen Blick auf Alex.

Bis vor fünf Minuten hatte er noch nie etwas vom Little Lunch gehört, geschweige denn eine Ahnung, worum es sich dabei handelte, jetzt stand er im Begriff, mein gesamtes Leben zu ruinieren. Ich fühlte schon genug Schuldgefühle, weil ich Alex im zarten Alter von sechs Jahren an eine andere Schule und auf einen anderen Kontinent verpflanzt hatte, und jetzt hinderte ich ihn auch noch daran, sich in die Gemeinschaft einzufügen, weil ich nicht die leiseste Ahnung hatte, wie seine Schule funktionierte.

Ich lieferte meinen inzwischen todtraurigen und Little-Lunch-losen Jungen mit einem gemurmelten »Bitte entschuldigen Sie die Verspätung« bei seiner Lehrerin ab und machte mich mit einer gegen die immer noch blutende Augenbraue gepressten Kantinenserviette auf den Weg zu Harrys Kindergarten. Auf der Fahrt sprachen wir kein Wort – so viel zum Thema »*Quality Time*« mit den Kindern. Ich hatte mir ausgemalt, dass wir entspannt gemeinsam frühstücken, uns auf der Autofahrt Witze erzählen und auf dem Schulhof zusammen herumalbern würden. Stattdessen hatte ich den ganzen Morgen damit zugebracht, unter meiner ganz persönlichen Schlechtwetterwolke herumzustampfen – schuldig, überfordert, unfähig. Ich setzte Harry im Kindergarten ab und ging dann langsam den Hügel hinunter, um meinen Nerven im Strandcafé einen beruhigenden Morgenkaffee zu genehmigen.

Dort angekommen, setzte ich mich ans Fenster und versuchte mich zu entspannen, indem ich den Wellen zuschaute, wie sie sanft auf dem Strand von Bronte ausrollten. Es war ein angenehmer Ort. Und wirklich, nach fünf Minuten fing ich an, mich ein wenig besser zu fühlen. Ich bestellte noch einen Kaffee und wollte mich gerade wieder hinsetzen, als unsere Nachbarin, die ein Kind im gleichen Kindergarten hat, am Fenster vorbeilief. Sie erkannte mich und kam herein, um hallo zu sagen.

»Guten Morgen, Nigel, was machen Sie denn hier?«, fragte sie.

»Oh, ich habe mir heute Morgen freigenommen. Ich habe gerade Harry in den Kindergarten gebracht«, antwortete ich.

»Ach, ist er nicht süß? Ich könnte dahinschmelzen, wenn er da im Winkefenster steht.«

»Im Winkefenster?«

»Ja, wie er da auf seinem Kindergartentäschchen steht, damit er das Fensterbrett erreicht und seiner Mama – oder heute natürlich seinem Papa – einen Kuss zum Abschied geben kann, bevor er in seine Gruppe geht.«

Mein Herz setzte ein paar Schläge aus. Ich entschuldigte mich bei der Nachbarin und rannte so schnell ich konnte bergauf zum Kindergarten zurück. »Wo ist das Winkefenster?«, keuchte ich in Richtung einer Mutter, die gerade das Gebäude verließ.

»Da drüben, das mit dem blonden Jungen, der sich über das Fensterbrett beugt«, sagte sie und zeigte auf meinen jüngeren Sohn.

Als ich das Fenster erreichte, konnte ich sehen, dass Tränen an Harrys Wangen herunterliefen.

»Daddy, ich habe gewartet. Wo warst du denn so lange?«, fragte er mit zitternder, verwirrter Stimme.

Ich finde keine Worte, um zu beschreiben, wie ich mich fühlte. Ich hasste mich und liebte ihn mit gleicher Intensität. Wie konnte ich nur ein derart nutzloser Schwachkopf sein? Ich hatte nichts weiter tun sollen, als die Jungen in Schule und Kindergarten abzuliefern, etwas, das Kate jeden Tag machte, und ich hatte es komplett vermurkst. Alles andere als erfreut, stellte ich mir vor, wie Harry in seinem späteren Leben im Gefängnis interviewt wird und einer verständnisvoll nickenden Oprah Winfrey erklärt: »Ich entschied mich, zum Gewaltverbrecher zu werden, als mein Vater mich weinend im Kindergarten stehen ließ, weil er sich einen Kaffee holen wollte …«

Das ist vielleicht kompliziert, dachte ich, als ich nach Hause fuhr. Little Lunch, Winkefenster – welche unbekannten Hindernisse gab es noch da draußen, die mir ein Bein stellen wollten? Ich parkte vor unserem Haus und schlurfte hinein. Kate saß im Garten und nippte an einem mitgebrachten Caffè Latte. Sie sah ausgeruht aus und strahlte mich an.

»Hallo Schatz, wie war's mit den Jungs?«

»Gut«, log ich.

»Prima. Jetzt, wo du weißt, wie es geht, kannst du es beim nächsten Mal richtig machen und die Jungen und Mädchen zusammen wegbringen.«

Unwillkürlich fragte ich mich, ob vielleicht doch noch ein paar Plätze im Bus frei waren.

5
Kinderturnen

Eine Woche nach meinem katastrophalen Trip mit den Jungen nahm ich mir wieder einen Morgen frei, um mich als Kinderchauffeur zu versuchen. Angesichts meiner bisherigen Erfahrungen sah ich diesem Tag mit sehr gemischten Gefühlen entgegen. Zum Glück bestand Kate nicht darauf, dass ich alle vier Kinder auf einmal übernahm, sondern teilte mir stattdessen diesmal die Mädchen zu.

Grace und Eve sind eineiige Zwillinge. Wir hatten keine vier Kinder geplant, aber im Nachhinein bin ich dankbar, dass wir diese besondere Erfahrung machen dürfen. Die meiste Zeit sahen die beiden aus wie ein Kind mit vier großen Bambi-Augen und einer enormen blonden Haarmähne. Bis vor einem Jahr hatten sie sogar im gleichen Bett geschlafen, Gesicht an Gesicht, wie zwei zusammengehörende Puzzleteile. Sowohl Kate als auch ich verwechselten sie manchmal, andere Leute taten das grundsätzlich. Harry identifizierte sie, indem er mit dem Finger auf eine von ihnen zeigte und sagte »Die hat mich gehauen« oder »Die mit dem Hut muss aufs Klo«. Grace hat ein kleines Muttermal seitlich am Hals, und sie war so daran gewöhnt, dass ihre Familie ihr auf den Hals schaute, um sie zu identifizieren, dass sie mittlerweile automatisch ihr Haar hochhob und auf ihr Muttermal zeigte, wenn irgendjemand sie nach ihrem Namen fragte. Das war verständlicherweise etwas verwirrend, wenn Eve gar nicht dabei war, und derjenige, der sie fragte, nicht wusste, dass sie eine Zwillingsschwester hatte. Einmal fragte eine nette alte Dame im Park Eve nach ihrem Namen, und Eve schockierte Kate, als sie zur Antwort gab: »Ich bin Graceundeve.«

Die Zwillinge waren sich so zugetan, dass mir schier das Herz zerschmolz. Sie liefen Hand in Hand umher und umarmten sich, wenn eine von ihnen Trost brauchte. Sie sahen nicht nur süß aus, sie klangen auch noch süß. Ihr Akzent war eine einzigartige Mischung aus Englisch, Australisch, Südafrikanisch, Deutsch, Schottisch und Kanadisch – der Nationalitäten aller Kindermädchen, die im Laufe der Jahre unsere Familie bereichert hatten.

Obwohl sie gleich aussahen und sich gleich anhörten,

hatten Grace und Eve aber auch ein paar unterscheidende Charakterzüge. Einer davon betraf das Essen. Eve aß, wenn sie Hunger hatte, während Grace die Verbindung zwischen Hunger und Essen noch nicht hergestellt hatte. Sie war einfach der Auffassung, dass man das aß, was vor einen hingestellt wurde. Jedes Mal, wenn Eve »Nertig, Mami!« rief und Kate ihren Teller hinhielt, sagte Grace »Gib's mir, Eve.« Einmal musste ich nach dem Geburtstag einer Freundin mitten in der Nacht nach Grace sehen, weil sie im Schlaf weinte.

»Wach auf, mein Schatz, Daddy ist da. Es ist alles in Ordnung, du hast nur schlecht geträumt«, sagte ich und streichelte ihren Rücken.

Grace schlang mir die Arme um den Hals und schluchzte »Ich will ganz viel Kuchen!«, bevor sie wieder einschlief.

Sie waren liebevoll und anhänglich, zwei schlichtweg wundervolle Wesen. Eine meiner glücklichsten Erinnerungen ist der Moment, als ich gerade eine Gutenachtgeschichte beendet hatte und sie mich ernst ansahen und dann gleichzeitig sagten: »Daddy, wir verraten dir ein Geheimnis.«

Dann ergriff jede von ihnen eines meiner Ohren und flüsterte: »Daddy, wir haben dich lieb.«

Es hatte mich immer traurig gemacht, dass meine Arbeit mich im Großen und Ganzen daran hinderte, sie aufwachsen zu sehen. Und obwohl ich ein wenig Bedenken hatte, was diese Fahrt zum Kinderturnen anging, freute ich mich auch darauf, ein wenig von ihrer Welt zu erleben. Die brutale Wahrheit ist, dass ich nicht einmal wusste, wo das Kinderturnen stattfand, obwohl sie es bereits seit einem Jahr besuchten.

Wie sich herausstellte, fand das Kinderturnen in einer ehemaligen Lagerhalle in kurzer Autoentfernung von Bronte statt. Es ist eigentlich keine richtige Turnhalle, im

Grunde genommen ist es ein riesiger Raum voller Stofftiere und Sportgeräte. Diese Kombination verlieh dem Raum eine leicht unwirkliche Atmosphäre. Zwischen den »ernsthaften« Turngeräten wie Trampolin, Schwebebalken, Seitpferd und Ringe war eine Menge von grellbunten Plastikrutschbahnen, Hüpfbällen, Kriechtunneln und Klettergerüsten verteilt. Der gesamte Hallenboden war mit drei Lagen von blauen Schaumstoffmatten bedeckt. Ich hatte den Eindruck, dass Hunderte von Drei- und Vierjährigen lautstark umherschwärmten.

Unwillkürlich musste ich an das Affengehege im Zoo denken. Das Problem war nur, dass es, anders als im Zoo, kein Beobachtungsareal für die menschlichen Besucher gab. Hier waren die Eltern mit den Schimpansen zusammen eingeschlossen – und weit und breit kein Kaffeeautomat oder Zeitungsstand in Sicht. Mir kam es eher wie die Hölle auf Erden vor – doch Grace und Eve fühlten sich eindeutig wie im Himmel. Kaum hatte ich sie losgelassen, stürmten sie kichernd davon und machten sich daran, nach und nach auf jedes einzelne Gerät hinaufzuklettern – und wieder herunterzufallen. Doch die Matten leisteten gute Arbeit, und die beiden amüsierten sich offensichtlich prächtig, während ich mich an die Seite zurückzog und zuschaute. Man hatte mir gesagt, dass es während des ersten Teils der Stunde keine Struktur oder angeleitete Aktivität geben würde, um den Kindern Raum für »freies *Aerobicising*« zu geben. Danach würde eine der Turnlehrerinnen offenbar einige Tänze mit den Kindern machen, um die Stunde zu beenden.

Während ich von der Seitenlinie aus zuschaute, musste ich über die Zusammensetzung der anwesenden Eltern nachdenken: Abgesehen von mir waren es nur Mütter. Das ist nicht verwunderlich, schließlich müssen die meisten

Männer die Woche über arbeiten – und doch erschien es mir plötzlich wie eine sehr dramatische Abgrenzung der Rollen. Wie auf einer polynesischen Insel oder in einer Shaker-Gemeinde, wo alle Männer in einer Hütte leben und alle Frauen in einer anderen. Ohne meinen Plan, ein Jahr lang freizunehmen, hätte ich nicht einmal gewusst, dass dieser Ort existierte, geschweige denn hier gesessen. Ich nehme an, dass es in vielen Vorstandsetagen nicht anders aussieht – nur eben mit umgekehrten Vorzeichen: ein Raum voller Männer mit einer einzelnen Frau, wenn Getränke gereicht werden. Ich habe keine Ahnung, wie man für ein Gleichgewicht sorgen könnte, doch der Gedanke, dass wir offensichtlich noch weit von einer echten Gleichberechtigung entfernt sind, ließ sich nicht von der Hand weisen. Während ich mich diesen amateursoziologischen Betrachtungen hingab, fiel mir mit unverbesserlichem Männerblick plötzlich auf, dass die Kinderturnlehrerin unleugbar ein ziemlich steiler Zahn war. Kein Gramm Fett zu viel, ein hinreißendes Lächeln, eine gewinnende Art mit den Kindern und ausgestattet mit der Art von Sportkleidung, die ihren gebräunten Athletinnenkörper am besten zur Geltung brachte.

Kam es mir nur so vor oder widmete sie mir besondere Aufmerksamkeit? Sie erwiderte mein Lächeln mit etwas, das mir wie ein sehr ermutigender dauerhafter Blickkontakt vorkam. Vielleicht lag es daran, dass ich der einzige Mann im Gebäude war. Warum auch immer, das Kinderturnen fing an, mir zu gefallen.

Nach einer Stunde wurde dreimal laut in die Hände geklatscht und »Zeit zum Tanzen« verkündet. Alle Kinder stürmten sofort in eine Ecke der Halle. Als ich mich ebenfalls in diese Richtung in Bewegung setzte, gesellte sich die Turnlehrerin zu mir.

»Hallo, Sie sind also der Vater der Marsh-Zwillinge«, sagte sie.

»Ja – es scheint ihnen hier riesig zu gefallen«, antwortete ich.

»O ja, das tut es, sie wollen am Ende immer noch hierbleiben.«

»Es ist schön, dass sie so viel Spaß an der Sache haben.«

»Also ich hoffe, dass wir Sie nicht zum letzten Mal hier gesehen haben«, sagte sie mit einem leichten Augenzwinkern. Ich bin vielleicht vierzig, fett und gefeuert, dachte ich, aber der alte Marsh-Charme funktioniert offenbar trotzdem noch ganz gut.

Sie stellte sich in die Mitte des Kindergewusels, griff nach dem Kassettenrecorder und rief: »Also Kinder, wer will heute das erste Tanzlied heraussuchen?«

Grace war die Erste, die die Lehrerin am Arm zupfte.

»Ja, Grace, welches Lied wollen wir heute hören?«

Die versammelten Kinder, Eltern und Turnlehrerinnen schauten auf Grace.

Ich platzte beinahe vor Stolz.

»Wir lassen Papis Schniedel fein, denn er könnte schmutzig sein«, verkündete Grace.

Meine Eingeweide verkrampften sich in abgrundtiefer Beschämung, als dreißig Augenpaare wie auf Kommando in meine Richtung blickten.

»Äh, also ... das sage ich immer, damit sie ihre Hände nicht ins Klo stecken, wenn ich draufsitze.« Oh, verdammt, dachte ich, das ist die Hölle. Jeder Erklärungsversuch macht es nur noch schlimmer, du Idiot. Sie fand dich sowieso nicht toll, und jetzt wird sie dich der Polizei übergeben.

Auf dem Nachhauseweg versuchte ich mich mit dem

Gedanken zu trösten, dass es nicht das Peinlichste war, was meine Kinder je gesagt hatten. Diese Ehre gebührt Alex, der sich vor knapp vier Jahren selbst übertroffen hatte, als wir nach Devon gefahren waren, um Oma Vi – die Mutter meiner Mutter – zu besuchen. Meine Mutter war Einzelkind und hatte eine sehr enge Bindung zu ihrer Mutter. Oma Vi war wieder einmal gestürzt und lag im Krankenhaus auf der Intensivstation. Das Urteil der Ärzte war eindeutig – sie lag im Sterben und würde das Ende der Woche nicht mehr erleben. Sie wollte ihren einzigen Urenkel noch ein letztes Mal sehen. Ich fuhr also die ganze Nacht durch von London nach Somerset, um Mutter abzuholen, und dann weiter ins Krankenhaus nach Devon. Oma Vi sah wirklich schrecklich aus – eingefallene Wangen, weiß, die Augen dunkel gerändert. Die Phrase »an der Schwelle des Todes« schien auf schreckliche Weise angemessen. Doch ihre Augen leuchteten auf, als sie Alex erblickte.

»Schau mal, Mami, Alex und Nigel sind da, um dich zu besuchen«, sagte meine Mutter. »Und Alex hat dir ein Bild gemalt.«

»Oh, wie schön, mein Schatz«, krächzte Oma Vi und betrachtete das Gekritzel, das Alex ihr überreicht hatte. »Was ist es denn?«

»Das ist die Grube des Todes, Oma«, flötete er zur Antwort.

Wenn ich es recht bedenke, ist es eigentlich kaum der Rede wert, wenn die knackige Turnlehrerin glaubt, dass ich einen schmutzigen Schniedel habe.

6
Den Bus verpassen

Als die letzte Woche meines Jobs näher rückte, bekam ich auf einmal kalte Füße angesichts dieser ganzen Idee, die Arbeit Arbeit sein zu lassen und ein Jahr freizunehmen. Ich hatte mich immer noch nicht endgültig entschieden. Würde ich es wirklich durchziehen, wenn es so weit war, und mich nicht nach einem neuen Job umsehen?

Es waren mehrere Faktoren, die meine Entschlossenheit untergruben. Der erste war die Tatsache, dass mein alter Arbeitgeber unglaublich vernünftig war und betonte, dass immer noch Sitze im Bus zur Verfügung stünden, wenn ich hinsichtlich der Position und des Einsatzortes flexibel wäre. Zweitens war jeder meiner Versuche, einen Vorgeschmack auf das »gute Leben« zu bekommen, katastrophal ausgegangen. Vielleicht würde das alles doch nicht so großartig werden. Vielleicht würde ich mich langweilen und Depressionen bekommen, sobald die anfängliche Euphorie des neuen Abenteuers sich verflüchtigt hatte. Was würde mein Selbstwertgefühl dazu sagen, dass ich auf keinen Titel und keine Karriere mehr zurückgreifen konnte? Wie würden die Leute auf mich reagieren? Würde ich die Stimulation und die Bestätigung vermissen, die der Beruf mir gegeben hatte? Was würden wir letztendlich tun, wenn das Geld ausging? Wie würde Kate damit klarkommen, mich den ganzen Tag im Haus zu haben?

Der dritte Grund war die Tatsache, dass auch Kate echte Zweifel in mir geweckt hatte. Ihre Theorie war, dass ich während meines gesamten Lebens und unserer gesamten Ehe ein Serientäter im Nichterfüllen von Erwartungen war.

Sie drückte es folgendermaßen aus: »Du machst immer das Gegenteil von dem, was die Leute dir empfehlen – um irgendetwas zu beweisen. Das Problem ist, dass niemand – nicht einmal du selbst, Nigel – wirklich versteht, was du eigentlich beweisen willst, und wenn es jemand verstehen könnte, dann wäre es ihm vermutlich egal.« Ich habe den Verdacht, dass sie den Nagel ziemlich auf den Kopf getroffen hat. Schon immer habe ich dazu geneigt, mich gegen die Situation aufzulehnen, wenn ich den Eindruck hatte, dass man mir sagt, ich solle tun, was alle anderen in der gleichen Situation auch tun würden. Meine Familie, meine Schwiegereltern, meine Freunde, Kollegen und natürlich Hank hatten mir alle empfohlen, nichts zu überstürzen und weiter in Lohn und Brot zu bleiben. Wollte ich jetzt lediglich aus Prinzip das Gegenteil davon tun? Dafür, wie es nach außen wirken würde? Weil es irgendein lächerliches Bedürfnis in mir erfüllte, mich wie ein Rebell zu fühlen? Das alles kam mir auf einmal nicht mehr wie eine besonders gute Basis für eine solche lebensverändernde – und potentiell lebens*ruinierende* – Entscheidung vor.

Nachdem ich diese Gedanken und Bedenken einige Tage lang mit mir herumgetragen hatte, wurde mir klar, dass ich nie erfahren würde, ob dieser Schritt richtig war oder nicht, wenn ich es nicht versuchte. Ich würde den Sprung wagen müssen, um es herauszufinden. Die meisten Männer, die mit dem Gedanken spielen, aus dem Beruf auszusteigen, sind in einer klassischen Zwickmühle gefangen. Sie werden es nie herausfinden, wenn sie es nicht versuchen, aber wenn sie es sich endlich materiell leisten können, es zu tun, sind die Kinder bereits aus dem Haus, und es ist zu spät. Es ist eine Art erzwungener Inflexibilität, was diese Männer auch weiter mit der Krawatte um den Hals im Büro sitzen lässt. Andererseits kannte ich auch eine ganze Reihe von

Männern, die das als Entschuldigung vorschoben. Sie hatten viel mehr Geld, als ich je haben werde, und doch hoben sie die Schwelle dessen, was sie erreicht haben mussten, bevor sie sich eine Pause gönnen konnten, immer weiter an. Ich hatte im Laufe der Jahre eine Menge Gespräche mit einem bestimmten Kollegen geführt, der zwei Häuser, einen Anteil an einem Kleinflugzeug und eine berufstätige Frau hatte. Er verkündete immer leidenschaftlich, dass er ein Jahr freinehmen werde, »sobald ich genug Geld habe«. Er hat es bis heute nicht getan – und ich bezweifle, dass er es je tun wird.

Ich hatte das Gefühl, die einmalige Chance zu bekommen, den Teufelskreis in meinem eigenen Leben zu durchbrechen. Wenn ich wusste, dass ich meine Familie ein Jahr lang über Wasser halten konnte, und es trotzdem nicht versuchte, dann war ich wirklich verweichlicht. Eine bessere Gelegenheit würde es nie geben. Wenn ich es jetzt nicht tat, dann machte ich mir in Wirklichkeit etwas vor, dann würde ich es nie tun. Und ich wollte nicht eines Tages zurückblicken und mir wünschen, damals mehr Mut gehabt zu haben.

Am Ende war es ein Bild, das mir die Entscheidung abnahm. Ich fand es, als ich die Kisten aus meinem Büro ausräumte. Es handelte sich um ein Archivfoto, das die allerersten Angestellten des Unternehmens in New York zeigte, und es trug das Datum 1903. Offenbar war es auf irgendeiner offiziellen Konferenz aufgenommen worden. Es waren keine Frauen auf dem Bild, nur etwa 60 Männer, die alle formell in Jackett und Krawatte gekleidet, in ordentlichen Reihen auf Holzstühlen in einem Raum saßen, der wie die Empfangshalle eines großen Bürogebäudes aussah. Hatten sie sich aufgeregt über ihre Pläne für das Unternehmen unterhalten? Wie sie neue Klienten werben, in neue Märkte expandieren, Büros in anderen Ländern rund um den Globus eröffnen wollten? Mittlerweile waren sie alle tot. Ich fragte mich, ob einige von ihnen am Ende ihres Lebens etwas bereut hatten. Wenn ich jetzt mit ihnen sprechen könnte, was würden sie aus ihren Gräbern heraus über den wirklichen Wert dessen sagen, was sie und ihre Firma erreicht hatten? Wie würden sie definieren, was wirklich wichtig ist? Marktanteil, zweistellige Zuwachsraten und Shareholder Value – oder würde ihre Liste auch solche Dinge umfassen wie eine erfüllte Partnerschaft, einen Freundeskreis und einen sinnvollen Beitrag zu leisten? In ihrem Fall würde ich es nie herausbekommen, aber ich wollte es für mich selbst wissen.

Es gibt im Leben keine Garantie. Die Angst vor dem Ungewissen hält Millionen von Menschen davon ab, ihre Träume zu verwirklichen. Ich behaupte nicht, dass ich keine Angst hatte – denn das hatte ich! –, aber ich wollte mich von der Angst nicht aufhalten lassen. Ich beschloss, dass ich am Ende meines Lebens zurückblicken und zumindest wissen würde, dass ich einen anderen Weg ausprobiert hatte – gleichgültig, wie schlecht dieser Versuch ausgegangen war. In diesem Jahr würde der Bus mit einem leeren Sitzplatz weiterfahren müssen.

7
2800 Stöße

Der erste Tag meiner Freiheit fühlte sich nicht besonders bedeutsam an. Eigentlich fühlte er sich wie ein ganz normaler Tag an. Um die Wahrheit zu sagen: Wir hatten überhaupt nichts geplant für unser neues Leben. Es war ein bisschen, wie wenn man ein Baby bekommt und sich die ganze Zeit über die Geburt Gedanken macht, aber keine Minute über die nächsten zwanzig Jahre Elterndasein nachdenkt. Die ganze Zeit über hatte ich mich entweder gefragt, ob ich wirklich ein Jahr lang aus dem Berufsleben aussteigen sollte, oder mich völlig unrealistischen Träumen hingegeben, welche weltbewegenden Dinge ich tun würde, sobald ich nicht mehr morgens ins Büro fahren würde. Wir hatten nicht eine Minute investiert, darüber nachzudenken, wie wir im Alltag leben würden, hatten nicht einmal darüber diskutiert, wie wir die Aufgaben im Haushalt und die Betreuung der Kinder unter uns aufteilen würden, geschweige denn, uns auf eine Regelung zu einigen. Kate gab sich nicht der Illusion hin, dass ihr Leben irgendwie einfacher werden würde. Ihr war völlig bewusst, dass sie ein erfahrenes Kindermädchen gegen ein völlig nutzloses eintauschen würde. Man muss ihr zugutehalten, dass sie mich nicht sofort mit häuslichen Aufgaben bombardierte, um die Stunden zu füllen, die ich nicht im Büro verbrachte. Ich werde ihr ewig dankbar sein für den Raum und die Unterstützung, die sie mir bei meinen oft lächerlichen Versuchen schenkte, ein besserer Mensch zu werden und ein neues Leben zu beginnen.

Als die neue Situation Wirklichkeit wurde, begann ich mich nach einem greifbaren Ziel umzusehen, auf das ich mich konzentrieren konnte – außer ein besserer Ehemann und Vater zu werden. Meine Frau bezeichnet es als Schwäche, ich nenne es eine Stärke, deshalb werde ich es hier neutral als Charakterzug bezeichnen. Also: Wenn ich einmal gesagt habe, dass ich etwas tun werde, dann werde ich es unweigerlich auch tun. Sei es mit dem Rauchen aufzuhören (25. Juni 1995, danke der Nachfrage) oder beim Sydney Harbour Bridge Run mitzulaufen (mit der atemberaubenden Zeit von einer Stunde und zwanzig Minuten – der Sieger brauchte ganze 29 Minuten), wenn ich mich einmal auf etwas festgelegt habe, dann finde ich es enorm befriedigend, die Sache stur und systematisch bis zum Ende durchzuziehen. Allein schon die Tatsache, dass ich cin spezifisches Ziel verfolge, gibt mir auch ein allgemeines Gefühl von Sinnhaftigkeit. Ich bin insgesamt ein netterer und effizienterer Mensch, wenn ich auf etwas hinarbeite.

Als ich das letzte Mal den Job wechselte, beschloss ich, dass ich im Norden Englands von einer Küste zur anderen wandern würde – und das tat ich auch. Dieses Mal entschied ich mich, nachdem ich eine Woche lang recherchiert hatte, beim Ozeanschwimmen von Bondi nach Bronte mitzumachen. Wir wohnten in Bronte, wo Kate sich bereits zum freiwilligen *Surf-Lifesaver* ausbilden ließ. Ich nahm in Bondi Surfunterricht. Der nächste Wettbewerb würde im Dezember stattfinden – angesichts der Tatsache, dass ich für eine solche sportliche Leistung in keiner Weise gerüstet war, ein beruhigend weit in der Zukunft liegendes Datum. Die Teilnahme am dritten Wettschwimmen zwischen den beiden ältesten *Surf-Lifesaving*-Clubs der Welt erschien mir plötzlich als die ideale Herausforderung, mit der ich mich in einen neuen Lebensstil und in die Gemeinschaft stürzen konnte. Jeden Tag im Pazifik zu trainieren war zweifellos etwas anderes, als neun Stunden lang in einem dämlichen Büro herumzusitzen. Im Übrigen war das Schwimmen im Ozean eine der wenigen körperlichen Aktivitäten, die die Ärzte während meiner Heilungsphase uneingeschränkt empfehlen konnten. Offenbar wirkt das Meerwasser Wunder bei offenen Fleischwunden.

Für einen vierzigjährigen fetten Engländer, der noch

nicht einmal das Freistilschwimmen – der Schwimmstil, in dem das Rennen geschwommen wird – beherrschte, war die Realität dieser Herausforderung allerdings schon ein wenig einschüchternd. Nach allem, was ich gehört hatte, war das Schwimmen im rauen Ozean ganz anders und weitaus schwieriger als das Schwimmen im Pool. Als ich eine von Kates meererprobten Freundinnen aus dem Surfclub fragte, worin der Unterschied zwischen Wettkampfschwimmen in einem Becken und Ozeanschwimmen bestehe, schnaubte sie nur verächtlich und sagte: »Giftige Quallen, Trecker-Strömungen, Brandungswellen, Seekrankheit.« Letzteres hielt ich zuerst für einen Witz, bis eine weitere Freundin mich darüber aufklärte, dass es offenbar nicht ungewöhnlich ist, wenn Schwimmer sich auf längeren Ozeanschwimmstrecken übergeben müssen. Entzückend. Ich würde also nicht nur das Freistilschwimmen – oder Kraulen, wie es dort genannt wird, wo ich herkomme – lernen und fit werden müssen, ich musste auch die spezifische Kunst des Ozeanschwimmens erlernen. Im Übrigen gab es da noch die kleine Sache mit den Haien. Am Tag meiner Entscheidung wurde der Strand von Bondi für drei Stunden gesperrt, weil ein Hai gesichtet worden war. Als die Strandaufsicht das Vieh nicht mehr entdecken konnte, wurde der Strand wieder geöffnet. Und jetzt kommt's: *Alle Einheimischen gingen einfach wieder ins Wasser*. Ich brauchte eindeutig eine neue Einstellung gegenüber unseren gefräßigen Freunden, denn seit ich im Alter von zehn Jahren *Der weiße Hai* gesehen hatte, war ich im Meer nicht mehr wirklich entspannt gewesen. Ich hörte ständig diese verdammte *Da-damm-da-damm*-Musik aus dem Film im Hinterkopf.

Aber ein Ziel ist ein Ziel, also fing ich sofort mit den Vorbereitungen an.

Gleich am nächsten Morgen ging ich an den Strandpool von Bronte. Das ist eines der bemerkenswertesten Dinge, wenn man in diesem Teil der Welt lebt: An vielen von Sydneys zahlreichen Stränden sind raue, aber wunderschöne Meerwasserbecken in den Felsen geschlagen. Und für jemanden, der wie ich 15 Jahre lang in London wohnte, kaum zu fassen – diese Becken sind ausnahmslos mit kristallklarem Wasser gefüllt, und kein einziges davon kostet Eintritt. Das Erlebnis eines frühmorgendlichen Schwimmens in einem der Strandpools von Bondi, Bronte, Clovelly oder Coogee, während die Sonne über dem Horizont aufgeht und die Wellen gegen die Beckenwand schlagen, ist einfach atemberaubend.

Dummerweise war es gerade an diesem speziellen Tag noch etwas atemberaubender als sonst. Es herrschte Flut und hoher Seegang. Große Wellen brachen sich an den Felsen, krachten in den Pool und machten ihn zu einem regelrechten Whirlpool. Die Einheimischen waren schlau genug, das Schauspiel von außen zu bewundern. Der Legende nach war im Vorjahr bei besonders schlechtem Wetter ein Schwimmer aus dem Pool hinaus ins offene Meer gespült worden … und zwei Jahre zuvor soll ein Hai in den Pool *hinein*gespült worden sein – zur Verblüffung sowohl des Hais als auch der beiden älteren Herren, zweier Brüder, die zu der Zeit gerade im Pool schwammen.

Da ich mich aber nun einmal entschlossen hatte, an diesem Tag mit meinem Training anzufangen, wollte ich nicht nach Hause gehen, ohne wenigstens einmal im Pool gewesen zu sein. Ich war gerade ins Wasser gestiegen, als eine freundliche Stimme schrie: »Pass auf, Kumpel.« Ich drehte mich gerade noch rechtzeitig um, um eine grüne Wand auf mich zukommen zu sehen. Instinktiv tauchte ich auf den Boden des Pools. Es war, als wäre ich in einer riesigen Geschirrspülmaschine gefangen: die größte Welle, die ich jemals gesehen hatte, und sie warf mich mit beängstigender Kraft kopfüber gegen die Felswand. Auf eine verrückte Weise war das sogar irgendwie lustig, allerdings kaum als Schwimmtraining geeignet. Ein Ortswechsel war unzweifelhaft angezeigt. Ich kletterte aus dem Becken und lief den Hügel hinauf zurück nach Hause. Dort suchte ich mir in den Gelben Seiten den Abschnitt »Fitness-Studios« heraus, fand die Nummer des Hakoah-Clubs in Bondi und buchte für den nächsten Tag eine Schwimmstunde.

Ich war schon in Irischen Pubs in Amsterdam, in Blues Clubs in Tokio und in englischen Kasernen auf Zypern gewesen – aber einen derartigen Kulturbruch wie den Hakoah-Club in Sydney hatte ich bis dahin noch nicht erlebt. Man geht durch die Tür und befindet sich in Israel. Ich habe zwölf Monate lang in Israel gelebt und kann nur sagen, dass die Klagemauer weniger israelisch wirkt als der Hakoah-Club. Alle dort waren nett und freundlich, aber bei meinen ersten Besuchen dort schaute ich jedes Mal unwillkürlich zur Glastür zurück, um mich zu vergewissern, dass ich nicht unter Halluzinationen litt und tatsächlich gerade erst eine sonnige Straße voller Surfer in Boardshorts verlassen hatte und nun direkt auf den Golanhöhen gelandet war. Das Erdgeschoss war voller weiblicher Grufties an Geldspielautomaten. Die Aufzüge hingen voller Plakate, die aussahen, als seien sie in den 70ern entworfen worden, und die reduzierte Eintrittspreise beim Neil-Diamond-Ähnlichkeitswettbewerb versprachen. Doch mit dem Aussteigen im dritten Stock erwartete mich ein weiterer Kulturbruch. Ich betrat ein modernes Hightech-Fitness-Studio mit Swimmingpool und meldete mich bei Zane, meinem persönlichen Trainer, für die gebuchte Stunde. Zane hatte Bauchmuskeln wie Brad Pitt in der Bettszene mit Geena

Davis in *Thelma & Louise*, die erotische Ausstrahlung von Sean Connery in *James Bond jagt Dr. No* und den mühelosen Charme von Cary Grant in seinen besten Zeiten. Das Schlimmste dabei war, dass er zusätzlich zu all diesen Segnungen der Natur wirklich freundlich und hilfsbereit war und sich seiner ehrfurchtgebietenden Vollkommenheit gar nicht bewusst zu sein schien.

Ich fühlte mich unwürdig, in den gleichen Pool zu steigen wie er. Doch andererseits war mir außerhalb des Pools auch nicht recht wohl. Ich habe die Form des männlichen Körpers immer als recht unästhetisch empfunden, wenn sie nicht gerade in perfektem Zustand ist – so wie bei Zane eben. Kleidet man sie in eine enge Badehose und vervollständigt den Effekt mit einem weißen Schmerbauch, einer Badekappe und einer Schwimmbrille, dann wird der Anblick regelrecht anstößig. Insofern schien es dann doch die bessere Idee zu sein, in den Pool zu gehen.

Ich gab Zane zu verstehen, dass ich bereit sei anzufangen.

»Ausgezeichnet. Bevor wir beginnen, sagen Sie mir noch kurz: Wollen Sie Rollwenden lernen oder bilaterale Atmung oder wollen Sie einfach an Ihrem Stil arbeiten?«, fragte Zane.

»Äh – es ist etwas grundlegender als das«, antwortete ich. »Ich würde gerne das Kraulen lernen.«

»Sie meinen Freistil?«

»Ich glaube schon, Sie wissen schon, Armschläge.«

»O.k., dann zeigen Sie mir mal, was Sie schon können.«

Ich denke, an dieser Stelle sollte ich erklären, dass in England niemand Freistil schwimmt – abgesehen von trainierten Schwimmsportlern. Aufgrund des Wetters ist Freizeitschwimmen etwas so Seltenes, dass der normale Schwimmstil in fast allen Fällen das Brustschwimmen ist.

Wenn jemand sich im Freistil versucht, dann nur für kurze Strecken, mit einem Luftholen pro Schwimmstoß. Dabei sieht die allgemein anerkannte Technik so aus, dass man so schnell wie möglich mit den Armen schlägt – je mehr es spritzt, umso besser. Die Idee, die Stöße zu kontrollieren oder seine Beine dabei zu gebrauchen, hat sich noch nicht so ganz durchgesetzt.

Ich holte tief Luft und legte mich ins Wasser. Das Wasser im Becken war ziemlich warm und trüb. Ich konnte Haare, Heftpflaster und zerbrochene Schwimmbrillen auf den Fliesen am Boden liegen sehen und fühlte mich plötzlich wie in einem riesigen Topf Schamhaarsuppe. Schnell verdrängte ich die unangenehme Assoziation, warf den linken Arm über den Kopf und ließ sofort den rechten nachfolgen. Ich war nicht sicher, ob ich mich infolge meines Eintauchens oder dank meiner Schwimmstöße nach vorn bewegte. Erneut warf ich den linken Arm über den Kopf. Ich hätte schwören können, dass ich langsam absank. Eilig warf ich den rechten Arm am Ohr vorbei und versuchte gleichzeitig mit den Beinen zu schlagen. Jetzt gibst du aber an, Nigel, sagte ich zu mir. Ich kam außer Atem, aber ich wollte lieber ertrinken als aufgeben. Wieder warf ich den linken Arm nach vorn und ließ ihn mit einem beeindruckenden Klatschen aufs Wasser treffen. Ich nahm meine letzten Reserven zusammen und entschied mich, noch einen Schwimmstoß zu wagen – das hier war schließlich meine erste Stunde, und ich wollte einen guten Eindruck machen. Als mein rechter Arm auf die Wasseroberfläche schlug, riss ich meinen Kopf nach oben und machte vier schnelle Atemzüge. Ich war fix und fertig, aber eigentlich ganz zufrieden mit mir. Ich hatte mein Bestes gegeben und dabei ziemlich genau die Hälfte des Beckens durchschwommen. Bondi nach Bronte, jetzt komme ich. Ich konnte fast hören, wie Ian Thorpe sich vor Angst in die Badehose machte bei der Vorstellung, dass ich die Schwimmszene aufrolle.

Zane war ein Musterbeispiel an Takt.

»Okay, es gibt einige Bereiche, an denen wir arbeiten können. Aber bevor wir anfangen: Hatten Sie nicht gesagt, dass Sie das Wettschwimmen von Bondi nach Bronte mitmachen wollen?«

»Jawoll.«

»Wissen Sie, wie weit das ist?«

»Nö.«

»3000 Meter.«

»Und?«

»Na ja, Nigel – ich darf Sie doch Nigel nennen? –, dieser Pool hier ist 17 Meter lang. Sie schaffen die Hälfte davon. Das sind ungefähr neun Meter, oder sechs Schwimmstöße in Ihrem Fall. Ein guter Ozeanschwimmer würde etwa 2800 Schwimmstöße brauchen, um an einem ruhigen Tag von Bondi nach Bronte zu kommen.«

»Und was genau wollen Sie mir damit sagen?«, fragte ich mit so viel Chuzpe, wie ich aufbringen konnte.

8

An der unteren Koppel

Der Februar des Jahres 2003 war eine äußerst wichtige Zeit in meinem Leben. Mein erster Monat außerhalb der Tretmühle seit zwanzig Jahren bedeutete mir so viel, dass ich tatsächlich die Seite aus unserem Familienkalender herausriss und sie mir professionell einrahmen ließ. Sie hängt jetzt im Wohnzimmer über meinem Schreibtisch.

Jeden Morgen, wenn mir Zweifel an meiner Entscheidung kamen, wenn ich mir eine neue Entschuldigung ausdachte, um nicht für das Ozeanschwimmen zu trainieren, oder mit dem Gedanken spielte, die Headhunter anzurufen, die ich so voreilig abgewimmelt hatte, war mir dieses Blatt ein Symbol für die ganzen Wünsche und Hoffnungen, die mir bei meiner Entscheidung so deutlich vor Augen gestanden hatten.

Doch der Februar sollte nicht völlig frei von Ablenkungen sein. Am Ende meiner ersten freien Woche kamen meine Eltern aus England für einen Monat zu Besuch. In dieser Zeit würde Alex seinen achten Geburtstag feiern und der vier Jahre alte Harry eingeschult werden. Dieser Schritt in den Ernst des Lebens mag vielen nicht so bedeutsam erscheinen, doch für mich hatte er eine enorme Bedeutung, die mit meiner ganz persönlichen Erinnerung an den ersten Schultag zusammenhing.

Mein Vater arbeitete zu dieser Zeit bei der Royal Navy und war im Ausland stationiert. Dies und andere Faktoren, die bis heute nicht ganz geklärt sind, veranlassten meine Eltern zu der außergewöhnlichen Entscheidung, mich im zarten Alter von fünf Jahren in ein Internat im Westen Englands zu schicken.

Die englischen *Boarding Prep Schools* sind nach meiner festen Überzeugung eine Erfindung, über die die Geschichte nicht positiv urteilen wird. Ich kann mir nicht vorstellen, dass der Charakter des australischen Volkes oder das Wesen der australischen Gesellschaft es solchen Institutionen erlauben würde, hier in solchem Maß zu gedeihen, wie sie es in den letzten Jahrhunderten in Großbritannien getan haben. Meiner Meinung nach sagen das Gefängnis- und das Schulsystem eine ganze Menge über das Land aus, in dem sie erdacht wurden. Sagen wir es so: In diesem Fall hat

England beides offenbar ein wenig durcheinandergebracht. Zunächst einmal sind diese Internate gebührenpflichtige Schulen, in die Eltern ihre Kinder schicken, damit sie dreimal 14 Wochen im Jahr dort leben. Die normale Verweildauer ist das Alter von sieben bis zwölf Jahre. Ich bin nicht sicher, ob ein Londoner in der Lage ist zu verstehen, wie wahrhaft idyllisch Sydney ist, solange er nicht hierherkommt. Ebenso glaube ich nicht, dass ein Australier in der Lage ist, völlig zu begreifen oder auch nur zu glauben, wie die Realität in den englischen *Boarding Prep Schools* bis in die 70er Jahre hinein aussah.

Eine der ersten Mütter, die ich in Australien kennenlernte, erzählte mir, dass ihr acht Jahre alter Sohn »im nächsten Schuljahr für zehn Wochen weggeht« – was in mir Entsetzen und Mitleid auslöste. Sie musste mir erklären, dass es nichts Schlimmes war: Es handelte sich um den alljährlichen Skiausflug, bei dem die gesamte Schule in den Wintersportort Thredbo verlegt wird. Die Schulstunden der Kinder finden nachmittags und abends statt, damit sie zwei Monate lang jeden Morgen zum Skifahren nutzen können. Ich wollte ihr nicht glauben, bis eine andere Freundin bestätigte, dass es stimmte. Man könnte durchaus sagen, dass ich mich zu einer Kultur, die ihre Kinder auf ausgedehnte charakterbildende Ferien schickt, mehr hingezogen fühle als zu einer, die sie in nervtötende gefängnisähnliche Anstalten schickt.

Ich erinnere mich an meine Ankunft in der *Prep School*, als wäre es gestern gewesen. Am Bahnhof stieg ich von Sherbourne mit meinem grünen Koffer aus Marinebeständen aus dem – verspäteten! – Zug und meldete mich im Schulbüro. Ein streng blickender Mann mit riesigen Augenbrauen eröffnete mir, ich sei zu spät, ich solle meine Sportsachen überziehen und mich umgehend bei der unteren

Koppel einfinden. Die Hausmutter würde mir zuerst den Schlafsaal zeigen. Die Hausmutter tat wie geheißen, wobei sie außer »komm' mit« nicht ein einziges Wort sagte. Hinterher saß ich allein in einem großen Raum voller Betten und fragte mich, was meine Sportsachen sein mochten. Ich öffnete meinen Koffer und sah, dass meine Mutter so vorausschauend gewesen war, den Inhalt zu beschriften. Zu meiner Erleichterung gab es auch ein Etikett, auf dem in Mutters Handschrift »Sportsachen« zu lesen war. Ich fühlte mich etwas zuversichtlicher, zog die so gekennzeichneten Kleidungsstücke an und ging los, um die untere Koppel zu suchen. Als ich sie fand, wurde mir klar, dass die gesamte Schule die gleichen Anweisungen erhalten hatte, denn hier standen 180 Jungen, ausnahmslos in Sportsachen gekleidet, in einem riesigen Halbkreis dem Direktor gegenüber. Er sah, dass ich mich der Gruppe näherte, und musterte mich von oben bis unten. »Wie heißt du?«, bellte er.

»Marsh.«

»Marsh der Kleine«, korrigierte er mich sofort. »Dein Bruder ist Marsh der Große. Dich werden wir Marsh den Kleinen nennen.«

Ich wusste nicht, was ich darauf sagen sollte. Eine Frage unterbrach die eintretende Stille.

»Marsh der Kleine«, dröhnte er, »was ist das unter deinen Sportsachen?«

»Meine Schuluniform, Sir«, antwortete ich.

»Deine Schuluniform?«

»Ja, Sir.«

»Du hast deine Sportsachen *über* deine Schuluniform gezogen?«

»Ja, Sir, der Mann sagte mir, ich solle meine Sportsachen überziehen.« Tränen traten in meine Augen, als mir klar wurde, dass von den anderen Jungen keiner zwei kurze

Hosen, vier Socken oder zwei Hemden anhatte. Du lieber Himmel, ich war erst fünf Jahre alt! Niemand hatte mir erklärt, dass man die Schuluniform *aus*zieht, bevor man seine Sportsachen *an*zieht. Das schien allerdings den Direktor nicht sonderlich zu interessieren, der sich köstlich dabei amüsierte, mich öffentlich bloßzustellen.

»Schaut euch das an, Jungs, Marsh der Kleine friert wohl ein bisschen! Ha ha ha, ich frage mich, was er erst anziehen wird, wenn wir schwimmen gehen.«

Darauf brach ein allgemeines Lachen und Fingerzeigen aus. Ich bin sicher, viele Kinder haben einen noch schlechteren Start in ihre Schulzeit gehabt als ich, nichtsdestoweniger hatte ich mir geschworen, dass Harry keiner davon werden würde. Obwohl Harry in eine örtliche öffentliche Schule und nicht in ein Internatsgefängnis gehen sollte, war es mir wichtig, dass ich mir für solche Ereignisse wie erste Schultage freinahm und bei ihm war, egal was passierte. Die Tatsache, dass mein eigener Vater uns in dieser Zeit besuchen würde, machte das Ganze irgendwie noch wichtiger für mich.

Diese und andere Kindheitserinnerungen gingen mir durch den Kopf, als ich zum Flughafen fuhr, um meine Eltern abzuholen. Wir hatten sie nicht mehr gesehen, seit wir vor einem Jahr England verlassen hatten, und wir freuten uns alle sehr auf das Wiedersehen. Es war eine weite Reise für ein älteres Ehepaar, und sie hatten sich entschlossen, etwas von ihren Ersparnissen in Business-Tickets zu investieren, in der Hoffnung, dass die Reise dadurch weniger anstrengend werden würde. Ich hoffte, dass ihr Flug nicht ganz so traumatisch verlief wie Kates und meine Reise hierher. Aber andererseits hatte in unserem Fall das Trauma mit den Kindern zu tun.

Unser Umzug nach Australien war im Grunde genommen einfach eine Abfolge von Katastrophen gewesen. Eve hatte den spektakulären Startschuss gegeben, als sie sich in den Hemdkragen des Taxifahrers übergab, bevor wir auch nur die Autobahn in Richtung Heathrow erreicht hatten. Vierzig peinliche – und ausgesprochen geruchsintensive – Minuten später fuhren wir am Flughafen vor. Harry fragte sofort mit lauter Stimme: »Daddy, ist das Australien? Sind wir schon da?«

»Nein, mein Schatz – ein bisschen müssen wir noch«, antwortete ich, während ich Kate dabei half, mit dem Umschlag meines Flugtickets die getrockneten Reste halbverdauter Gemüsestücke vom Hals und aus dem Haar des armen Burschen zu kratzen.

Am Flugsteig gaben wir ein imposantes Bild ab. Zwei Kleinkinder, zwei Säuglinge, zwei Auto-Kindersitze, ein Zwillingskinderwagen und 14 Handgepäckstücke – ganz abgesehen von einem Berg von Stofftieren und grellbuntem, lautem Fisher-Price-Krempel, der die Babys bei Laune halten sollte und uns aus sämtlichen Taschen quoll. Das inzwischen gut durchgegorene Aroma von Eves Auftritt im Taxi rundete unseren Auftritt hübsch ab.

Man konnte den stillen Stoßseufzer »Gott sei Dank reise ich Business Class« in den Gedanken eines jeden Anzugträgers in der Schlange förmlich hören. Als wir uns dann im Flugzeug nach links und nicht nach rechts wandten, brach beinahe ein Aufstand los. Es fehlte nicht viel, und es wäre zu Handgreiflichkeiten gekommen, als die Geschäftsreisenden sich gegenseitig darin überboten, gegenüber den Flugbegleitern die überzeugendsten Argumente für einen Sitzplatztausch vorzubringen.

»Ich habe die Platin-Kundenkarte, verdammt noch mal – ich verlange *sofort* einen Sitzplatz in der Touristenklasse«, bestürmte ein Passagier eine leidgeprüfte Stewardess. Sobald die Ordnung wiederhergestellt war, fanden sich die Unglücklichen, die die Business-Class-Kabine mit der Familie des Schreckens teilen mussten, grummelnd mit ihrem Schicksal ab, wenn auch mit deutlich spürbarem Missmut und demonstrativem Zungenschnalzen, jedes Mal wenn ein Teddy fiel oder ein Löffel Joghurt flog. Ich habe keine Ahnung, wie viele von ihnen das Flugzeug ursprünglich in Singapur hatten verlassen wollen, jedenfalls war die Kabine auf dem zweiten Teil der Reise deutlich leerer. Meine Eltern flogen aber allein, also sollte der Flug, wenn auch lang, so doch nicht ganz so schlimm werden wie unserer.

Ich parkte das Auto, während Kate einige Gepäckwagen holte, auf die wir die Kinder setzen konnten. Wir schoben sie zur Ankunftshalle, wo wir aufgeregt auf meine Eltern warteten. Als die beiden durch das Gate gingen, war ich geschockt. Ich sage gingen, doch genauer gesagt schlurfte mein Vater. Sie waren so alt! Wie war das passiert? Als ich sie zuletzt gesehen hatte, waren sie einfach Mum und Dad, und jetzt waren sie beinahe gebrechlich. Nicht dass Alex und Harry etwas bemerkt hätten. Sie warfen sich einfach – wie es eben nur Kinder können – mit ungetrübter Freude Omi und Opi um den Hals.

»Du bist fett geworden«, begrüßte mich mein Vater.

»Keine Angst, Dad. Das verschwindet wieder. Wie war der Flug?«, antwortete ich.

»Total beschissen. Irgendeine verdammte Familie wurde nach Australien versetzt und die saßen in der Business Class …«

9
Fett

Die Begrüßung meines Vaters war vielleicht nicht gerade traditionell und sicherlich ein klein wenig unsensibel, doch sie entsprach unbestreitbar den Tatsachen – ich war fett geworden. Nicht ein wenig übergewichtig, sondern schlicht und einfach fett – nach dem Motto: »Wenn ich eine Frau wäre, würden die Leute mich für schwanger halten; Hosen werden *unter* dem Bauch getragen; für einen langen Nagel braucht man einen schweren Hammer.« Vierundachtzig Kilo beim letzten Wiegen. Alle meine Gürtel befanden sich im letzten Loch, und die Hälfte meiner Hemden ließ sich nicht mehr schließen. Als ich mich entschlossen hatte, von Bondi nach Bronte zu schwimmen, war mir vage bewusst gewesen, dass ich vielleicht auch ein oder zwei Kilo abnehmen müsste. Nun wurde mir klar, dass ich Ernst machen musste, und ich fasste noch einen Vorsatz für mein freies Jahr: Ich würde meine Größe und mein Gewicht ein für alle Mal in Einklang bringen. Und zwar nicht auf die übliche Weise dieser »Verlieren Sie Gewicht für den Sommer und sehen Sie in Ihrem Bikini großartig aus«-Diäten, die die Frauenzeitschriften jedes Jahr von neuem anbieten und die nie einen langfristigen Effekt haben. Ich fand es schon immer absurd, dass Menschen monatelang hungern, um ein paar Wochen lang im Badeanzug eine gute Figur zu machen, und dann den Rest des Jahres wieder wie ein Kartoffelsack aussehen. Ich wollte eine dauerhafte Veränderung, mit der ich leben konnte, etwas, das das Problem ein für alle Mal löste und mich so von der Notwendigkeit befreite, jemals wieder daran zu denken oder, schlimmer noch, darüber zu reden.

Ich konsultierte verschiedene Bücher und eines dieser Geräte, die manchmal in Apotheken stehen und die einem nicht nur sagen, was man wiegt, sondern auch, was man wiegen *sollte*. Nach einer konservativen Schätzung hatte ich mindestens 12 Kilo Übergewicht. Ich setzte mir zum Ziel, jede Woche ein Kilo abzunehmen, bis ich unter 70 Kilo hatte, und dann bis zum Bondi-Bronte-Schwimmen im Dezember und darüber hinaus unter 70 Kilo zu bleiben. Wenn ich es schaffte, ein Kilo pro Woche abzunehmen, dann würde ich mein Wunschgewicht erreicht haben, und es blieben mir bis zum Rennen sechs Monate lang Zeit, um zu lernen, wie ich dieses Gewicht halten konnte. Meine Strategie zum Fettabbau war simpel: weniger essen und mehr Bewegung. Für Ersteres verließ ich mich auf meine Willenkraft und für das Zweite auf mein Schwimmtraining.

Ich habe im Laufe der Zeit viel über Diäten und Abnehmen gelesen – und es war fast ohne Ausnahme der blanke Unsinn. Es kam mir vor, als könnten die Menschen, gerade weil die Sache so einfach ist, es nicht ertragen, der harten Realität ins Gesicht zu sehen, und würden deshalb so bereitwillig allen möglichen Schwachsinn glauben, solange er sie die simple Wahrheit vergessen ließ: dass sie übergewichtig waren, weil sie zu viel aßen und sich zu wenig bewegten. Ich hatte schon lange einmal selbst ein Diätbuch schreiben wollen, für das ich mir den Arbeitstitel *Hör auf zu jammern und friss weniger, du fetter Sack* ausgedacht hatte. Jetzt war der ideale Zeitpunkt dafür, meine Theorie an mir selbst zu testen. Wenn es funktionierte, hatte ich die ernsthafte Absicht, das Buch wirklich zu schreiben – allerdings vielleicht mit einem etwas feinfühligeren Titel.

Als wir an der Gepäckausgabe auf die Koffer meiner Eltern warteten, fielen mir unwillkürlich all die übergewichtigen Menschen um uns herum auf. Ich fragte mich, wie viele von ihnen unglücklich mit ihrer Figur waren oder sich ständig mit einer wirkungslosen Diät nach der anderen herumschlugen. Es erschien mir als ein trauriger und völlig unnötiger Zustand. Das Leben ist voller Unsicherheiten. Es gibt keine festen Regeln, wie man glücklich oder reich wird oder spirituelle Erfüllung erreicht. Die meiste Zeit arbeiten wir entschlossen auf ein Ziel hin, ohne zu wissen, ob das, was wir tun, uns zu diesem Ziel hinführt. Ich war schon immer davon überzeugt, dass das Abnehmen eine der wenigen Ausnahmen von dieser Regel ist. Jeder weiß, was zu tun ist. Alle sind sich einig. Die Methode liegt völlig in der Kontrolle jedes Einzelnen. Es ist nicht so, dass die Leute nicht wüssten, was sie tun müssen, es liegt halt daran, dass sie im Großen und Ganzen unfähig sind, es zu tun.

Die ganze Abnehm-Industrie orientiert sich in die falsche Richtung. Was den Menschen fehlt, sind nicht neue Methoden, sich anders zu ernähren. Meiner Meinung nach fehlt ein Rezept dafür, wie man sich dazu motiviert, eine Lebensweise beizubehalten, die zu Gewichtsverlust führt. Kurz gesagt, in einer zunehmend verzogenen und verweichlichten Gesellschaft fehlt den Menschen die Fähigkeit, die Erfüllung ihrer Bedürfnisse für eine gewisse Zeit aufzuschieben. Sobald sie sich hungrig oder traurig fühlen, sobald sie eine Belohnung brauchen oder, was auch immer, zerbröselt ihre Willenskraft und sie tun Dinge, von denen sie wissen, dass sie ihrem eigenen Wunsch abzunehmen zuwiderlaufen. Und um die Schuldgefühle zu verdrängen, die das Leben mit dieser Selbsterkenntnis mit sich bringt, verschwören sie sich mit den ganzen Diät-Autoren, die ihnen mit den neuesten wissenschaftlich-theoretischen Erkenntnissen zum Abnehmen die passenden Ausreden liefern. Es war offenbar niemand dazu bereit, sich hinzustellen und die unwiderlegbare Wahrheit zu verkünden – wenn du dick bist, dann normalerweise deshalb, weil du zu viel isst.

Ich, Nigel Marsh, würde meinen Körper eigenhändig umformen und dann einen Bestseller schreiben, der die Diätindustrie in ihren Grundfesten erschüttert und Millionen von Menschen überall auf der Welt auf ungekannte Art und Weise den Traum von der Idealfigur erfüllt. Mit diesen erhebenden Gedanken schob ich die Gepäckkarren in das McDonald's-Restaurant des Flughafens, kaufte jedem der Kinder ein Happy Meal und für mich selbst einen Viertelpfünder Cheese mit extra viel Pommes.

10
Apfelfänger

Meine Eltern hatten ihre Reise schon Monate zuvor geplant. Natürlich hatte niemand von uns wissen können, dass ich zur Zeit ihres Besuchs arbeitslos zu Hause herumhängen würde. Ihre Anwesenheit hatte ebenso viele Vor- wie Nachteile. Es war wundervoll sie zu sehen, doch die Tatsache, dass sie beide mich für verrückt hielten, weil ich meinen Job hingeworfen hatte, machte eine ohnehin schon verrückte Situation noch schwieriger. Kate und ich hatten uns ja selbst noch nicht mit der Veränderung in unserem Leben arrangiert.

Und wir hatten eine Menge Anpassungsarbeit vor uns. Zuerst mussten wir unsere wundervolle Nanny Charmaine entlassen. Das war traurig, die Kinder liebten sie, aber wir würden uns in den kommenden Monaten einfach kein Kindermädchen mehr leisten können. Am Tag, nachdem wir den Kindern gesagt hatten, dass Charmaine uns verlassen würde, nahm mich Grace bei der Hand, führte mich zu der Weltkarte, die in ihrem Zimmer hing, zeigte darauf und fragte mich: »Daddy, wo ist eigentlich Nannyland?«

»Nannyland, mein Schatz?«, fragte ich.

»Nannyland – da, wo Liz, Shannon, Emma, Terry und Laura wohnen«, erklärte sie mir vertrauensvoll.

»Oh, das ist hier«, sagte ich und zeigte ungefähr auf Kanada, während mir die Frage durch den Kopf ging, ob es irreversible Schäden hervorrufen würde, wenn sie irgendwann herausfand, dass es kein Nannyland gab. Es ist so schwer zu entscheiden, wann man mitspielen und wann man besser sachlich und akkurat antworten sollte. Ich stellte mir vor, wie Grace auf dem Spielplatz ausgelacht wird, weil sie gegenüber einer Gruppe von geographisch besser orientierten Klassenkameraden darauf besteht, dass Kanada eigentlich Nannyland heißt. Vielleicht hätte ich ihr diese ganze Nannyland/Kanada-Geschichte doch erklären sollen.

Mit den Mädchen, die wir im Laufe der Jahre dazu überreden konnten, uns in weitgehender Abwesenheit eines nutzlosen Vaters bei der Betreuung von vier Kindern zu helfen, hatten wir wirklich Glück gehabt. Es war ein komischer Gedanke, niemanden sonst mehr in der Familie zu haben, denn seit der Geburt der Zwillinge war immer jemand als Hilfe da gewesen, auch wenn es manchmal nur ein paar Stunden in der Woche waren. Ich nahm an, dass es schön sein würde, das Haus wieder völlig für uns allein zu haben. Es schränkt die Möglichkeiten für einen unbekleideten Gang vom Schlafzimmer ins Bad, für gegenseitiges Anbrüllen und für Sex im Wohnzimmer ziemlich ein, wenn man eine 22-jährige Studentin im Haus hat, die jeden Moment hereinplatzen kann. Im Übrigen war es ja nicht nur so, dass die Familie mit dem Kindermädchen auskommen musste – auch das Kindermädchen musste die Familie ertragen. Am zweiten Morgen des Besuchs meiner Eltern war ich gerade in der Küche, während der Rest der Familie frühstückte. Ich wollte schwimmen gehen und suchte in einem überlaufenden Wäschekorb nach einem Handtuch, als mir eine Art Unisex-Unterhose von enormen Ausmaßen in die Hände fiel.

»Herr im Himmel, Liebling, wenn du schon einen Liebhaber hast, könntest du wenigstens so viel Anstand besitzen, seine Unterwäsche vor mir zu verstecken«, sagte ich zu Kate.

»Die hab ich noch nie gesehen – du liebe Zeit, die ist ja riesig. Vielleicht gehört sie deinem Vater?«, gab sie zur Antwort.

»Nein, tut sie nicht«, sagte mein Vater, der gerade zur Tür hereinkam. »In der Marine nannten wir solche Dinger Apfelfänger.«

Lachend fügte meine Mutter hinzu: »Bei uns hießen solche Zirkuszelte früher Liebestöter.«

Ich breitete sie über dem Kopf aus. »Wir könnten im Garten einen Sonnenschutz daraus machen – wenn du glaubst, dass dein Liebhaber sie nicht vermisst«, sagte ich zu Kate.

»Er vielleicht nicht, aber ich«, flüsterte eine sichtlich aufgebrachte Charmaine, als sie sie mir aus den Händen riss und die Treppe hinauf verschwand.

»Herrschaftszeiten Kate, warum hast du mir nicht gesagt, dass das ihre sind?«, fragte ich Kate.

»Ich hab dir doch gesagt, dass ich sie noch nie vorher gesehen habe«, antwortete sie.

Vielleicht war eine Nannyland-Pause doch keine so schlechte Idee.

11
Frauen auch

Während wir uns also von einer Reihe von Dingen trennen mussten – wir kündigten dem Kindermädchen, verkauften ein Auto und sahen uns nach einem billigeren Haus um –, versuchte ich auch, neue Dinge in unser Leben zu integrieren. Zunächst einmal wollte ich mich mit Kate über einen Zeitplan für mein Schwimmen abstimmen. Es war gut und schön, sich vorzunehmen, für einen Wettbewerb zu trainieren, aber mit vier Kindern und inzwischen ohne Kindermädchen würde das automatisch eine zusätzliche Belastung für Kate bedeuten. Abgesehen vom Schwimmen, wollte ich mich in der Gemeinde engagieren und eine andere Seite des Lebens kennenlernen. Dienst in der Schulkantine war eine Sache, die ich zu diesem frühen Zeitpunkt im Sinn hatte.

Aber ich wollte nicht nur das Leben außerhalb des Büros erleben – ich wollte einfach ein weniger männliches Dasein. Seit ich als Kind in ein Jungeninternat gesteckt worden war, hatte ich das Gefühl, ein stark männlich dominiertes Leben zu führen. Frauen waren mir ehrlich gesagt ein Rätsel. Sie schienen in einer völlig anderen Welt zu leben. Einige Jahre zuvor hatte ich das Buch *Männer sind anders – Frauen auch* gelesen und es, abgesehen von den offensichtlichen Kritikpunkten, die man anbringen kann, als Augenöffner empfunden. Das Verhalten der Frauen war teilweise so verdammt seltsam.

Eine meiner ersten Erinnerungen an das Zusammenleben mit Kate ist, dass sie aus dem Büro, in dem wir beide arbeiteten, nach Hause kam, und ausrief: »Ich sterbe, wenn ich nicht sofort aufs Klo gehe.«

»Warum bist du nicht im Büro gegangen?«, fragte ich.

»Ich konnte nicht. Es war jemand drin«, antwortete sie.

»Habt ihr nur eine Kabine auf dem Damenklo?«, fragte ich.

»Nein, es sind sechs oder so.«

»Und die waren alle besetzt? Du liebe Zeit, Rushhour im Damenklo«, frotzelte ich.

»Sie waren nicht alle besetzt. Eine war besetzt«, sagte Kate.

»Aber du hast doch gesagt, es gibt sechs Kabinen«, hakte ich nach.

»Gibt es ja auch, aber ich kann nicht gehen, wenn jemand anders im Raum ist«, erklärte sie.

»Warum denn das?«

»Man könnte mich ja hören.«

»Was hören?«

»Wie ich aufs Klo gehe.«

»Aber es ist doch ein Klo, oder nicht?«

»Das verstehst du nicht. Ich könnte nie groß machen, wenn jemand anders im Raum ist.«

»So ein Blödsinn! Im Männerklo unterhalten wir uns von Kabine zu Kabine«, erzählte ich ihr.

»Das ist ja eklig! Während ihr auf dem Klo sitzt?«, fragte sie.

»Ja. Manche nehmen sogar ihr Handy mit und arbeiten weiter.«

»Das würde von meinen Freundinnen niemand machen.«

»Willst du damit sagen, dass nicht nur du so bist? Andere Frauen denken auch so?«

»Natürlich.«

Eindeutig eine andere Welt – eine Welt, über die ich in meinem freien Jahr gerne mehr erfahren wollte. Um das zu erreichen, würde ich nicht nur meine Denkweise ändern müssen und lernen, richtig zuzuhören – ich würde auch eine disziplinierte Zeitplanung brauchen. Ich wusste, dass es ein Leichtes wäre, mir etwas vorzumachen, indem ich mich in den nächsten zwölf Monaten den attraktiven Aspekten des Elternseins widmete – jenen Dingen, die viel Aufmerksamkeit, viel Befriedigung und viel Interaktion mit sich bringen, wie mit den Kindern ausgehen, sie in die Schule fahren und Sportveranstaltungen mit ihnen besuchen. Diese Tätigkeiten sind zwar allesamt wertvoll, doch mir war klar, das sie lediglich die Spitze des Eisbergs darstellten. Auch wenn es sich vielleicht komisch anhört: Ich wollte auch die Drecksarbeit machen – das Kochen, das Saubermachen, das Einkaufen und so weiter. Ich will mich hier nicht als Heiligen hinstellen – schon weil ich den Verdacht habe, dass es nicht überzeugend rüberkommen würde –, aber ich darf doch sagen, dass ich den ehrlichen Wunsch verspürte, aus meiner eindimensionalen männlichen Welt herauszukommen und ein weniger nutzloser Partner zu sein.

Als ich diese hohen Ideale Kate gegenüber erwähnte, hatte sie natürlich eine etwas andere Sicht der Dinge. »Ich glaube dir, Nigel. Nein, das tue ich wirklich. Ich bin sicher, dass du dich an der Drecksarbeit beteiligen wirst, wenn du jede Menge Lob und Aufmerksamkeit dafür bekommst.«

Ich mag meine Schwierigkeiten haben, ihre Welt zu verstehen, aber sie ist ohne Zweifel ein Experte, was meine Welt angeht.

12
Mutti-Mafia

Kate und ich hatten uns darauf verständigt, dass es, solange meine Mutter und mein Vater bei uns waren, vernünftig war, mein Schwimmtraining auf dreimal pro Woche zu beschränken. Wir trugen mich auch für den freiwilligen Dienst in der Schulkantine von Alex' Schule ein. Ehrlich gesagt hatte ich schon immer die Neigung, mir Ziele vorzugeben, und meine Liste wurde langsam ziemlich umfangreich. Ich wollte ein besserer Vater und ein besserer Ehemann werden, für ein Ozeanschwimmen trainieren, 14 Kilo abnehmen, mich am Gemeindeleben beteiligen und mit meiner weiblichen Seite in Verbindung treten – oder zumindest mit einer weiblicheren Sichtweise der Dinge. Das alles waren meiner Meinung nach wertvolle Ziele, allerdings ließ es keine besonders entspannte Lebensweise erwarten.

Wenigstens war das Schwimmen leicht zu organisieren. An einem guten Tag konnte ich den Hügel hinunterschlendern, im Strandpool von Bronte schwimmen und zurück sein, um Kate mit einer Tasse Tee zu wecken, bevor die Kinder wach wurden. Doch obwohl es einfach zu organisieren war, empfand ich es als weniger leicht, es zu *tun*. Zane hatte mir jede Menge guter Tipps gegeben, aber die Realität war schlicht und einfach, dass mir das Freistilschwimmen umständlich und anstrengend vorkam. Nach einigen Wochen war ich immer noch nicht in der Lage, mehr als eine kurze Strecke am Stück zu schwimmen. Ende Februar, am Morgen von Alex' achtem Geburtstag, schaffte ich drei Längen und war irrsinnig stolz auf mich. Andererseits war es wirklich eine Verbesserung. Ich war schon immer davon überzeugt, dass es, wenn man sich stetig in die richtige Richtung bewegt, letztendlich egal ist, wie lange man braucht. In fünfundzwanzig Jahren würde ich, wenn es so weiterging, in der Lage sein, die Tasmanische See zu durchschwimmen.

Ermutigenderweise nahm ich nicht mehr zu. Die Badezimmerwaage zeigte sogar einen leichten Gewichtsrückgang. Ich sah ohne Kleidung noch immer wie das Michelinmännchen aus, aber ich hatte den Eindruck, dass ein Anfang gemacht war.

An der Elternfront mühte ich mich redlich, doch hier waren mein übertriebener Ehrgeiz, der Mangel an Übung und meine völlige Ignoranz mein Untergang. Für Alex' Geburtstagsfeier hatte ich die gute Idee, sechzehn Achtjährige bei uns übernachten zu lassen. Es war wohl wirklich eine gute Idee – eine viel zu gute Idee. Die Kinder waren so aufgeregt, ich konnte die kleinen Racker gar nicht mehr beruhigen. Je aufgeregter sie wurden, umso lauter wurden sie und umso schlechter benahmen sie sich. Je schlechter sie sich benahmen, umso lauter brüllte ich. Ich fühlte mich wie jener unfähige Lehrer, den wir alle kennen, der die Kinder in seinen Stunden einfach nicht in den Griff bekam. Aus irgendeinem Grund spielten in seinen Stunden immer alle verrückt, egal was er tat und was er androhte, während die anderen Lehrer die Klasse ohne Probleme zur Räson brachten, ohne auch nur die Stimme zu erheben. Ich würde mir eindeutig eine andere Strategie als das Herumbrüllen angewöhnen müssen.

Zum Glück ging Harrys erster Schultag glatter über die Bühne als Alex' Party, und all meine Bedenken erwiesen sich als Projektionen meiner eigenen Erfahrungen. Opi, Alex, Harry und ich liefen am ersten Morgen gemeinsam zur Schule. Harry plapperte den ganzen Weg über fröhlich vor sich hin. Vater und ich gingen rechts und links von ihm, hielten ihn an den Händen und ließen ihn bei jedem fünften Schritt hochfliegen. Als wir das Schultor erreichten, rannte er los zu seinen Klassenklameraden, ohne sich noch einmal umzublicken. Ich dagegen war den ganzen Tag lang krank vor Sorge und stellte mir alle möglichen Fälle von Hänseln und Mobbing vor. Doch als es Zeit zum Abholen war, war er ebenso ausgeglichen wie am Morgen. Vater und ich mussten sogar noch eine ganze Weile auf ihn warten, weil er mit seinem Bruder und den älteren Jungen auf dem Rasen »Kick Cricket« mit einem Tennisball spielte. Ich gestatte mir die kleine Anmerkung, dass die Sportverrücktheit der Australier sich durch solche Kleinigkeiten wie fehlendes Sportgerät nicht vom Spielen abhalten lässt. Auf dem Nachhauseweg gingen wir an einem Kiosk vorbei und kauften den beiden Jungs ein Eis.

Mein erster Tag in der Schulkantine war ebenfalls ein Erfolg. Ich hatte mir vorher ein wenig Sorgen gemacht, weil einer meiner noch arbeitenden Freunde den ganzen Abend zuvor damit zugebracht hatte, mir im Pub zu erklären, dass die Schule ein schreckliches Umfeld sei.

»Dagegen sind die Bürointrigen das reinste Picknick«, war seine Eröffnungsbemerkung.

»Wogegen?«, antwortete ich.

»Gegen den Schulhof.«

»Ja, Kinder können schrecklich sein, ich weiß«, stimmte ich ihm zu.

»Nein, nicht die Kinder, die Kinder sind in Ordnung. Die Eltern sind es, die schlimm sind.«

»Du machst Witze.«

»Nein, völlig im Ernst. Da gibt es eine Hackordnung, die ist mindestens so kompliziert und bösartig wie die im Büro.«

»So schlimm kann es doch gar nicht sein.«

»Hör mal, wenn du einmal mit der Mutti-Mafia aneinandergeraten bist, dann wirst du es nicht wieder vergessen.«

»Was zum Teufel ist die Mutti-Mafia?«, fragte ich.

»Das ist die Handvoll Muttis, die alles kontrollieren, die gibt es an jeder Schule.«

»Du meinst die Elternbeiräte und die Vorsitzenden der ganzen Ausschüsse und so weiter?«

»Nicht unbedingt. Die Mutti-Mafia leitet nicht, sie ist es, die den Laden *wirklich* kontrolliert.«

»Ah, ich verstehe«, sagte ich, immer noch verwirrt.

»Sie sind die wirklich Einflussreichen, die hinter den Kulissen die Fäden ziehen, so eine Art inoffizielles Geheimnetzwerk. Wenn du dich mit denen anlegst, dann hast du verschissen. Die machen keine Gefangenen«, sagte er.

Zum Glück hatte ich eine weiche Landung, denn entweder war die Mutti-Mafia gerade nicht in der Schule oder sie gab sich nicht zu erkennen und war an meinem ersten Tag nett zu mir. Die Mütter, mit denen ich zusammen Kantinendienst hatte, waren zuvorkommend, freundlich und hilfsbereit. 250 Kantinenessen zu kochen und auszuteilen machte Spaß und war enorm befriedigend. Außerdem tat es mir wirklich gut, den begeisterten Blick meiner Söhne zu sehen, als sie mich von der Essensschlange aus hinter der Theke erblickten.

»Hey, guck mal, das ist mein Daddy, der ist eine Pfeife beim Surfen. Er fällt immer runter«, sagte Harry, wobei er einem Jungen, der vor ihm in der Schlange stand, in die Rippen boxte.

Alex' Begrüßung war direkter, aber keineswegs schmeichelhafter.

»Hallo, Dad, Schinkenpizza. Wusstest du, dass man in

Indonesien nicht ›sehr‹ vor einem Wort sagt, sondern das Wort einfach wiederholt? Bananenmilch, bitte. Da wärst du ›dick dick‹ und nicht ›sehr dick‹. Cool, was? Und einen Cheese Stick. Danke.«

Doch statt ernüchtert fühlte ich mich glücklich, ein Stück von ihrer Welt gesehen und erlebt zu haben. Ich war begierig begierig, wie man in Indonesien sagt, die Erfahrung zu wiederholen.

13
Lippen und Kinn

Mein neues Leben war nicht nur voll von selbstgesetzten Zielen, es war auch voller Überraschungen – und voll neuer Erfahrungen. Wo kamen zum Beispiel all die Leute her? Ich hatte mir immer vorgestellt, dass die Stadt leergefegt war, wenn ich im Büro saß. Aber das war sie nicht. Sie war voller Leute – Frauen und Männer. Hatten die keine Arbeit? Ganz offenbar gab es große Teile der Bevölkerung, die nicht von neun bis fünf Uhr in Bürogebäuden verschwanden.

Ich begann auch zu begreifen, warum Frauen so verdammt unhöflich sind, wenn man sie spätnachmittags anruft. Es hatte mich immer irritiert, dass Kate mich, wenn ich am Ende eines harten Arbeitstages zu Hause anrief, um mich ein wenig zu unterhalten, so kurz abfertigte.

»Hallo, Schatz, ich bin es«, begann ich normalerweise.

»Ja. Was willst du?«, war jedes Mal ihre Antwort.

»Nichts, nur ein bisschen plaudern.«

»Ich hab keine Zeit, ich bin beschäftigt.«

»Beschäftigt? Womit denn?«

»Mich um deine dämlichen Kinder zu kümmern.«

»Na, wenn du keine Zeit hast, kannst du mir Alex geben?«

»Nein.«

»Warum nicht?«, fragte ich.

»Er ist im Bad.«

»Aber Harry?«

»Nigel, ich habe keine Zeit für so was. Sie sind alle im Bad.«

»Du liebe Zeit! Entschuldige, dass ich angerufen habe«, murmelte ich dann, während ich auflegte.

Doch nach nur einem Monat ohne Arbeit wusste ich, wie unglaublich nervend es ist, wenn jemand während des Abendessens, des Kinderwaschens und des Endspurts vor dem Ins-Bett-Gehen der Kinder anruft. Diese Zeit heißt Giftstunde, und das mit gutem Grund. Man ist müde, die Kinder fangen an zu motzen und man muss in sehr kurzer Zeit eine erstaunliche Menge Dinge erledigen. Es braucht nicht mehr als eine Tochter, die sich nicht die Haare waschen lässt, oder einen Ehemann, der am Telefon ein wenig plaudern will, und das ganze empfindliche System bricht zusammen und niemand kommt vor zehn Uhr ins Bett. Wie jede Mutter weiß, ist das eine absolute Katastrophe, weil es bedeutet, dass der gesamte Tag der Kinderbetreuung gewidmet war und man keine Zeit mehr dafür hat, ein unabhängiger Erwachsener zu sein, bevor man selbst ins Bett gehen muss.

Ich hatte noch nie so viel Zeit mit Kate zusammen verbracht wie jetzt, da ich nicht mehr arbeitete. Wir begegneten uns tatsächlich tagsüber – nach zehn Jahren, in denen wir unter der Woche getrennte Leben geführt hatten, eine willkommene Abwechslung. Vorher hatten wir in unterschiedlichen Bereichen und mit unterschiedlichen Zielen gearbeitet: Sie erzog die Kinder, ich arbeitete an meiner Karriere. Jetzt waren wir zum ersten Mal in unserer Ehe vereint im Streben nach einem gemeinsamen Ziel – als Familie erfolgreich zusammenzuleben. Das war nicht so leicht, wie es sich vielleicht anhört, und es war auch nicht immer vergnüglich. Ehrlich gesagt, gingen mir gewisse Aspekte meines neuen Lebens ziemlich auf die Nerven – allen voran die Art, wie Kate auf meine Versuche im Haushalt zu helfen reagierte.

Das war völliges Neuland für mich; vorher galt es dank unserer getrennten Rollen als abgemacht, dass Haushalt und Kinderbetreuung in Kates Zuständigkeit fielen. So musste ich nun nicht nur meine natürliche Faulheit, sondern auch meine umfassende Ignoranz überwinden. Dabei machte ich ständig die Erfahrung, dass ich nicht wusste, was in den einfachsten Situationen zu tun war. Es war eine Sache, gebeten zu werden, »die Mädchen anzuziehen«, aber es war etwas ganz anderes zu wissen, was sie tragen sollten und wo diese Kleidungsstücke zu finden waren. Kate war mir bei diesem Prozess keine große Hilfe.

»Nein, nein, das doch nicht!«, rief sie aus, als ich zum ersten Mal mit den frisch eingekleideten Zwillingen aus dem Mädchenzimmer kam.

»Warum denn nicht?«

»Weil ich diese Tops nie mit diesen Röcken kombiniere«, war ihre Antwort.

»Warum nicht?«

»Es ist besser, wenn sie ihre grünen Tops zu diesen Röcken anziehen«, erklärte sie mir.

»Aber du hast mich doch gebeten, dass ich sie anziehe«, protestierte ich.

»Ja, aber es wäre mir lieber, wenn sie etwas anderes tragen.«

»Ja, aber du hast *mich* gebeten, sie anzuziehen – und das habe ich getan. Sie sehen prima aus.«

»Kein Grund, sich aufzuregen – ich ziehe sie schnell um.«

»Nein, das tust du nicht«, antwortete ich.

»Warum nicht?«, fragte Kate.

»Weil ich will, dass sie das tragen, was sie anhaben. Das, was ich, ihr Vater, für sie ausgesucht habe. Das machst du immer – erst bittest du mich darum, etwas zu tun, und wenn ich es dann tue, ist das Erste – das Allererste – was du tust, mich zu kritisieren. Das geht mir wirklich auf die Nerven. Wie wäre es denn, wenn du einmal etwas wirklich Radikales sagst, wie zum Beispiel ›Danke, dass du die Mädchen angezogen hast, mein Schatz‹?«, fragte ich.

»Das ist typisch, Männer wollen immer, dass man ihnen dankt, wenn sie die selbstverständlichsten Dinge tun«, erwiderte sie schnippisch. »Wer dankt mir denn? Ich ziehe die Kinder jeden Tag an und du dankst mir nie dafür. Warum sollte ich dir danken, wenn du etwas derart Simples tust, das du ohnehin tun solltest?«

»Weil es mir guttun würde und weil es mich in meinen Versuchen bestärken würde, mich nützlich zu machen«, erklärte ich ihr.

»Es ist falsch, wenn ich dir dafür danken muss, selbstverständliche Dinge zu tun«, antwortete sie.

»Weißt du was? Du hast recht – das musst du nicht. Aber ich will dir ganz ehrlich etwas sagen. Es deprimiert mich, dass eine so einfache Sache wie deinem Mann ›Danke‹ zu sagen ein so großes Problem verursacht. Wie schwierig ist es denn, das verdammte Wort ›Danke‹ zu sagen? Kann das denn so wehtun? Es handelt sich doch nicht um einen Wettstreit. Wenn es mich glücklich macht und dich nichts kostet, warum kannst du es nicht einfach tun? Tu einfach so, als wärst du dankbar, verdammt noch mal. Was willst du denn damit erreichen, dass du mir nicht dankst und mich zuallererst immer kritisierst? Stell dir einfach einmal vor, du hättest mir gedankt und nicht erwähnt, dass dir meine Kleiderwahl nicht gefällt. Würde es dich umbringen? Oder hätten wir vielleicht einen harmonischen Morgen und am nächsten Tag würde ich die Kinder wieder anziehen wollen, und du würdest mir vorher sagen, was sie tragen sollen, und ich würde dir zustimmen und nicht denken, dass du eine kleinliche Kuh bist, die eine Oberlippenenthaarung braucht.«

»Mein Gott, ich hasse es, wenn du so bist«, antwortete Kate.

Obwohl ich mich im Recht fühlte – das tun Männer immer! –, war meine letzte Bemerkung ein klein wenig unter der Gürtellinie. Kate war am Tag zuvor in einem Kosmetiksalon in der Fußgängerzone gewesen – mit dem wundervollen Namen *Backs, Cracks and Sacs* –, um sich die Beine enthaaren zu lassen. Die Dame, die sie an der Tür begrüßte, hatte ihr Gesicht gründlich gemustert und gesagt: »Ah, Sie kommen sicher für eine Lippen- und Kinnbehandlung?« Mein Herzblatt Kate war auf der Stelle gestorben, hatte genickt und war mit glattem Kinn und haarigen Beinen wieder nach Hause gekommen.

Als ich mich am Abend wieder ein wenig beruhigt hatte, beschloss ich, dieser Sache auf den Grund zu gehen – auf faire Weise. Schließlich hatte ich Kate versprochen, nicht mehr so ein Arschloch zu sein, wenn ich die Arbeit aufgab. Unsere Unterhaltung erwies sich als ausgesprochen lehrreich. Als sie es mir erklärte – und ich wirklich zuhörte, anstatt zu versuchen, bei der Diskussion zu punkten –, konnte ich ihren Standpunkt tatsächlich nachvollziehen. Mehr noch, ich stimmte ihr zu. Eigentlich war sie gar keine kleinliche Schnepfe – und sie hat selbstverständlich auch keinen Damenbart! –, aber es ist einfach so, dass sie die Sache aus einer völlig anderen Perspektive betrachtet. Für sie ist es entwürdigend, wenn sie mir für die einfachsten Dinge danken muss. Es gibt ihr das Gefühl, in einer unterlegenen Position zu sein. Sie bekommt den Eindruck, dass die Kindererziehung allein ihre Aufgabe ist und dass ich mich großmütigerweise dazu herablasse, ihr hin und wieder unter die Arme zu greifen. Ich konnte nachvollziehen, dass ihr das auf die Nerven ging – zumal wenn man bedenkt, dass ich die gesamten Ersparnisse der Familie aufbrauchte, nur damit ich ein Jahr freinehmen konnte, um meiner Familie näherzukommen. Nach zwei Flaschen Wein einigten wir uns darauf, dass ich versuchen würde, nicht mehr so ein Kindskopf zu sein, und sie im Gegenzug ihre Kritik nach Möglichkeit auf die Gelegenheiten beschränken würde, wenn mein Modegeschmack ein Verbrechen gegen die Menschlichkeit darstellte und nicht einfach nur schlecht war.

Und nicht nur meine Rolle in der Familie, auch mein Schwimmen entwickelte sich nicht so, wie ich es mir wünschte. Ich empfand das Training als harte Arbeit, die wenig Spaß machte. Seit einem Monat war ich jetzt dabei, und obwohl es leichte Fortschritte zu verzeichnen gab, war ich unbestreitbar eine Flasche. Dann kam dank meines Freundes David Fleeting ein Durchbruch. David schwamm fast jeden Tag im Ozean, egal bei welchem Wetter. Er hatte auch bei den ersten Wettschwimmen von Bondi nach Bronte mitgemacht, und ihm hatte ich mich mit meinem Schwimm-Vorhaben anvertraut. Es war zu peinlich und zu teuer, mit Zane weiterzumachen, also hatte David die Rolle meines inoffiziellen Beraters übernommen.

»Was geht's mit dem Schwimmen, Nigel?«, fragte David mich eines Tages, als wir beide auf dem Schulhof warteten, um unsere Kinder abzuholen.

»Beschissen«, sagte ich. »Ich schaffe nicht mehr als fünf Längen im Strandpool und finde es total anstrengend.«

»Arbeitest du mit bilateraler Atmung?«, fragte er.

»Ich versuche es«, antwortete ich.

»Und benutzt deine Beine?«

»Ich versuche es«, antwortete ich.

»Und schwimmst schnell?«

»Ich versuche es.«

»O. k., ich will, dass du nächstes Mal Folgendes probierst: Kümmer' dich überhaupt nicht um deine Beine.«

»Aber ich werde untergehen«, protestierte ich.

»Unsinn, das wirst du nicht. Die Beine sorgen sowieso nur für etwa zehn Prozent des Antriebs. Vergiss sie einfach mal.«
«O. k. Ist das alles?«

»Nein. Ich will, dass du auch die bilaterale Atmung vergisst, aber vor allem will ich, dass du so langsam schwimmst, wie du kannst.«

»So langsam wie möglich?«, fragte ich.

»Genau. Kümmer' dich nicht darum, was die anderen Schwimmer denken, schwimm' einfach los. Du musst deine Jogging-Geschwindigkeit finden.«

Am nächsten Morgen setzte ich seine Ratschläge um – und war von den Resultaten überwältigt. Ich schaffte ohne Probleme zehn Längen. Ich sah vielleicht immer noch wie der sprichwörtliche Rugbyspieler aus, der Ballett tanzen will, aber ich war total begeistert. Vor fünf Wochen hatte ich nicht einmal eine Länge schwimmen können. Endlich hatte ich das Gefühl, Fortschritte zu machen.

14
Betreten Sie den Rasen

Nun, da Harry sich in der Schule eingelebt und ich meinen Schwimmplan ernsthaft in Angriff genommen hatte, wollte ich ein wenig »Quality Time« mit meinen Eltern verbringen. Genauer gesagt, ich wollte meine Eltern kennenlernen. Wenn man mit fünf Jahren in ein Internat gesteckt wird, dann verlässt man sein Zuhause – mit allen Konsequenzen. Es ist eine einfache, wenn auch traurige Tatsache, dass ich, seit ich fünf Jahre alt war, wesentlich mehr Zeit in der Betreuung von Lehrern an der Schule verbracht hatte als mit meinen Eltern. Nachdem ich an diesem ersten Tag auf die Reise geschickt worden war, sah ich meine Eltern vierzehn Wochen lang nicht. Nun ja, zu der Zeit wusste ich es nicht besser, also schlug ich mich einfach irgendwie durch. Jetzt, da ich vierzig bin und selbst vier Kinder habe, finde ich diese Vorstellung einfach barbarisch. Ich könnte Harry so alt, wie er jetzt ist, unmöglich wegschicken, ebenso wenig Alex, der drei Jahre älter ist, als ich es damals war. Was hatten sich meine Eltern bloß dabei gedacht? Harry fragt mich immer noch, ob er sich richtig abgeputzt hat und ob ich nach der Gutenachtgeschichte noch ein bisschen bei ihm bleibe. In der Sherbourne Prep bekam ich weder Liebe noch Zuneigung. Nie.

Mein privater Bereich umfasste ein Bett in einem Schlafsaal mit dreißig anderen Jungen, einen Tisch in einem Klassenzimmer mit vierzig anderen Jungen und ein Schließfach aus Maschendraht mit zwei Haken darin in einem Umkleideraum zusammen mit 180 anderen. Keine Besuche, keine Privatsphäre, keine Ausflüge außerhalb des Schulgeländes, keine Mädchen, keine freien Wochenenden, keine Umarmungen, keine Gutenachtgeschichten, keine Zuneigung – nur das Gesetz des Dschungels bis zu den nächsten Ferien. Ich schaute während der Stunden immer auf die Uhr, und wenn der Zeiger eine Minute vorsprang, stieß ich innerlich einen Jubelschrei aus, dass ich der Heimfahrt wieder eine Minute näher gekommen war.

In meiner ersten Nacht in der Schule – nach dem Vorfall mit den Sportsachen – machte einer der Jungen in meinem Schlafsaal den Fehler zu weinen, weil er solches Heimweh hatte. Seine verzweifelten Schluchzer hörten sich an wie ein Sportwagen beim Hochschalten. Dieser Junge wurde die nächsten vierzehn Wochen lang jede Nacht gehänselt, bis er weinte.

»Wo ist Mami? Glaubst du, dass sie dich vermisst? Wer füttert dein Häschen? Ich wette, deine Schwester zu Hause hat heute Eis zum Nachtisch bekommen …«

Funktionierte das nicht, dann ließ sich der gewünschte Effekt normalerweise dadurch erreichen, dass man ihm seinen Teddybären abnahm und diesem ein paarmal auf den Kopf trampelte. Dann legte sich jeder zurück und lachte, während das Opfer durch alle Gänge schaltete.

Doch wenn ich nach Hause schrieb – wir mussten jeden Samstag einen Brief nach Hause schreiben! –, schrieb ich, dass es mir gutging, weil ich glaubte, dass meine Eltern das erwarteten, und ich wollte sie nicht enttäuschen. Ich glaube, dass dieser Punkt den Beginn einer gewissen emotionalen Oberflächlichkeit zwischen uns markierte. Einer der Jungen machte einen Versuch, die Wahrheit zu schreiben, doch der Lehrer, der alle Briefe las, bevor sie verschickt wurden, ließ ihn einen neuen Brief schreiben.

Mir kommt die Galle hoch, wenn ich höre, wie solche erzkonservativen Hohlköpfe erzählen, solche Erfahrungen seien charakterbildend. Das mag ja sein – aber was für einen Charakter bildet man denn so? Ich kenne Leute, die über ihre *Prep School*-Erfahrungen nie hinweggekommen sind. Ich glaube, ich selbst wäre eine Goldgrube für jeden Therapeuten. Bis zum heutigen Tag strebe ich nach Anerkennung, öffentlichem Lob und Zuneigungsbezeugungen. Oft habe ich unerwartete plötzliche Anfälle von Einsamkeit und Verzweiflung, verrückterweise meist in Momenten, in denen ich gerade in vergnügter und liebevoller Gesellschaft bin.

Prep School machte nicht nur meine Schulzeit zu etwas, das an die dunkelsten Kapitel aus *Herr der Fliegen* erinnert – es ruinierte auch mein Leben zu Hause. Als ich nach den ersten vierzehn Wochen endlich nach Hause durfte, hatte ich mich unwiederbringlich verändert. Schlimmer noch, meine Eltern und ich hatten nichts mehr gemeinsam. Es war wie das Gegenteil einer guten Ehe, in der man gemeinsame Erfahrungen ansammelt. Von der Zeit, als ich fünf Jahre alt war, führten meine Eltern und ich getrennte Leben und kamen nur noch sporadisch zusammen, so wie höflich miteinander umgehende Fremde, die zufälligerweise miteinander verwandt sind.

Aus diesem und vielen anderen Gründen war ich entschlossen, die verlorene Zeit aufzuholen und eine wirkliche Beziehung zu meinen Eltern aufzubauen, bevor es zu spät sein würde. Das war jedoch nicht ganz so leicht, wie ich es mir vorgestellt hatte. Andererseits muss ich zugeben, dass meine Strategie wahrscheinlich nicht sehr realistisch war. Ich hatte beschlossen, die beiden nacheinander jeweils allein zu einem Essen einzuladen, denn ich stellte mir vor, dass ich auf diese Weise in aller Ruhe mit ihnen reden konnte, ohne dass wir abgelenkt würden oder im üblichen höflichen Smalltalk steckenblieben. In Wirklichkeit war die getrennte Einladung vermutlich eher dazu angetan, sie zu verschrecken. Kate glaubt, dass die beiden davon überzeugt waren, ich wollte ihnen beim Essen etwas Furchtbares mitteilen, weil sie das Aussehen von Leuten hatten, die sich darauf vorbereiten, schlechte Nachrichten zu bekommen.

Beide Essen wurden wunderbar – aber nicht ganz so, wie ich es mir vorgestellt hatte. An dem Abend, als ich meine Mutter ausführte, wurde mir schnell klar, dass sie erwartete, von mir über unsere bevorstehende Scheidung unterrichtet zu werden. Ich brauchte bis zum Nachtisch, um sie davon zu überzeugen, dass Kate und ich uns nicht trennen würden. Vater hatte einen anderen Verdacht, was unser Abend zu zweit zu bedeuten hatte.

»Brauchst du Geld, Nigel?«, fragte er mich, sobald wir uns im Restaurant hingesetzt hatten.

»Nein, ich habe meine Kreditkarte dabei, Dad. Der Abend geht auf mich.«

»Nein, nicht heute Abend, ich meine, brauchst du Geld? Seid Kate und du in Schwierigkeiten?«

»Dad, uns geht es prima. Entspann dich, ich wollte dich nur mal einen Abend für mich haben.«

»Warum?«, fragte er.

»Um uns zu unterhalten.«

»Worüber?«

»Keine Ahnung, über irgendwas«, antwortete ich. »Karrieretipps zum Beispiel.«

»Wirklich?«

»Ja, es ist ein Anfang, warum nicht? Wie hast du dich für deine Laufbahn entschieden?«

»Ganz einfach. Ich machte es mir zum Grundsatz, alles zu tun, was die Marine von mir wollte. Ich gab mir alle Mühe, mir den Ruf eines Menschen zu erwerben, dem man die Jobs geben konnte, die sonst niemand haben wollte. Egal, ob ich die Aufgabe mochte oder nicht, ich wollte einfach meinen Job behalten. Irgendeinen Job. Ich wusste, dass ich so immer ein Gehalt haben würde. Das ist das Wichtigste, Nigel – seinen Job zu behalten. Man muss an seine Verantwortung denken. Du hast eine Frau und vier Kinder zu versorgen«, sagte er, wobei er mich stark an Hank erinnerte.

Ich brauchte wirklich kein weiteres »Sitze im Bus«-Gespräch, deshalb wechselte ich das Thema, und wir unterhielten uns über unverfänglichere und oberflächlichere Dinge.

Am nächsten Tag kamen Kate und ich überein, dass eine Gruppenveranstaltung vielleicht doch sinnvoller wäre als die Einzeltaktik. Vielleicht könnten wir die Familiendynamik mit einem besonderen Ereignis verknüpfen und damit die Nähe fördern, die ich suchte. Zum Glück hatten wir genau das Richtige im Ärmel. Im Jahr zuvor war mein Bruder Jon in Sydney gewesen und hatte dabei ein Restaurant in einem Nationalpark im Norden der Stadt besucht, das man nur per Wasserflugzeug erreichen konnte. Es hieß *The Cottage Point Inne*, und Jon hatte so begeistert davon erzählt, dass Mutter schon von zu Hause aus im Voraus einen Flug für uns alle zusammen reserviert hatte – als Überraschungs-Dankeschön an uns.

Ich war von der Idee begeistert, nicht nur, weil es eine weitere Gelegenheit war, meine Eltern kennenzulernen, sondern auch, weil die australische Einstellung zum Fliegen ein weiterer Pluspunkt des Lebens auf diesem wundervollen Kontinent ist. Es hört sich vielleicht dämlich an, aber ich *mag* den Flughafen von Sydney: Er ist sinnvoll gestaltet, einladend und hat jede Menge Platz, er ist das genaue Gegenteil von Heathrow. Doch mehr noch als der Flughafen von Sydney hatten es mir die kleinen Flughäfen – und Flugzeuge – angetan. Je kleiner desto besser.

Meine Einstellung zu Flugreisen hatte sich in Australien völlig verändert. Als ich noch in England lebte, dauerten Flugreisen selten mehr als sechs Stunden und fanden ausnahmslos in Flugzeugen mit mindestens 150 Sitzplätzen statt. Und sie erforderten einen Besuch auf einem der scheußlichen Londoner Flughäfen Heathrow oder Gatwick. Seit ich in Australien war, hatte ich eine ganze Reihe von stressfreien, schönen und kurzen Flügen von Flughäfen erlebt, deren Terminals nicht größer waren als ein normales Wohnhaus. Fliegen war hier einfach nichts Besonderes – es war die Art, in der man sich fortbewegte. Es war nicht ungewöhnlicher als eine Zugfahrt in England; tatsächlich gab es viele Gemeinsamkeiten. Auf einem Flug von Hervey Bay nach Brisbane verkündete der Pilot: »Unsere Flugzeit nach Maryborough wird fünf Minuten betragen.« Ich erinnere mich, dass ich dachte, ich müsse mich verhört haben, doch fünf Minuten später standen wir tatsächlich vor dem Flughafen von Maryborough, der aber eher aussah wie der Dorfladen von Lummerland. Es gab sogar einen weißen Lattenzaun an der Vorderseite.

Ich fing an, eine Liste der Flughäfen zu führen, die ich besucht hatte – Newcastle, Gladstone, Uluru, Hervey Bay, Bankstown, Lord Howe, Albury. Jeder davon war auf seine eigene Art wundervoll. Mein bisheriger Favorit war Jindabyne. Ich war im Urlaub gewesen, als ein Notruf kam. Ich musste schnell ins Büro zurück. Weil ich nicht das Auto nehmen und die Familie ohne Transportmittel zurücklassen konnte, wurde einer von diesen Kurzstreckenflügen für mich gebucht. Als das Taxi mich absetzte, war ich davon überzeugt, dass es ein Missverständnis gegeben hatte.

Nicht nur gab es an diesem Ort weder Terminal noch einen Taxistand, *es gab auch keine Startbahn.* Es gab eigentlich überhaupt nichts außer einem handgeschriebenen Zettel am Zaun, der den Platz umgab, auf dem ziemlich vermessen »Jindabyne Aerodrom« stand. Ich suchte die Gegend nach irgendeinem Anzeichen für einen Flugbetrieb ab, doch ich konnte keinen der üblichen Hinweise entdecken, nicht einmal einen Windsack – nichts. Aber ich war an der richtigen Stelle. Nach kurzer Wartezeit erschien Avant-Air-Flug-Nummer-Zwei am Horizont und flog einmal um den Platz herum, bevor er holpernd auf dem zerfurchten Gras landete und zu mir herangerumpelt kam. In England ist man Ölmagnat oder Multimillionär, wenn man sein eigenes Viersitzerflugzeug benutzt. Hier kostete es die Firma deutlich weniger als ein Taxi von Gatwick ins Zentrum Londons.

An dem Tag, für den Mutter den Flug nach Cottage Point gebucht hatte, fuhren wir die paar Kilometer bis Rose Bay, wo sich Sydneys alter Wasserflughafen befindet. Ich war doppelt aufgeregt, weil ich noch nie in einem Wasserflugzeug geflogen war. Der Wasserflughafen war einmal ein florierender Betrieb gewesen – jetzt bestand er nur noch aus einer Hütte von der Größe einer Telefonzelle auf einem hölzernen Steg, der sich gegenüber von Shark Island in den Hafen erstreckte. Auch das Flugzeug war winzig – es war so klein, dass ich auf dem Kopilotensitz Platz nehmen musste, während Kate und meine Eltern sich hinter uns quetschten. Der Pilot war typisch für all die Menschen, die wir seit unserer Ankunft in Australien getroffen hatten: fröhlich, hilfsbereit und humorvoll. Seine Sicherheitsdurchsage zu Beginn des Fluges war ein Klassiker.

»Im Notfall finden Sie den Notausgang auf der rechten Seite des Flugzeugs«, sagte er und zeigte auf die Tür, durch die wir gerade hereingekommen waren. Es gab keine andere Tür. Es war *die* Tür.

Der Service auf dem Flug war ebenso wunderbar.

»Möchten Sie eine kleine Erfrischung?«, fragte er uns, als wir uns vom Landungssteg entfernten.

»Danke, ja, das wäre sehr nett«, antwortete meine Mutter.

»Entschuldigung, Kumpel, könnten Sie mir die Tasche da mal rüberreichen?«, fragte mich der Pilot und zeigte auf den Rucksack, der zu meinen Füßen lag. Ich hob ihn auf meinen Schoß und gab ihn an den Piloten weiter, woraufhin er hineingriff und eine Plastikflasche Mineralwasser herausnahm, die er aufschraubte und meiner Mutter überreichte. Dagegen kann die Senatorklasse von British Airways einpacken.

Er war unverkennbar ein exzellenter Pilot. Die Reise war kurz, aber atemberaubend, wir flogen über den Hafen und den Nationalpark, bevor wir auf dem Hawkesbury River landeten und am Landungssteg des Restaurants festmachten. Es folgte ein viergängiges Menü, das sich nur als sensationell beschreiben lässt. Mutter und Vater waren in Hochform, und Kate sah strahlend, wunderschön und entspannt aus. Nach jahrelangen Versuchen, eine offene und herzliche Beziehung zu meinen Eltern zu bewerkstelligen, saß ich hier und lachte und trank mit ihnen, während draußen am Steg unser Privatflugzeug wartete, das uns nach Hause fliegen würde, wann immer wir es wünschten. Wenn so das Leben ohne Arbeit aussah, dann hatte es definitiv meine Stimme. Andererseits muss man fairerweise sagen, dass nicht zu arbeiten zu Hause in England sicherlich weniger idyllisch ausgesehen hätte. Unser momentaner Tagesausflug war eines von den Dingen, die man nur in Sydney machen kann. Diese Stadt steckt so voller unerwarteter Freuden, dass Kate und ich uns vollkommen in diesen Ort verliebt haben.

Diese Liebesaffäre begann schon bei unserem allerersten Besuch in diesem Land, als wir, bevor ich meine Stelle hier antrat, nach einem Haus suchten. Wir gingen in den Botanischen Garten hinter der Oper, als uns ein Schild auffiel, auf dem stand: »Bitte betreten Sie den Rasen«. Ich zuckte zusammen und schaute noch einmal hin. Die Stadtverwaltung hatte tatsächlich ein Schild aufgestellt, auf dem stand »Bitte betreten Sie den Rasen«. Darunter stand in kleinerer Schrift »Und sprechen Sie mit den Pflanzen und umarmen Sie die Bäume. Es ist Ihr Park, und sein Zweck ist, Ihnen Freude zu machen. Viel Vergnügen.« Ich war wie vom Donner gerührt und bin seither nicht mehr derselbe.

In den letzten drei Jahren ist kaum eine Woche vergangen, die mir nicht einen »Sydney-Moment« bescherte. Ob es die Open-Air-Kinos sind, das Silvesterfeuerwerk, ein unerwarteter Blick auf die Harbour Bridge, die in die Felsen gehauenen Strandpools, der Hafen, die Strände oder die Schwulen-und-Lesben-Parade am Mardi Gras – diese Stadt hört nie auf, mich zu überraschen und zu begeistern. Inzwischen bin ich ausgesprochen voreingenommen und finde es unmöglich, mir eine nettere, glücklichere Stadt auf der ganzen Welt vorzustellen. Der Hafen, die Surf-Strände oder der Centennial Park wären alle für sich allein schon genug, um aus einer Stadt etwas ganz Besonderes zu machen. Doch die Bewohner von Sydney müssen damit klarkommen, dass sie alle drei haben. Mit einer wirklich beeindruckenden Hafen- und Ozeanküste, kann man in einem Umkreis von fünfundzwanzig Kilometern um die Oper keine zehn Minuten fahren, ohne über ein weiteres Naturwunder zu stolpern. Anders als in London, wo man immer das Gefühl hat, dass einem die meisten Freuden verwehrt bleiben, solange man nicht im Lotto gewinnt, können in Sydney die »gewöhnlichen« Leute tatsächlich vor der Arbeit surfen oder nach der Arbeit schwimmen gehen.

Solange ich arbeitete, hatte ich immer das Gefühl, dass ich das Beste, was Sydney zu bieten hat, verpasste. Ich war entschlossen, jetzt, wo ich die Chance dazu hatte, möglichst viel von der Stadt mitzubekommen. Mein Geburtstag gab mir einen weiteren willkommenen Vorwand, genau das zu tun. Ich wollte nichts dem Zufall überlassen und plante alles selbst – und glücklicherweise lief alles genau nach Plan. Die Kinder weckten mich mit Geschenken auf – ich brüllte nicht ein einziges Mal! –, dann joggte ich von Bronte nach Bondi die Küste entlang, bevor ich mit meinen Eltern frühstückte. Danach machten Kate und ich die kurze Fahrt zum Lady Bay Beach für unser traditionelles Geburtstags-Nacktbaden – habe ich schon erwähnt, dass Sydney eine unglaubliche Stadt ist? Hier gibt es sogar einen FKK-Strand *in* der Stadt –, bevor wir mit Freunden in der Watsons Bay zu Mittag aßen, mit Blick auf die Brücke und die Oper. Anschließend gab es einen Nachmittag lang surfen in Bondi, Abendessen mit den Kindern zu Hause, bevor wir den Tag mit Kate und meinen Eltern mit Open-Air-Kino im Botanischen Garten ausklingen ließen. Der Film hieß *Gangs of New York* – ein totaler und vollkommener Schwachsinn, trotz der begeisterten Kritiken. Doch zu diesem Zeitpunkt war ich so glücklich, dass es mir egal war. Für mich war es wirklich der perfekte Geburtstag und außerdem ein passender Schlusspunkt für den Besuch meiner Eltern, die am nächsten Morgen nach Hause flogen.

Doch am nächsten Tag, auf der Rückfahrt vom Flughafen, wo wir Mutter und Vater verabschiedet hatten, musste ich unwillkürlich über die dunklere Seite meiner Situation nachdenken. Die ersten paar Wochen lagen hinter mir. Natürlich ging es mir *jetzt* gut. Doch was würde sein, wenn die erste Begeisterung verflogen war? Jetzt, wo meine Eltern und Charmaine weg waren, hatten wir keine Hilfe mehr für die Kinder, es würde also unweigerlich weniger Freizeit geben als zuvor. Wie würde es sein, wenn das Geld zur Neige ging? All meine Ziele und Vorhaben waren gut und schön, doch weder abnehmen noch im Ozean schwimmen würde unsere Rechnungen bezahlen. Ich hatte vier kleine Kinder, und weder meine Frau noch ich hatten gegenwärtig einen Job. Wir hatten keinerlei Einkommen. Wenn man es kühl und rational betrachtete, war die Situation eigentlich ziemlich ernst. Ich habe meine Familienpflichten immer sehr ernst genommen. Es musste etwas geschehen. Ich entschloss mich, etwas zu tun, das zumindest proaktiv war – wenn auch nicht gerade das, wonach die Situation verlangte. Ich buchte einen Urlaub für mich, weg von Sydney, weg von meiner Familie und, so hoffte ich, weg von meinen Ängsten.

15

Verbleites Benzin

Tasmanien ist in vielerlei Hinsicht der ideale Ort, wenn man weglaufen will. Wenn es mir nicht gelang, in einer zum UNESCO-Welterbe gehörenden Wildnis am Ende der Welt meinen Sorgen zu entfliehen, dann würde ich es nirgendwo können. Es wäre leicht, diesen Trip als egoistisch zu kritisieren. Tatsächlich war er egoistisch – und ausgesprochen unbequem für Kate. Doch letztendlich war ich nur eine Woche lang weg, und dieser Urlaub war genau das, was ich brauchte. Ich hatte mir vorgenommen, mit der

Arbeit aufzuhören, um zu einem bewussteren Leben zu finden, doch stattdessen war ich in einem scheinbar endlosen Strudel von Aktivität und Lärm gefangen – die Operation mit anschließender Rekonvaleszenz, der Besuch meiner Eltern, die vielen Details, die im Zusammenhang mit meinem Ausscheiden aus der Firma noch zu klären waren, das Betreuen der Kinder, das Umstellen auf eine neue Situation, in der ich ein wirklicher Teil der Familie sein wollte, und natürlich meine absurd ehrgeizigen schwimmerischen Ambitionen.

Ich hatte einfach noch nicht die Zeit gefunden, ernsthaft darüber nachzudenken, was ich wollte – wirklich wollte. Herumrennen wie ein kopfloses Hühnchen und jede wache Minute mit Aktivitäten anfüllen war nicht das, was ich ursprünglich im Sinn gehabt hatte, als ich an Weihnachten auf dem Bauch lag und davon träumte, eine Karrierepause einzulegen. Wenn ich so wie bisher weitermachte, dann hätte ich ebenso gut weiter zur Arbeit gehen können.

Der Beginn meiner arbeitslosen Zeit war ein Fehlstart gewesen. Ich hatte mich nicht verändert, ebenso wenig wie die Welt um mich herum. Ein Tag war einfach in den nächsten übergegangen, und dieser wiederum in den nächsten. Ich wollte, dass dieser Urlaub eine Zäsur bildete – die Woche, in der ich einige grundsätzliche Dinge in meinem Kopf klärte, so dass ich, nach Hause zurückgekehrt, neu beginnen und mein freies Jahr so fortsetzen konnte, wie ich es mir vorgestellt hatte. Außerdem wollte ich mich besaufen und mit meinem guten alten Kumpel Jon ein paar Berge besteigen.

Jon ist einer meiner Freunde aus der College-Zeit. Ich kenne ihn seit über zwanzig Jahren. Ich war *Usher* auf seiner Hochzeit und er war *Usher* auf meiner, jeder kümmerte sich also um die Gäste des anderen während der jeweiligen

Feier. Außerdem bin ich Pate eines seiner wundervollen Kinder, und er ist Pate bei einem von meinen Kindern. Wie das Leben so spielt, war er ein paar Monate, nachdem Kate und ich uns in Sydney niedergelassen hatten, nach Melbourne gezogen. Eines der Probleme, die ich mit der normalen Arbeitswelt männlicher Manager habe, ist, dass man allzu leicht die Freunde vernachlässigt, die nichts mit dem Job zu tun haben. Zwischen den Anforderungen, die Büro und Familie an einen stellen, scheint einfach kein Platz mehr zu sein für weitere intensive Beziehungen. Für die meisten Männer ist das ein echter Verlust. Diejenigen unter meinen Bekannten, die es geschafft haben, außerhalb ihrer Arbeit enge Beziehungen mit Freunden aufrechtzuerhalten, sind ohne Ausnahme deutlich glücklicher und entspannter als andere, denen das nicht gelungen ist.

Immer mehr Wissenschaftler sind davon überzeugt, dass »soziales Kapital« ein ebenso wichtiger Erfolgsmaßstab ist wie »finanzielles Kapital« und dass die nächste größere Schlacht in den entwickelten Industrienationen darin bestehen wird, diese Tatsache zu erkennen und sich darauf einzustellen. Ungeachtet solcher theoretischen Erwägungen war Jon der Freund, mit dem zusammen ich acht Jahre zuvor meine nordenglische Wanderung von einer Küste zur anderen unternommen hatte. Das war anlässlich meiner letzten größeren beruflichen Veränderung gewesen. Ich freute mich, dass er mich auch dieses Mal wieder begleiten würde.

Abgesehen davon, dass wir uns gut verstehen und er ein angenehmer Zeitgenosse ist, war er schon deshalb der perfekte Gefährte für diesen Trip, weil er sich in idealer Weise dafür eignete, mich in meiner Entscheidung zu bestätigen. Zwar war Jon nicht in der gleichen Branche tätig wie ich, doch seine Position war mit genauso viel Stress verbunden.

Jeden Tag stichelte ich, wie beschissen sein Job sei, und hörte dann mit überlegener Miene zu, wenn er mir sein Herz darüber ausschüttete, wie unausgewogen sein Leben war. Mit diesen Gesprächen versuchte ich, meine vorgeblich heldenhafte Haltung gegenüber der Maschinerie der Arbeitswelt rückblickend zu rechtfertigen – auch wenn Jons Leidensgeschichten nichts weiter waren als die normalen Anekdoten, die jeder Arbeitnehmer erzählen kann. Ich griff nach jedem Strohhalm, um meine Schuldgefühle darüber zu unterdrücken, dass ich nicht sofort wieder auf das Hamsterrad aufgesprungen war, wie es mir so viele meiner Freunde, ehemaligen Kollegen und Familienmitglieder geraten hatten. An die Ironie der Situation, dass ich in Tasmanien herumstromerte, ohne mir meinen Kopf über einen Job oder um meine Familie zu zerbrechen, und darüber schwadronierte, ein ausgeglicheneres Leben zu führen, während ich meine Frau zu Hause mit den vier Kindern und dem Haushalt allein ließ, verschwendete ich keinen Gedanken.

Angesichts meiner finanziellen Lage hatten wir uns ein enges Budget gesetzt – und uns fest vorgenommen, uns daran zu halten. Bonusmeilen hatten meinen Hin- und Rückflug nach Tasmanien abgedeckt, also war die Fortbewegung innerhalb Tasmaniens die nächste offene Frage. Wir mieteten das billigste Auto vom billigsten Vermieter, den wir finden konnten. Das soll jetzt nichts gegen Toyota sagen, aber ich habe noch niemals vorher oder seitdem in einem schlechteren Auto gesessen als in dem hundert Jahre alten Corolla, der am Flughafen auf uns wartete. Der Scheißrolla, wie wir ihn liebevoll nannten, hatte keine Außenspiegel, keinen fünften Gang, keine Zentralverriegelung, keine Servolenkung, keine Heizung und keine Klimaanlage – es war im Grunde genommen ein Motor auf Rädern. Und was für ein Motor: Die Spitzengeschwindigkeit betrug etwa 90 Stundenkilometer, dabei war allerdings der Lärmpegel unerträglich – ein hohes Jaulen wie ein Jumbo-Jet, der abzuheben versucht, obwohl er im ersten Gang hängengeblieben ist. Ab fünfundzwanzig Stundenkilometer war eine Unterhaltung eigentlich nicht mehr möglich.

Aber er war billig. Auf dem Weg zur ersten Tankstelle nach dem Flughafen rechneten wir aus, dass das Gefährt jeden von uns täglich weniger kostete als einen Caffè Latte in Sydney. Diese Tatsache wiederholten wir ständig, um unsere ziemlich schwachsinnige Entscheidung zu rechtfertigen, für einen Urlaub, der an allen Tagen außer einem eine größere Autofahrt erfordern würde, ein derart ungeeignetes Fahrzeug zu mieten.

Als ich an der Tankstelle aus dem Scheißrolla ausstieg, fragte ich Jon: »Verbleit oder bleifrei?«

»Keine Ahnung«, war seine Antwort.

Ich drehte mich um und fragte den geheimnisvoll lächelnden Tankwart, der uns bereits entgegenkam.

»Für den da brauchen Sie verbleites«, sagte er und nickte in Richtung des Scheißrolla.

»Ausgezeichnet«, antwortete ich. »Dann füllen sie ihn mit verbleitem Benzin ab, bitte.«

»Wir haben kein verbleites Benzin.«

»Was soll das heißen, sie haben kein verbleites Benzin?«

»Das hat hier auf der Insel keiner mehr – ist kein Geld mehr damit zu verdienen.«

»Aber ich habe gerade ein Auto gemietet, das nur mit verbleitem Benzin fährt.«

»Ich wette, es war billig«, war sein unnötiger Kommentar.

Es gibt doch noch ein paar Tankstellen auf Tasmanien,

die verbleites Benzin verkaufen, aber wir mussten einige ziemlich umständliche Routen fahren, selbst wenn wir zu den beliebtesten Ausflugszielen gelangen wollten. Doch die Insel ist überall so wunderschön, dass keiner von uns die Zeit bereute, die wir auf verschlungenen Wegen zubrachten. Im Übrigen war es Zeit, die sich gut zum Nachdenken eignete.

Die Woche brachte alles, was ich mir erhofft hatte, und mehr. Einerseits war ich traurig, als sie zu Ende ging, andererseits konnte ich es kaum erwarten, zu Kate und den Kindern zurückzukommen. Es ist gut und schön, hin und wieder vor seiner Verantwortung davonzulaufen, aber zumindest für mich ist das keine gesunde Langzeitstrategie. Ich wollte nicht glücklich werden, indem ich mir ein Leben *außerhalb* meiner Familie einrichtete; ich wollte mit der alltäglichen Realität meines Schicksals glücklich werden, mit all seinen schönen und weniger schönen Seiten. Der Trip war nicht nur für sich selbst gesehen großartig gewesen, er hatte mich auch wieder einmal daran erinnert, wie glücklich ich war, solch eine Brut zu haben. Ich vermisste sie und wollte zurück, um mein neues Leben mit ihnen nun endlich zu beginnen.

Bevor ich nach Hause flog, um das zu tun, hatte ich in Hobart einige Stunden für mich allein – Jon war morgens nach Melbourne geflogen, und mein Flug nach Sydney ging erst am Abend. Im Bewusstsein, dass ich eine Woche lang mit meinem Schwimmtraining ausgesetzt hatte, nutzte ich die Gelegenheit, das Hobart Aquatic Centre zu besuchen. Für einen Londoner ist es unglaublich, dass eine kleine Stadt wie Hobart eine solche Anlage besitzt: riesengroß, saubere Umkleidekabinen, Becken mit olympischen Abmessungen, Planschbecken und Spielgelände für Kinder, ein gemütliches Café – alles, was das Herz begehrt. Ich quälte mich durch zwanzig Minuten ununterbrochenes Freistilschwimmen, und obwohl es mich fast umbrachte und mein Stil nicht als solcher erkennbar war, war ich ziemlich angetan von meinen Fortschritten. So angetan, dass ich mir überlegte, ob es nicht an der Zeit wäre, einen Teil meines Trainings ins offene Wasser zu verlegen, wenn ich nach Sydney zurückkam.

Ich begann auch, Gewicht zu verlieren. Das Wandern und Schwimmen begann Wirkung zu zeigen. Meine Hosen waren spürbar weiter geworden, so dass ich den Gürtel enger schnallen musste, und mein Gesicht bekam bereits sichtbar eine andere Form. Es war jetzt nicht mehr so sehr ein Gesicht in einem Gesicht, sondern einfach nur ein Gesicht. Immer noch ein pummeliges Gesicht, aber kein Mastschwein mehr. Das machte mir Mut, und während ich mich zur Belohnung in ein traditionelles englisches Frühstück kniete, zog ich Bilanz.

Ich war noch nicht lange genug von der Arbeit weg, um wirklich etwas erreicht zu haben, aber ich war guter Dinge und freute mich mehr denn je auf das Experiment, das vor mir lag. Eine Menge nachgedacht hatte ich auch. Selbstbezogen, bombastisch und affektiert nachgedacht, möglicherweise – aber ich hatte jedenfalls nachgedacht. Ich hatte eine Reihe von Projekten begonnen, die mir wichtig waren – nicht nur das Schwimmen. Ich zeichnete und schrieb, ich fing an, eine tiefere Bindung mit meinen Kindern aufzubauen – zumindest dann, wenn ich nicht gerade ohne sie in den Urlaub fuhr –, mein Surfen war deutlich besser geworden und ich hatte sogar wieder angefangen zu lesen – eine Leidenschaft, die der Stress meines Jobs schon lange zum Erlöschen gebracht hatte.

Ein Gefühl von Enthusiasmus und Optimismus überflutete mich. Ich hatte so unglaublich viel Glück. Ich hatte so vieles, für das ich dankbar sein musste, so vieles, auf das ich mich freuen konnte, so vieles, was ich tun und erleben wollte. In diesem Moment fühlte ich mich so lebendig, dass ich niemals mehr eine Sekunde meines Lebens verschwenden wollte. Ich würde nicht nur gut sein. Ich würde fantastisch sein. Ich würde der Weltbeste sein.

Es gab da nur ein Problem. Ich war Alkoholiker.

16

Morgen wird alles anders sein

Es ist ungefähr zwanzig Jahre her, dass mich zuerst der Verdacht beschlich, ich könnte ein Alkoholproblem haben. Zehn Jahre später, am 23. Januar 1993, beschloss ich, etwas dagegen zu tun. Das bedeutete, wie meistens bei mir, dass ich mir zuerst einmal ein Buch kaufte. Ich wohnte damals in London und fuhr extra mit der U-Bahn zum Covent Garden, um es gleich am Erscheinungstag zu kaufen. Es hieß *Morgen wird alles anders sein*, geschrieben von einem Burschen namens Beauchamp Colclough. Ich hatte nie von ihm gehört, es war vor allem der Untertitel »Wege aus der Alkoholabhängigkeit«, der mich angesprochen hatte. Das Buch verschämt unter den Arm geklemmt, fuhr ich zurück zu unserer Wohnung in Queens Park. Kate und ich waren damals noch keine zwölf Monate verheiratet – das war, bevor der Kindersegen einsetzte. Ich erinnere mich an den Tag, als wäre es gestern gewesen. Zwei Kapitel hatte ich bereits gelesen, bevor ich aus der U-Bahn ausstieg. Als ich zu Hause ankam, setzte ich mich in den nächstbesten Sessel und las weiter. Ich stand nicht auf und machte keine

Pause, bis ich das Buch durchgelesen hatte. Es war genau sechs Uhr. Zeit für einen Drink. Nur diesmal – wahrscheinlich zum ersten Mal seit fünf Jahren! – genehmigte ich mir keinen. Und ich schwor mir, dass ich in den nächsten vier Wochen keinen Tropfen Alkohol anrühren würde. Ich war schon immer ein sturer Typ, also stand ich den Monat durch. Es war natürlich eine vollkommen sinnlose Übung, denn schon ein paar Tage später trank ich wieder wie vorher, wenn nicht noch mehr.

Und doch hatte sich mein Leben dauerhaft verändert. Bis zu diesem Tag hatte ich jeden Tag enthusiastisch, fröhlich und unbekümmert getrunken. Von diesem Punkt an trank ich weiterhin enthusiastisch und jeden Tag, aber »fröhlich und unbekümmert« wurde durch »besorgt« ersetzt. Fünf Jahre später wurde Harry geboren, und ich beschloss, es noch einmal zu versuchen. Wiederum – im Mai 1998 – wollte ich einen Monat lang nichts trinken. Wiederum schaffte ich es problemlos. Und wiederum war das Ganze eine vollkommen überflüssige Übung, die nichts bewies außer der bereits bekannten Tatsache, dass ich ein entschlossener und sturer Kerl sein kann, wenn ich will. Nur Stunden nach dem Ende besagten Monats – nach der Hochzeit eines Freundes –, stand ich vollkommen blau nach der Sperrstunde in einem Pub in Ipswich und sang einer Gruppe von leicht irritierten wildfremden Menschen »Flower of Scotland« vor.

Weitere vier Jahre und eine Menge Bier später war ich in Australien und hatte einen stressigen Job und vier kleine Kinder. Mein Trinken war immer noch in der enthusiastischen Größenordnung. Allerdings nicht mehr von der Variante »ich saufe mich mit meinen Kumpels bewusstlos und dann schließen wir ein Auto kurz«, sondern eher in der Art »ich komme jeden Abend von der Arbeit nach Hause und schütte mir grimmig sechs Bier rein«. Ich haderte ständig mit meinem Trinken und traf erneut die – zumindest für mich – monumentale Entscheidung, einen Monat lang damit aufzuhören – ab dem 11. Oktober 2002.

Und wieder tat ich genau das. Wieder machte ich hinterher weiter, als wäre nichts geschehen. Die Strategie, einen Monat lang auszusetzen, brachte mich unverkennbar nirgendwohin. Ich machte mir immer noch etwas vor. Nach zehn Jahren vergeblichen Versuchens redete ich mir immer noch ein, dass ich in Maßen trinken konnte. Ich rechtfertigte mein Verhalten mir selbst und anderen gegenüber ständig mit lächerlicher Logik: »Ja, ich habe wirklich gesagt, dass ich nur einen trinken werde, aber sechs sind ja auch nicht viel, und es ist ja nicht so, als ob ich ein Problem hätte. Natürlich habe ich die Kinder angebrüllt, aber das hätte jeder getan, sie waren unausstehlich.« Diesen Blödsinn musste sich Kate jeden Morgen anhören, während sie ein weiteres Mal das Betreuen der Kinder und das Führen des Haushalts schulterte, ohne von ihrem Mann Unterstützung zu bekommen.

Diesmal ließ mein Aha-Erlebnis nicht lange auf sich warten. Es kam in Gestalt eines Rugbyspiels kurz nach meiner Rückkehr aus Tasmanien. Die Waratahs spielten im Super-12-Turnier gegen die Crusaders. Für die Waratahs war es das Spiel der Spiele. Obwohl die Crusaders die haushohen Favoriten waren, konnten die Waratahs die Saison retten, wenn ihnen hier ein Überraschungssieg gelang. Irgendeine Vorahnung sagte mir, dass sie es schaffen würden – so, wie ich zum Beispiel auch wusste, dass England 1993 die Neuseeländer schlagen würde. Um es kurz zu machen: Sie schafften es tatsächlich, und zwar auf legendäre Art und Weise – ein verdammt guter Einwechselspieler mit Namen Shaun Berne versenkte in der letzten Sekunde der Nachspielzeit einen wunderschönen Schuss aus fünfzig Meter Entfernung und entschied so das Spiel mit dem Schlusspfiff. Wahnsinn, ein unglaubliches Spiel. Was aber überhaupt nichts zur Sache tut. Obwohl es eines der dramatischsten Spiele war, die ich je gesehen habe – und ich habe eine Menge gesehen –, ist mir nicht das Rugby-Ergebnis im Gedächtnis geblieben, sondern mein Trinken.

Wissen Sie, ich hatte mir an diesem Morgen beim Joggen vorgenommen, an diesem Abend nichts zu trinken. Ich nahm meinen Sohn Alex mit, was ich immer tue – Saracens, wenn wir in England sind, Waratahs in Australien –, und ich hatte noch einen leichten Kater vom Abend zuvor, ich hatte also genügend Gründe, nichts zu trinken. Außerdem wollte ich mir selbst zeigen, dass ich es lassen konnte. Ich musste mir selbst beweisen, dass ich nicht trinken musste.

Als ich im Stadion an die Bar ging, um Alex eine Cola und Popcorn zu kaufen, hörte ich eine Stimme in meinem Kopf. *Einer schadet nichts, sei kein Spielverderber, wozu ist das Leben da, wenn du nicht ab und zu mal ein Bier genießen kannst? Du bis so ein bescheuertes Baby, du Spaßbremse, immer musst du gleich ins Extreme gehen. Warum um alles in der Welt willst du ausgerechnet heute Abend nichts trinken? Keiner wird es bemerken, schließlich hat dich ja niemand gebeten, nichts zu trinken, es ist bloß ein blöder Vorsatz, den du gefasst hast, als du mit einem Kater joggen warst. Du musst lernen, flexibler zu sein, gönn' dir was, du hast es verdient, nichts trinken kannst du morgen genauso gut, morgen wird alles anders sein …*
«Ich nehme eine Cola, eine Tüte Popcorn und zwei Bier, bitte.«

Moment mal, ich habe nur Alex bei mir, warum kaufe ich zwei? Na ja, das wird mir das Schlangestehen in der Halb-

zeit ersparen. Zehn Minuten später hörte ich mich fragen: »Willst du noch eine Cola, Schätzchen?«

»Nein danke, Dad, ich habe mit der hier nicht mal angefangen.«

»O. k., warte hier. Daddy geht aufs Klo.«

»Ich nehme ein Bier«, sagte ich auf dem Rückweg von der Toilette.

Moment mal, jetzt habe ich drei Bier. Genug ist genug, Nigel. Wenn du jetzt aufhörst, hast du kein Alkoholproblem …

»Dad, kann ich jetzt noch eine Cola haben?«

»Klar, bin gleich wieder da.«

Die Stimme war wieder da. *Musst du denn unbedingt einen tollen Abend verderben mit deinem ganzen Selbsthilfe-Schwachsinn. Du amüsierst dich prächtig, es sieht so aus, als ob die Waratahs es tatsächlich schaffen können, und du jammerst wegen der Trinkerei herum. Dein Problem ist, dass du dich mal entspannen und die Sache ab und zu ein bisschen lockerer sehen musst. Du bist ein guter Kerl und ein toller Papa, es ist Samstagabend, verdammt noch mal, jetzt trink schon dein Bier …*

»Ich nehme eine Cola und ein Bier, bitte.«

Berne schickte seinen Schuss zwischen den Stangen hindurch, 30 000 Leute im Stadion flippten vollkommen aus und ich ging an die Bar, um mir ein Bier zu holen. *Natürlich nicht, weil ich es brauche, aber so vergeht die Zeit schneller, bis der Parkplatz sich ein wenig geleert hat, und außerdem will Alex noch sehen, wie die Mannschaft ihre Ehrenrunde dreht. Habe ich ›Parkplatz‹ gesagt? Scheiße, ich bin mit dem Auto da. Also, wie viele hatte ich denn … Moment mal … fünf Bier … aber das war über das ganze Spiel verteilt, wahrscheinlich bin ich noch nicht über der Grenze. Ich sollte allerdings definitiv jetzt keins mehr trinken, aber andererseits habe ich ja gut zu Abend gegessen ... es wäre eine Schande, das hier wegzuschütten, wo ich's jetzt schon einmal gekauft habe.*

Alex und ich waren gut drauf, als wir nach Hause kamen. Alex wollte Kate von dem Spiel erzählen. Ich genehmigte mir ein Bier, während ich das Spiel noch einmal Revue passieren ließ. Dann war Alex im Bett und Kate fragte, ob ich auch ins Bett käme. »In einer Minute, Schatz, ich schaue nur noch nach der Mail«, sagte ich, während ich über das zweite kalte Bier nachdachte, das ich in der Kühlschranktür gesehen hatte. Kate ging ins Bett, ich versenkte das Bier. *Was ich zur Krönung des perfekten Abends noch brauche, ist ein Schlummertrunk. Verdammt, kein Bier mehr ... aber da ist eine Flasche von meinem Lieblingswein, Pipers Brook Dalrymple Sauvignon Blanc ... blöd, den jetzt wegen eines Glases aufzumachen ... ach, was soll's ... ich hab Lust auf ein Glas ... ich kann den Korken ja wieder reinstecken ...*

Die Mails sind alle alt. *Jetzt sollte ich wohl ins Bett gehen ... aber es wäre eine Schande, das letzte Glas in der Flasche zu lassen ... ob wohl irgendwelche Porno-Mails im Spam-Ordner sind? ... Ich könnte ja schnell nachsehen, während ich dieser Flasche den Rest gebe ... Riesenschwänze in engen Löchern ... was ist das denn? Ist ja unglaublich, was manche Leute für Geld alles machen, diese Links sind ja wirklich erstaunlich. Ich sollte mir diese Seite wahrscheinlich lieber nicht ansehen ... aber andererseits, was kann es schon schaden? Du liebe Zeit, die treiben's ja sogar mit Tieren ... Scheiße, kein Wein mehr ... beschissener Haushalt ... nie ist was zu trinken da ... man sollte denken, dass Kate wenigstens mal ein paar Flaschen in den Kühlschrank stellen kann ... sie weiß doch, dass ich gerne einmal ein kaltes Bier trinke ... ist doch wohl nicht zu viel verlangt ... es ist ja nicht so, als ob ich ein Alkoholproblem hätte ...*

Am nächsten Morgen beschloss ich, mit dem Trinken aufzuhören. Nicht aussetzen für einen Monat oder für ein Jahr. Aufhören. Keinen Tropfen mehr, solange ich lebe.

Es war eine zutiefst persönliche Entscheidung, und deshalb sah ich keinen Grund, mein Umfeld zu verändern. Ich lief nicht durch das Haus und warf Flaschen oder Gläser aus dem Fenster. Ich bat Kate nicht, vor meinen Augen nicht mehr zu trinken. Ich ging auch weiterhin zum Weinhändler, um Kates Wein zu kaufen. Ich änderte nicht einmal meinen Lebensstil – wenn jemand sich mit mir in einem Pub treffen wollte, kein Problem. Ich trank einfach nichts. Einige Freunde meinten, es würde mir leichter fallen, weil ich nicht mehr arbeitete und es doch in meinem Job viele Einladungen und Bewirtungen gegeben hatte, unweigerlich auch mit Alkohol. Doch tatsächlich machte das nicht den geringsten Unterschied. Die *Entscheidung* war der Schlüssel. Hatte ich mich einmal entschlossen, war es letzten Endes egal, ob ich mich in einem Abstinenzlerkloster oder auf dem Münchner Oktoberfest aufhielt. Es war nicht leichter oder schwerer, je nachdem, in welcher Situation ich mich befand. *Es war einfach, wie es war*. Es war so ähnlich wie mit dem Abnehmen. Sobald ich mich entschlossen hatte, kein Junkfood mehr zu essen, war es irrelevant, wie viele Versuchungen es um mich herum gab. Wenn meine Entschlossenheit nachließ, davon war ich fest überzeugt, dann würde es mich auch nicht retten, wenn kein Bier oder keine Schokolade im Haus war – ich würde diese Sache entweder durchstehen oder nicht. In mancher Hinsicht war es sogar hilfreich, der Versuchung ausgesetzt zu sein. Nennen Sie es von mir aus Haarspalterei, aber ich glaube kaum, dass das Nichttrinken in Situationen, in denen man ohnehin nichts zu trinken bekommen kann, als Problemlösung gelten kann.

Das soll überhaupt nicht heißen, dass es leicht war. Das war es beileibe nicht.

Die Stimme verschwand nicht. Aber anstatt mit ihr zu diskutieren, fing ich an, ihr zu sagen, dass sie zum Teufel gehen soll. Ich habe Colcloughs Buch noch einmal gelesen, und ich glaube, dass ich mein Problem – und, wie ich vermute, das Problem vieler anderer Leute – verstanden habe. Es gibt zwei Arten von Menschen auf der Welt: Die einen haben ein Alkoholproblem und die andere haben keins. Menschen, die kein Alkoholproblem haben – so wie Kate zu Beispiel –, empfehle ich von Herzen, dass sie so oft und so viel trinken, wie sie möchten. Ich gönne ihnen den Genuss. Nicht nur, wenn ich nicht dabei bin, sondern auch wenn ich dabei bin – ja, besonders wenn ich dabei bin. Ich habe kein Problem damit, wenn andere trinken, ich habe ein Problem, wenn *ich* trinke. Das Ganze hat nichts mit Menge oder Häufigkeit zu tun, sondern mit der eigenen mentalen Beziehung zum Alkohol.

Es gab in Colcloughs Buch eine einfache Frage, die den Kern der Sache traf. Er bat seine Leser, sich eine einfache Situation vorzustellen: Ihr bester Freund wird Ihrer besten Freundin vorgestellt. Sie verstehen sich blendend. Sie wollen wirklich, dass die beiden ein Paar werden. Sie werden ein Paar. Sie sind total glücklich. Die beiden sind total glücklich. Sie hoffen, dass sie sich verloben. Die beiden verloben sich. Sie sind total glücklich. Die beiden sind total glücklich. Das Paar setzt einen Termin fest und lädt Sie zur Hochzeit ein. Unten auf der Einladung wird erwähnt, dass es auf der Feier keinen Alkohol geben wird. Die Frage ist, was wäre Ihre unmittelbare Reaktion auf diese Einladung? Seien Sie ehrlich, Sie müssen niemandem jemals die Antwort verraten. Wenn es, wie in meinem Fall, ungefähr ist: »Oh Scheiße, ich habe überhaupt keine Lust, zu Alans und

Marys dusseliger Hochzeit zu gehen«, dann würde ich vorschlagen, dass Sie Hilfe suchen (am Ende des Buches finden sich einige Kontaktadressen).

Ich wollte den Leuten nichts von meiner Entscheidung erzählen – ich wollte es einfach tun. Natürlich hatte ich Kate ins Vertrauen gezogen, die erstaunlich reagierte. Aus irgendeinem verrückten Grund hatte ich erwartet, dass sie ärgerlich oder herablassend reagieren würde. In Wirklichkeit war sie zartfühlend, verständnisvoll und voller Hilfsbereitschaft – abgesehen davon, dass sie absolut begeistert war. Obwohl ich es nicht hinausposaunen wollte, bevor ich einige Erfolge gesammelt hatte, war ich entschlossen, allen Rat und jede Hilfe zu suchen, die ich bekommen konnte, anstatt es einfach allein mit Willenskraft zu versuchen, wie ich es normalerweise mit größeren Herausforderungen machte. Und anstatt Hilfe von Freunden zu erwarten, die nichts von der Sache verstanden, suchte ich den Rat von Fremden, die Experten waren.

Mein erster Besuch bei den Anonymen Alkoholikern half mir enorm. Ich war widerwillig und ziemlich verlegen hingegangen. Doch sofort bei meiner Ankunft verspürte ich ein großes Zugehörigkeitsgefühl. Offenbar war ich das, was man dort einen »Yeti« nennt: der seltene Fall eines Problemtrinkers, der sein Problem erkennt und aufhört, *bevor* er sein Leben vollkommen vermurkst hat. Normalerweise müssen Alkoholiker »aufnahmefähig geprügelt werden«, wie es der erste Redner ausdrückte. Ein Yeti zu sein ist ein zweischneidiges Schwert. Einerseits heißt es, dass man ein bestimmtes Maß an Selbsterkenntnis und einen eisernen Willen besitzt. Andererseits gibt es die ständige Gefahr eines Rückfalls – und wenn Yetis fallen, dann fallen sie tiefer, als sie waren, bevor sie mit dem Trinken aufhörten. Zum ersten Mal, seit ich vor zehn Jahren Colcloughs Buch gekauft hatte, traf ich Menschen, die wirklich verstanden, was ich durchmachte, und die nicht nur helfen wollten, sondern aus ihrer Lebenserfahrung heraus wirklichen Rat geben konnten. Ich war entschlossener denn je, niemals wieder Alkohol zu trinken.

Tatsächlich war die ganze AA-Erfahrung eine Offenbarung. Sie nützte und half mir weit über die engen Grenzen des speziellen Themas Alkohol hinaus. Obwohl ich nie ein regelmäßiger Besucher der Meetings gewesen bin, empfand ich die Treffen, an denen ich teilnahm, so lohnend wie nur irgendein Gottesdienst, den ich besucht habe. Mit scheint, dass es sich hier um eine der wenigen Gelegenheiten des modernen Lebens handelt, bei denen Menschen – und insbesondere Männer – offen, ehrlich und fürsorglich miteinander umgehen, ohne das ganze oberflächliche Gelaber. Ich gebe zu, dass ich mich mittlerweile ein wenig schäme für die ganzen ignoranten Witzeleien über die Anonymen Alkoholiker, die ich in meiner Trinkerzeit von mir gab. Aber andererseits, wie mein Vater immer sagt: »Niemand ist so tugendhaft wie eine ehemalige Hure«, und ich will meinen Sinn für Humor nicht ganz verlieren. Es soll an dieser Stelle genügen festzustellen, dass es bei mir funktioniert hat. Bis jetzt jedenfalls.

17
Pingu

Gegen Ende März begann die Erinnerung ans Büro zu verblassen. Meine Eltern waren wieder nach England zurückgekehrt. Tasmanien, die gesundheitlichen Probleme, das Trinken und acht Kilo Übergewicht lagen hinter mir. Bis zu zwanzig Minuten am Stück schwamm ich Freistil – im Schwimmbecken, denn ich hatte immer noch nicht mit dem Training im offenen Meer begonnen. Ich war entschlossener denn je, dieses, mein vierzigstes Jahr in einer ganz besonderen und lebensverändernden Weise zu nutzen. Eine überraschende Entdeckung nagte allerdings in meinem Hinterkopf – ich hatte es noch nicht geschafft, einen Plan zu entwickeln. Ich war noch nie im Leben so beschäftigt gewesen wie seit dem Ende meiner Berufstätigkeit. Viele Freunde hatten mir prophezeit, dass ich nach einigen Wochen vor Langeweile überschnappen würde – und da ich noch nie eine Auszeit genommen hatte, hatte ich keine Ahnung, ob sie recht behalten würden oder nicht. So wie es aussah, hätten sie allerdings nicht weiter danebenliegen können. Ich glaube tatsächlich, ich hätte mich über ein wenig Langeweile gefreut. Der Zustand, dass ich morgens aufwachte und dachte »Oh verdammt, wie soll ich die nächsten 12 Stunden herumbringen?«, musste erst noch zur Realität werden. Soweit ich mich erinnern konnte, hatte ich mich zum letzten Mal gelangweilt, als ich in den Sommerferien aus der *Prep School* zu Hause war und es im Fernsehen nichts anderes gab als Pferderennen – zum Glück allerdings auch das Masturbieren unter der Bettdecke.

Nun, nachdem der Besuch meiner Eltern und mein Tasmanien-Trip hinter uns lagen, setzten Kate und ich uns zusammen, um zu besprechen, wie wir unsere alltägliche Familienroutine am besten organisieren sollten. Ich glaube, dass Kate und ich eigentlich nicht zu jenen überehrgeizigen Eltern gehören, die es als ihre Aufgabe ansehen, die Entwicklung ihrer Kinder mit überzogenen »Frühförderungsmaßnahmen« zu beschleunigen. Wir wollten nichts weiter tun, als unseren Kindern das ortsübliche Maß an Aktivitäten ermöglichen. Trotz dieser Einstellung hatte ich den Eindruck, dass es eine beachtliche Zahl von feststehenden Terminen gab, um die herum wir planen mussten. Montags und dienstags gingen die Jungen zur Schule und die Mädchen in den Kindergarten. Mittwochs hatte Alex frühmorgens vor der Schule Bigbandprobe, Grace und Eve hatten mittags Schwimmen, Harry musste nach der Schule zum Fußball und Alex hatte Cricket – all das selbstredend an verschiedenen Orten. Am Donnerstag hatten die Mädchen morgens Kinderturnen und Kate ging nachmittags zum Pilates-Training. Freitags hatte Alex nach der Schule Rugbytraining. Samstagmorgens fanden Alex' Cricket-Spiele statt, samstagmittags war für die Jungen Schwimmen angesagt. Sonntagmorgens waren beide Jungen in der »Little Nippers«-Gruppe der Rettungsschwimmer, und nachmittags wurde Touch-Football gespielt.

Und das war noch nicht einmal die Hälfte. Die Vorbereitung für diese Aktivitäten würde die Geduld eines Heiligen überstrapazieren. Um in die Schule zu gehen, brauchten sie saubere Schuluniformen und ein Frühstück. Für das Schwimmen mussten sie trockene Handtücher und Schwimmsachen haben, vor dem Rugby musste man den verdammten Mundschutz finden und das Mitspielen in der Bigband der Schule bedeutete – *wann* eigentlich? – Saxophon üben. Und dabei haben wir noch gar nicht von den Hausaufgaben gesprochen, die auch irgendwann gemacht werden mussten, von den zwei Maschinen schmutziger Wäsche, die täglich gewaschen, getrocknet und zusammengelegt werden mussten, oder vom Einkaufen und Kochen. Außerdem wuchsen die Zwillinge wie Unkraut und brauchten folglich ständig neue Kleider und Schuhe.

Das alles zusammen war ein wenig entmutigend. Manchmal fragte ich mich, wie um alles in der Welt jemand Zeit für ein Berufsleben findet. Wann zum Teufel sollte ich schreiben oder schwimmen trainieren oder ein Sozialleben pflegen oder surfen?

Nach ein paar Wochen in meinem neuen Leben fiel mir auf, dass ich vollkommen platt war. Total ausgelaugt auf eine Weise, die ich von meiner Arbeit her nicht kannte. Der Druck meines Jobs hatte mich normalerweise motiviert, die gnadenlose häusliche Schinderei dagegen saugte meine Lebenskraft auf, zermalmte sie und spuckte sie wieder aus. Um fünf Uhr nachmittags, gerade wenn mein Energielevel seinen Tiefpunkt erreicht hatte, begann der Vierfach-Stress aus »Abendessen – Waschen – Hausaufgaben – Schlafengehen«. Gegen halb acht, wenn die meisten Kinder im Bett waren, hatte ich manchmal das körperliche Bedürfnis, mich selbst kurz hinzulegen. Nichts, was eine gute Mütze voll Schlaf nicht kurieren würde, dachte ich anfangs, doch bei vier Kindern unter neun Jahren stand die Wahrscheinlichkeit, eine Nacht zu erwischen, in der keines von ihnen aufwachte oder einen Windelwechsel brauchte oder krank war, gegenwärtig bei etwa 1:4. Ich war so frustriert, dass ich das tatsächlich ausrechnete.

Ich sage das nicht, um mich als esoterischer New-Age-Frauenversteher zu profilieren, sondern weil es stimmt: Die meisten Männer mit traditionellen Bürojobs haben keine Ahnung, wie hart ihre Frauen arbeiten. Ich jedenfalls wusste es definitiv nicht. Ein Autor von Lebenshilfe-Ratgebern aus meinem Bekanntenkreis erzählt immer, dass er jedem Mann, der zu ihm kommt und ihm eine »Ich nehme ein Jahr frei, um bei meiner Familie zu sein«-Geschichte auftischt, entgegnet: »Komm in sechs Monaten noch mal wieder, wenn der Reiz des Neuen verflogen ist, dann reden wir weiter.« Ich begann zu verstehen, was er meinte. Das

Erziehen der Kinder ist nicht *leichter* als Büroarbeit, es ist einfach *anders* als Büroarbeit.

Die Vorstellung, dass ich, wenn ich keinen Anzug mehr anziehen und ins Büro gehen musste, viel Freizeit haben würde, war eindrucksvoll widerlegt. Es war ein harter Kampf, auch nur die Zeit herauszuschinden, irgendetwas anderes zu tun als Hintern abzuwischen oder *Pingu* vorzulesen.

Nicht dass ich mich beschwerte. Genau das war es ja, was ich gewollt hatte. Ohne dieses freie Jahr hätte ich höchstwahrscheinlich durchgearbeitet, bis die Kinder erwachsen waren und auszogen, und meine Familie nie auf dieser unmittelbaren Ebene kennengelernt. Es machte mir Angst, dass so viel von meinem Leben um mich herum stattgefunden hatte, ohne dass ich auch nur eine Nebenrolle darin spielte – ich hatte einfach keine Verbindung dazu gehabt. Dieses Jahr gab mir eine Chance, die die meisten Männer nie bekommen: in eine andere Lebensweise einzutauchen. Ich wollte diese Lebensweise erleben, mit allen Licht- und Schattenseiten. Nicht nur um zu sehen, wie ich damit zurechtkam und was ich lernen konnte, sondern auch, um als Person zu wachsen und präsenter zu sein in dieser Familie, die ich mir für mein Leben ausgesucht hatte. Und diese müßigen Gedankengänge verleiteten mich dazu, mir freiwillig noch mehr Ärger aufzuhalsen. Neben dem Dienst in der Schulkantine trug ich mich für eine Lesegruppe am Donnerstag ein. Ein kleiner Schritt im Leben der Bronte Primary School, aber ein großer Sprung nach vorn für Nigel Marsh.

18
Zufällige Verkrustungen

Zur gleichen Zeit, als dieser ganze »Neue Mann«-Quatsch sich ereignete, entdeckte ich auch eine andere Seite meines Lebens neu – Religion. Bevor Sie jetzt das Buch zur Seite legen oder das Kapitel überspringen, lassen Sie mich bitte kurz erklären. Es handelte sich nicht um eine neue Affektiertheit. Es war einfach eine Seite meines Lebens, die ich in letzter Zeit vernachlässigt hatte. Religion hat mich schon immer fasziniert. So sehr, dass ich nicht nur an der Schule eine A-Level-Prüfung in Religion ablegte, ich habe es sogar drei Jahre lang an der Universität studiert. Dieser Tatsache verdanke ich einige interessante Bewerbungsgespräche – ein Abschluss in Theologie und die Fähigkeit, die Bibel in Altgriechisch zu lesen, steht bei den meisten Unternehmen nicht besonders weit oben auf der Liste der Fähigkeiten, die von Stellenbewerbern erwartet werden. Das erklärt vermutlich auch zum Teil, warum ich meinen ersten Monat in London auf dem Rücksitz eines Autos schlief. Andererseits könnte auch das Trinken etwas damit zu tun gehabt haben. Doch Religion erscheint mir einfach zu wichtig, um ignoriert zu werden. Unzählige Menschen haben sich im Verlauf der Jahrhunderte darüber ausgelassen, deshalb erscheint es mir durchaus angebracht, sich zumindest ein paar Gedanken in dieser Richtung zu machen. Abgesehen davon: Wenn auch nur etwas davon wahr ist, dann ist es viel zu wichtig, um es den »Experten« zu überlassen. Während ich dies schreibe, kann ich keine Zeitung aufschlagen, ohne zum Beispiel Meldungen über Kirchenmänner zu lesen, die wegen Kindesmissbrauchs oder Ähnlichem unter Anklage gestellt werden.

Einfach ausgedrückt – was steht dahinter? Oder weniger einfach – sind wir das Zentrum der Schöpfung oder sind wir einfach zufällige Verkrustungen auf einem winzigen Planeten, die hilflos in einem riesengroßen bedeutungslosen Universum umherrotieren? Ich will hier nicht zu bedeutungsschwer werden, aber ich fände es enttäuschend, wenn es im Leben nur darum ginge, das neueste Automodell zu besitzen oder die Hypothek abzubezahlen.

Die verwirrende Frage nach dem Sinn des Lebens ist perfekt eingefangen im Kontrast zwischen zwei Sätzen, die zu meinen Lieblingszitaten gehören.

Das erste stammt von George Bernard Shaw: »Die wahre Freude im Leben ist, für einen Zweck gebraucht zu werden, den man selbst als einen mächtigen anerkennt, eine Naturgewalt zu sein und nicht ein fiebriger kleiner Klumpen von Sorgen und Nöten, der sich über eine Welt beklagt, die sich weigert, ihn glücklich zu machen. Ich bin der Meinung, dass mein Leben der Gemeinschaft gehört, und solange ich lebe, ist es mein Privileg, alles für die Gemeinschaft zu tun, was ich kann. Ich will, wenn ich sterbe, vollkommen aufgebraucht sein, denn je härter ich arbeite, desto mehr lebe ich. Ich erfreue mich am Leben um seiner selbst willen. Das Leben ist für mich mehr als eine kurze Kerze. Es ist eine Art wunderbare Fackel, die ich für einen Moment zu fassen bekomme und die ich so hell wie möglich brennen lassen will, bevor ich sie an künftige Generationen weitergebe.«

Danny DeVito fasste sich in seiner Rolle als Larry der Liquidator im Film *Das Geld anderer Leute* ein wenig kürzer: »Derjenige, der das meiste Geld hat, wenn er stirbt, hat gewonnen.«

Meine Stimme hat Shaw. Aber anders als Menschen, die einen tiefen und unerschütterlichen Glauben besitzen, kann ich nicht behaupten, dass ich »weiß«, was mein Sinn und Zweck ist. Ich fand es immer schade, dass man sich nicht einfach für eine Religion entscheiden kann und damit alle Fragen geklärt sind. Die inneren Fragen verschwinden nicht. Ich konnte noch nie einfach so tun, als ob ich glaube, damit ich in den Genuss der netten und gemütlichen Aspekte einer religiösen Tradition kommen kann. Ich finde »Liebe deinen Nächsten« eine gute Sache, aber ich kann beim besten Willen nicht an die unbefleckte Empfängnis glauben oder an die Sache mit dem Wasser, das sich in Wein verwandelt. Ich bewundere einige der buddhistischen Lehren, aber die Wiedergeburt will nicht in meinen Kopf hinein. Wenn ich recht darüber nachdenke, ist allein schon die Sache mit Gott ein ziemlicher Brocken.

Das Problem dabei ist weniger Gott an sich, sondern die Leute, die über IHN reden. Sie behaupten in aller Regel, dass sie und sie allein die Antworten kennen und dass alle anderen unrecht haben. Dabei scheint es mir auf der Hand zu liegen, dass jemand, der in Bombay geboren ist, wahrscheinlich kein walisischer Methodist sein wird, ebenso wenig wie jemand, der aus einem walisischen Dorf stammt, griechisch-orthodox sein wird. Es ist offensichtlich, dass Ort und Zeit eine große Rolle dabei spielen, welchem Glauben man angehört. Mein natürliches Misstrauen gegen alle Kirchen, die ein absolutes Monopol auf die Wahrheit für sich reklamieren, und mein Bedürfnis, den Sinn des Lebens zu verstehen, ließen mir keine andere Wahl, als die Sache selbst zu studieren. Ich habe noch keine Antwort gefunden, aber immerhin habe ich ein Mittel gegen die Zeugen Jehovas, die immer im unpassenden Moment an der Tür klingeln – ich nehme einfach mein Exemplar der

Bibel im griechischen Original in die Hand und sie laufen kilometerweit.

Meine Suche nach einer religiösen Tradition, mit der ich mich ehrlich identifizieren kann, trug vor acht Jahren Früchte, als ich mich mit einem Ehepaar unterhielt, das wir im Urlaub kennengelernt hatten. Sie stammte aus einer jüdisch-orthodoxen Familie, er war ein Quäker. Bei einem feuchtfröhlichen Abendessen erzählte er mir die Geschichte ihrer Hochzeit. Offenbar hatte seine Familie »gewonnen«, das heißt, es hatte eine Quäker-Zeremonie und keine jüdische Feier gegeben. Nun wissen die meisten Leute, ebenso wie ich zu dieser Zeit, herzlich wenig über Quäker, allenfalls existiert eine vage Vorstellung, dass sie etwas mit Haferflocken zu tun haben – wobei die meisten diesbezüglich wohl an den Frühstücksflocken-Fabrikanten *Quaker Oats Company* denken, der aber mit der Religionsgemeinschaft nichts zu tun haben dürfte. Na ja, der Ehemann musste mir ihren Ritus erst einmal erklären, damit ich seine Anekdote überhaupt verstehen konnte. Ich war nicht sicher, ob er übertrieb oder nicht, aber er behauptete, die Quäker täten in der Kirche nichts anderes als im Kreis herumsitzen und eine Stunde lang schweigen. Keine Predigt, keine Gebete, keine Lieder – gar nichts. Wenn man es genau nimmt, nicht einmal eine Kirche. Die Quäker nennen es ein »Meeting« und legen Wert darauf, dass es in einem schlichten Raum oder Saal ohne jeglichen Schmuck stattfindet. Mein Bekannter zeichnete ein umwerfend komisches Bild der Szene: Eine Hälfte der Gäste – die Familie seiner Frau – wartete unruhig auf den Beginn der Hochzeitszeremonie und war völlig verblüfft und regelrecht entsetzt, als die andere Hälfte der Hochzeitsgesellschaft anfing, aus dem Saal auszuziehen, bevor sie auch nur bemerkt hatten, dass alles schon vorbei war.

Ich weiß nicht, ob es der Alkohol war oder die Art, wie er es erzählte, jedenfalls musste ich so lachen, dass mir der Unterkiefer wehtat. Die Geschichte hatte mich aber nicht nur amüsiert, sie hatte auch mein Interesse geweckt. Es war doch wohl nicht möglich, dass die Quäker wirklich im Kreis herumsaßen und nichts taten? Ich war so neugierig geworden, dass ich mir vornahm, mehr über sie herauszufinden, wenn wir nach London zurückkamen. Acht Jahre später nehme ich immer noch an Quäker-Meetings teil.

Die Quäker haben nicht den Anspruch zu beweisen, dass sie im Recht und die anderen im Unrecht sind. Sie verkünden einfach ihren Glauben, dass »in jedem ein wenig Gott steckt und dass deshalb jeder gleichermaßen Respekt und Liebe verdient hat«. Die Angehörigen der Religionsgemeinschaft nennen sich selbst »Freunde«; Leute, die nicht beigetreten sind, sondern nur zu den Meetings kommen, heißen »Freunde der Freunde«. Ich selbst sehe mich eher als Anwärter denn als Freund der Freunde. Ich habe immer noch zu viele offene Fragen. Dennoch glaube ich, dass ihre Art zu denken und zu handeln einen großen Wert hat. George Fox, einer der Begründer dieser Bewegung, sagte vor 350 Jahren: »Wahre Gottesfurcht hebt die Menschen nicht aus der Welt heraus, sondern erlaubt ihnen, besser darin zu leben und nach einer Verbesserung der Welt zu streben.« Die Menschen, die ich bei den Quäkern kennengelernt habe, scheinen mir ohne Ausnahme diesen Vorgaben von George Fox gerecht zu werden.

Quäker *tun* tatsächlich etwas mit ihrem Glauben. In jedem Meeting, das ich besuchte, wurde am Ende das Datum irgendeiner Demonstration gegen eine soziale Ungerechtigkeit verkündet, oder es wurden Freiwillige gebeten, den Laster für die Obdachlosenspeisung zu besetzen. Das und ihre Philosophie, dass ein »frei gewählter einfacher Lebensstil eine Quelle der Kraft ist«, machte sie in meinen Augen zu einer bemerkenswerten Vereinigung. Um die Wahrheit zu sagen, sie beschämten mich. Obwohl mein Lebensstil weder frei gewählt noch einfach war, empfand ich die Quäker als eine willkommene Abwechslung zu den anderen Kirchen, die ich kennengelernt hatte, und so entschloss ich mich, hier ein »Anwärter« zu bleiben, bis ich etwas Besseres fand.

Ich weiß nicht, ob es mit dem Nüchternsein oder mit der Religion zu tun hatte, jedenfalls bekam ich, während ich mich immer weiter von meiner Bürosklaven-Routine entfernte, einen ersten Eindruck davon, wie eine Familie glücklich leben kann. Die Fahrt zur Schule war nicht mehr die Hölle. Die endlose Plackerei erschöpfte mich allmählich immer weniger. Ich fing sogar an, mich auf einiges davon zu freuen – fünf in einer Badewanne macht nicht besonders sauber, aber es macht ziemlich viel Spaß, wenn man keine Termine hat und Wasser an den Wänden nicht schlimm findet. Als ich noch ins Büro ging, redeten Kate und ich oft bis tief in die Nacht darüber, dass ich so viel arbeitete und immer weniger zu Hause war. Und obwohl Kate vollkommen zu Recht darüber besorgt war, geht das Problem über die simple Frage hinaus, wie viel Zeit man mit den Kindern verbringt. Denn wenn man zu viel Zeit weg von den Kindern verbringt und zu lange arbeitet, kann das tatsächlich das emotionale Radar beeinträchtigen. Die amerikanische Autorin Arlie Russell Hochschild behauptet, dass es »dank der Religion des Kapitalismus und der emotionalen Anziehungskraft der Arbeitskultur vielen Berufstätigen leichter fällt, ihre Arbeit zu lieben«. Sie zitiert die erschreckende Einschätzung einer Kindergartenleiterin: »Es mag sich komisch anhören, aber die

Helferinnen, die wir aus Mexiko oder Guatemala anstellen, wissen besser, wie man ein Kind liebt, als die Mittelklasse-Eltern. Sie sind entspannter, geduldiger und fröhlicher. Sie genießen die Kinder mehr.« Ich glaube wirklich, dass die Zeit ohne Arbeit mein emotionales Radar reparierte. Ich hatte ein Stadium erreicht, indem ich eine geschäftliche Präsentation mit mehr Liebe und Sorgfalt überarbeitete als ich die Zeugnisse meines eigenen Sohnes las. Jetzt war es wieder meine Familie, die für Freude und Intensität sorgte.

19
Klopf, klopf

Natürlich betrafen all die Änderungen in meinem Leben Kate genauso wie mich. Glücklicherweise war Kate von den Veränderungen begeistert. Dass ich mich so stark mit den Kindern engagierte, war nicht nur für die Kinder eine Freude, sondern auch für Kate. Wir waren seit zehn Jahren verheiratet, und in dieser Zeit hatten wir gemeinsam eine ganze Menge Veränderungen durchgemacht – die ganze Palette von »jung, zwei Einkommen, keine Kinder« bis hin zu »Verheiratete im mittleren Alter mit vier Kindern und ohne Einkommen.«

Das Einzige, was sich in diesen zehn Jahren nie veränderte, war mein unerschütterlicher Glaube, dass Kate zu heiraten die beste Idee war, die ich je hatte und jemals haben werde. Denn wissen Sie, Kate ist die netteste, stärkste, intelligenteste und schönste Frau, die je auf Erden wandelte. Ihre Schwestern nennen sie »die perfekte Katie« – und aus dem Mund der größten Überfliegerinnen, die man sich vorstellen kann, will das schon etwas heißen. Die Leute äußern sich regelmäßig erstaunt darüber, dass Kate mit mir zusammen ist. Die Rede meines Vaters auf unserer Hochzeit begann mit den Worten: »Nigel, ich weiß nicht, was du getan hast, um sie zu verdienen, sie ist viel zu gut für dich. Wenn du sie schlecht behandelst, wird sie dich verlassen.« Ähem … danke, Dad.

Kate arbeitete früher auch in der Werbung, und sie war viel besser als ich in meinem Job, bis ich sie dreimal schwängerte und zwang, mit der Arbeit aufzuhören. Sie ist eine viel bessere Mutter, als ich ein Vater bin – und jetzt fing ich schon wieder an, mich auf ihrem Gebiet breitzumachen. Und wie schon in der Vergangenheit, so begleitete sie auch jetzt jeden meiner Schritte mit Liebe und Unterstützung.

Ich rede nicht so gerne darüber, weil ich mich dann immer anhöre wie ein religiöser Fundamentalist aus dem *Bible Belt*, aber für mich *ist* unsere Ehe mein Leben. Dabei war durchaus nicht immer alles perfekt. Wir hatten schon einige Episoden, die man als holprig bezeichnen könnte. Die erste kam in den allerersten Tagen unserer Bekanntschaft. Ich war betrunken in der Bar unseres Unternehmens und blödelte nach einem langen Arbeitstag mit den Jungs aus der Medienabteilung herum, als Kate hereinkam und sich zu uns gesellte. Ich ignorierte sie und fing an, einen der traditionellen *Knock-Knock*-Witze zu erzählen.

»Klopf, klopf«, begann ich.

»Wer ist da?«, fragte die Gruppe auf Kommando.

»Kate.«

»Kate wer?«, fragten sie gleichzeitig.

»Na, das nenne ich Gelegenheitssex«, schloss ich.

Charmant.

Unsere Beziehung brauchte eine Weile, um über diesen Spruch hinwegzukommen, doch als wir es geschafft hatten, konnte ich nicht anders, als erneut den Selbstzerstörungsknopf zu betätigen. Wir waren im Urlaub in Florida, als ich einen Bungee-Jumping-Turm entdeckte. Die Geschichte ist so lange her – zu dieser Zeit war Bungee-Jumping noch ziemlich neu. Dieser Turm war am Straßenrand aufgebaut, und ein großes Schild verkündete, dies sei der »Alligatorsprung«. Das sah so aus, dass jemand einen kleinen Teich mit sich windenden hungrigen Alligatoren gefüllt und einen großen Baukran danebengestellt hatte. Für 200 Dollar konnte man sich das Vergnügen kaufen, von der Spitze des Krans zu springen und dabei – fast – in dem kleinen Teich zu landen. Ich war begeistert und wusste sofort, dass ich das machen würde. Kate dagegen wusste ebenso sicher, dass sie es nicht machen würde. Kein Problem – hätte ich es damit gut sein lassen, doch aus irgendeinem unerklärlichen Grund wollte ich sie unbedingt dazu überreden, es auch zu versuchen. Um zu beweisen, dass es ungefährlich war, machte ich den Anfang.

»Kate, es ist der Wahnsinn, das musst du auch versuchen«, verkündete ich enthusiastisch, als ich wieder zu Atem gekommen war.

»Schätzchen, ich habe wirklich keine Lust. Ich habe Höhenangst, und anders als bei dir steht das nicht auf der Liste der Dinge, die ich im Leben einmal gemacht haben will.«

»Komm schon, Liebling, du wirst es lieben.«

»Nein, das werde ich nicht, ich werde es hassen.«

Diese hirnlose Diskussion dauerte ungefähr eine halbe Stunde, bis ich unglücklicherweise ihren Widerstand gebrochen hatte. Zitternd und blass ließ sich Kate in den Käfig schnallen und bis an die Spitze des Krans hinaufziehen. Elf

Stockwerke hoch auf einer kleinen Metallplattform über einer Grube voller Alligatoren und einer Menge johlender Zuschauer zu stehen kann ziemlich beängstigend sein. Ich hatte riesige Angst gehabt. Kate war wie gefroren. Der Betreuer wusste offenbar genau, wie man mit einer solchen Situation umgeht.

»Keine Angst«, sagte er in beruhigendem Ton zu Kate. »Du musst nicht mit dem Gesicht nach vorne springen wie dein Freund. Du musst überhaupt nicht springen. Dreh dich einfach rum und schau mich an. Halt meine Hand und lehn dich zurück. Gewöhn dich an das Gefühl. Wenn das o.k. für dich ist, dann kannst du rückwärts springen. Wenn nicht, dann nehm ich dich mit dem Korb wieder runter.«

Kate, vertrauensselig, wie sie ist, stellte sich an den Rand und tat wie geheißen. Doch anstatt sie zu fragen, wie sie sich fühlte, ließ der Bursche sie einfach los. Es ist ein Moment, den ich seit langem vergeblich zu verdrängen suche. Kate schrie und versuchte verzweifelt, die Kante der Plattform zu greifen. Der kalifornische Hippie neben mir schrie: »Flieg! Flieg wie ein Vogel!«

Ich war stumm, bis das Hüpfen des Seils aufhörte und der Kran Kate auf eine Matratze neben dem Alligatorenteich herunterließ. Zu meiner großen Erleichterung lachte sie.

»Seht ihr«, rief ich in die Menge, die Zeuge der herzlosen Grausamkeit geworden war, mit der ich sie in diese Situation gezwungen hatte. »Es hat ihr gefallen, sie lacht.«

Ich rannte hinüber, um dabei zu helfen, sie aus dem Sicherheitsgeschirr zu befreien. Ihr ganzer Körper bebte, während sie Schluchzer ausstieß – nicht vor Lachen, sondern aus abgrundtiefer Angst und Elend. Sie war vollkommen hysterisch.

Wenn es darum ging, einer Frau den Hof zu machen, konnte ich eindeutig noch das eine oder andere dazulernen.

20
Single

Ich bilde mir ein, dass meine Art gegenüber Frauen in den gut zehn Jahren seit der beschriebenen Episode ein wenig besser geworden ist. In jedem Fall tat mir die Zeit ohne Arbeit gut, nicht nur, weil ich lernte, meine Kinder zu genießen, sondern auch, weil ich die Gelegenheit bekam, ein wenig mehr Zeit mit der Frau zu verbringen, die meine beste Freundin, Geliebte und Partnerin ist. Und ich war entschlossen, es diesmal nicht zu vermasseln. Mehr noch als das – ich wollte etwas Besonderes tun. Die perfekte Gelegenheit bot sich geradezu an. Durch einen verrückten Zufall wollte mein Freund Giles im April in Frankreich heiraten, genau eine Woche, bevor Kates jüngere Schwester Jane in Italien heiratete. Giles hatte mich gebeten, *Best Man* zu sein, und Jane hatte Kate gefragt, ob sie ihre *Maid of Honour* sein könnte. Vielleicht ist hier eine kurze Erklärung angebracht: Bei der traditionellen englischen Hochzeit gibt es eine Reihe von festgelegten Funktionen, die deutlich mehr Aufgaben zu erfüllen haben als ein deutscher Trauzeuge, vom *Best Man* etwa wird neben der Hochzeitsrede erwartet, dass er den Junggesellenabschied ausrichtet und dafür sorgt, dass der Bräutigam rechtzeitig zur Kirche kommt; die *Maid of Honour* steht den Brautjungfern vor und hat unter anderem der Braut beim Ankleiden und Schminken zu helfen.

Als ich noch arbeitete, hätten wir diese beiden Feiern unmöglich zusammen besuchen können – wenn wir sie überhaupt hätten besuchen können. Wahrscheinlich wären wir abwechselnd in Australien geblieben, um auf die Kinder aufzupassen, während jeweils einer von uns mit Höchstgeschwindigkeit hin- und zurückdüste.

In diesem Fall jedoch hatte ich mir einen schlauen Plan zurechtgelegt. Ich reservierte einen Tisch in unserem Lieblingsrestaurant, um Kate die Verkaufsargumente zu präsentieren. Als der Kellner die Speisekarten brachte, bekam ich das übliche ungute Gefühl. Doch dann geschah etwas Seltsames. Wie erwartet, konnte Kate sich nicht für ein Gericht entscheiden. Was unerwartet kam, war meine Reaktion – ich reagierte nicht verärgert, und deshalb bekamen wir auch keinen Streit. Es war eine völlig neue, aber nicht unwillkommene Erfahrung, wie man ein gemeinsames Ausgehen auch beginnen kann. Kate war in großartiger Form, ich war locker und entspannt und wir verstanden uns besser als je zuvor.

»Schau mal dort, Nigel«, sagte Kate.

»Wo denn?«, antwortete ich.

»Der Tisch links von dir, neben dem Fenster. Die Blondine«, sagte Kate herausfordernd.

»Was ist mit ihr?«, fragte ich.

»Sie ist offenbar Single.«

»Nein, das ist sie nicht, da sitzt doch ihr Partner«, sagte ich.

»Die zwei sind nicht zusammen«, antwortete Kate.

»Wovon redest du? Sie halten Händchen«, stellte ich fest.

»Das hat nichts zu sagen. Ich weiß, dass sie nicht verheiratet sind«, beharrte Kate.

»Blödsinn. Du kennst die beiden doch gar nicht«, konterte ich.

»Das muss ich auch nicht, ich kann das sofort sehen.«

»O.k., du Schlaubergerin, sag's mir. Woran kannst du es erkennen?«

»Ganz einfach, sie strengt sich an, interessiert zu schauen – wirklich interessiert –, während er redet.«

»Das ist alles?«

»Ja.«

»Ist das so offensichtlich?«

»Immer. Ihren Ehemännern gegenüber sind Frauen niemals auf diese Weise aufmerksam.«

»Junge, das ist vielleicht deprimierend.«

»Hart, aber fair, mein Lieber; hart, aber fair.«

»Also, du musst jetzt einmal so tun, als wärst du an dem interessiert, was ich dir sagen will.«

»Kann ich nicht versprechen. Hab ich alles schon mal gehört.«

»Das hier nicht, du undankbare Kuh. Ich glaube, wir sollten zu den Hochzeiten gehen. Zu beiden. Zusammen.«

»Würde ich sehr gerne. Es gibt bloß zwei kleine Probleme: Wir können es uns nicht leisten, und wir haben niemanden, der auf die Kinder aufpasst.«

»Beides falsch. Ich habe bei British Airways angerufen – wir können mit meinen restlichen Bonusmeilen nach London und zurückfliegen. Und Liz und May werden auf die Kinder aufpassen«, verkündete ich voller Stolz. Ich hatte alles durchorganisiert.

»Liz wohnt in Schottland, du Idiot. Wer zum Teufel ist May?«, fragte Kate.

»May ist Liz' Schwester. Die beiden planen schon seit zehn Jahren eine Reise nach Australien. Sie sind bereit, ihre Termine mit unseren abzustimmen und die Kinder zur Schule zu bringen und zu babysitten, wenn sie dafür in unserem Haus wohnen und unser Auto benutzen dürfen. Es ist das perfekte Arrangement.«

Liz war eines der ersten Kindermädchen gewesen, die wir in London hatten. Kate und ich liebten sie und – wichtiger noch – die Kinder liebten sie auch.

Kate war ehrlich sprachlos. Es schien eine Ewigkeit zu dauern, bis sie endlich etwas sagte: »Nigel, du hast dich selbst übertroffen – jeder, der uns jetzt sieht, muss denken, dass ich Single bin.«

Ich verbrachte den Rest des Abends damit, die Details mit ihr zu besprechen. Wir würden nicht nur die Kinder zu Hause lassen, wir würden das Ganze zu einem besonderen Abenteuer machen, indem wir zwischen den beiden Feiern in Frankreich und Italien nicht flogen, sondern mit dem Auto fuhren. Wir hatten die Zeit, die wir vielleicht nie wieder haben würden. Es würde unsere erste Rückkehr nach Europa sein, seit wir nach Australien gezogen waren. Wir waren entschlossen, diese Tage zu unseren zweiten Flitterwochen zu machen.

Die Kinder waren nicht im Geringsten enttäuscht darüber, dass sie nicht mitkommen konnten. Im Gegenteil, sie waren begeistert, als wir ihnen von unserem Plan erzählten. Liz war damals zu einem echten Mitglied der Familie geworden, und es war für die Kinder wirklich herzzerreißend gewesen, als wir uns in Heathrow von ihr hatten verabschieden müssen. Um die Wahrheit zu sagen, sie stellten sich gar nicht die Frage, ob sie uns vermissen würden, weil sie viel zu aufgeregt waren, Liz wiederzusehen.

Wenn sich jemand wegen der bevorstehenden Reise Sorgen machte, dann war ich es. Rannte ich wieder vor meiner Verantwortung davon, so wie ich es mit dem Tasmanien-Urlaub getan hatte? Wie sollte ich mein Schwimmtraining weiterführen? Würden die drei Wochen meine frisch geknüpften engeren Bindungen zu den Kindern wieder zerstören? Und überhaupt: Wie zum Henker sollte ich während zweier Hochzeitsfeiern nüchtern bleiben? Andererseits – *so* besorgt war ich dann auch wieder nicht.

Als wir drei Wochen später das Taxi bestiegen, das uns zum Flughafen bringen sollte, musste ich wieder einmal über die Vorteile meines arbeitslosen Zustands nachdenken. Natürlich war dieser Lebensstil nicht auf lange Sicht aufrechtzuerhalten, aber kurzfristig ließ sich wohl nicht leugnen, dass das hier um Längen besser war, als ins Büro zu gehen.

21
Flug BA 9

Da wir auf Bonusmeilen flogen, saßen wir natürlich ganz hinten im Flugzeug direkt neben den Toiletten. Kate war selig. Ich hatte sie noch nie so entspannt gesehen. Die Tatsache, dass sie sich einfach hinsetzen konnte und in Ruhe gelassen wurde, ohne dass ein Kind an ihr zog oder quengelte, hatte bei ihr eine Art fortgeschrittener Verzückung hervorgerufen. »Das müssen wir öfter machen«, sagte sie träumerisch zu mir, als das Flugzeug zum Abheben ansetzte.

Ich dagegen stand unter Schock. In meinem vorherigen Leben hatte ich beruflich eine Menge Langstreckenflüge gemacht – alle vorne im Flugzeug. Ich konnte nie die Leute verstehen, die sich ständig über ihre Dienstreisen beschweren. Nach meiner Erfahrung ist es einfach fantastisch. Essen und trinken, so viel man will, Schlafsitze, eine riesige Auswahl an Filmen und, was vielleicht am reizvollsten ist, eine ganze Armee freundlicher Stewardessen, die dafür bezahlt werden, dir das Gefühl zu geben, dass du etwas Besonderes bist und es verdienst, wie ein übergroßes Baby verwöhnt zu werden. Natürlich darfst du nicht aufstehen, um irgendetwas selbst zu erledigen, während des gesamten Fluges wird dir jeder Wunsch von den Augen abgelesen und umgehend erfüllt. »Möchten Sie nach dem Essen Käse und Portwein, Mr. Marsh, oder soll ich Ihnen die Fusseln aus dem Nabel lecken, während Sie sich den Film anschauen?« – das war so ungefähr die Art von Betreuung, die ich von meinen Geschäftsreisen gewohnt war. Ich saß nun seit mindestens einer halben Stunde in diesem Flugzeug, und ich hatte noch nicht einmal eine Stewardess gesehen, geschweige denn, dass mir eine von ihnen eine Massage angeboten hatte. Ganz abgesehen davon war mein Sitz unfassbar klein. Ich war so eng eingeklemmt, dass ich nur mit größter Anstrengung meinen Arm so weit bewegen konnte, um den Knopf für die Rückenlehne zu erreichen. Die Reaktion auf meinen Knopfdruck entlockte mir ein wütendes Schnauben.

»Stimmt etwas nicht, Schatz?«, fragte Kate.

»Mein Sitz ist nicht nur eindeutig für einen Liliputaner entworfen worden, er ist verdammt noch mal auch noch kaputt«, informierte ich sie.

»Kein Problem, sprich doch mit einem Flugbegleiter.«

»Ich glaube nicht, dass es hier Flugbegleiter gibt.«

»Sei doch nicht dumm, es gibt jede Menge da vorne, ich rufe einen.«

Mir war nicht klar gewesen, dass der ruppige und ungepflegte Bursche, der während des Abspielens der Sicherheitsbelehrung mit seinem ebenso ruppigen und ungepflegten Kumpel Witzchen gerissen hatte, zur Besatzung für diesen Abschnitt der Maschine gehörte.

»Was gibt's?«, fragte er, als er ganz hinten im Flugzeug ankam, wo wir eingezwängt waren.

»Ah ja, hallo – tut mir leid, Sie zu belästigen, aber mein Sitz scheint kaputt zu sein. Wenn ich die Lehnenarretierung löse, dann geht der Sitz nur ein oder zwei Zentimeter nach hinten«, erklärte ich ihm.

»Soll das ein Witz sein?«

»Nein«, sagte ich mit einem unguten Gefühl, wie ich es zum letzten Mal gehabt hatte, als ich als junger Mann einmal bei der Telefonauskunft anrief und man mir dort meine eigene Nummer ansagte. Die Dame hatte mich nach Name und Adresse gefragt – und erst in dem Moment, als mir meine eigene Nummer angesagt wurde, hatte ich begriffen, dass damit nicht *mein* Name und meine Adresse gemeint war. Doch ich schweife ab.

Der Steward verdrückte sich zu seinem Kumpel in die Bordküche, wobei ich ihn etwas über einen Trickser oder Mixer murmeln hörte. Auf jeden Fall war unser Flug unzweifelhaft das, was die Amerikaner »eine Chance für persönliches Wachstum« nennen.

Doch mein körperliches Unbehagen war bald vergessen. Eine meiner liebsten Aussichten ist der Blick, den man aus einem startenden oder landenden Flugzeug auf Sydney hat – egal, aus welchem Flugzeug. Dieser Blick ist überhaupt nicht zu bezahlen. Der Flughafen von Sydney liegt in der Botany Bay. Buchstäblich *in* ihr. Die beiden Rollbahnen ragen ins Wasser hinein, so dass man den Eindruck hat, dass man im Meer landet oder startet. Ich finde ihn auf seine Weise weitaus beeindruckender als den alten Flughafen von Hongkong, von dem so viele Vielflieger schwärmen. Aber das ist noch gar nicht das Beste. Nach dem Abheben des Flugzeugs ist es unmöglich, kein Postkartenpanorama zu sehen, egal, in welche Richtung das Flugzeug fliegt. Bei dieser Gelegenheit hoben wir landeinwärts und in Richtung Stadtzentrum ab. Innerhalb einiger Minuten waren wir über dem Hafen, der Brücke und dem Opernhaus. Wegen der Nähe des Flughafens zum Stadtzentrum fliegt man immer zur rechten Zeit in exakt der perfekten Höhe. Von der Höhe aus, die wir nun erreicht hatten, konnten wir den gesamten Hafen, die beiden Landzungen und die nördlichen Strände bis hin nach Palm Beach sehen. Wir flogen hoch genug, um ein Gefühl für die Proportionen und die Perspektive zu bekommen, doch tief genug, um fast alle Details erkennen zu können. Einzelne Autos, Surfer, Boote – alles war klar zu sehen. Dann neigte sich das Flugzeug zur Seite und begann die 180-Grad-Wende, die es in Richtung London drehen würde. Dieses Manöver bietet den besten Blick überhaupt, einschließlich einer Küstentour über die Strände der südlichen Vorstädte, dort, wo Kate und ich wohnen. Das Flugzeug macht einen sanften Bogen, der einen von Bondi Beach bis hin nach Tamarama und dann nach Bronte führt – so weit wollte ich wirklich schwimmen? –, dann weiter nach Clovelly, Coogee und Maroubra, bevor es seine Route zurück über die Botany Bay aufnimmt. Da gibt es den Fernmeldeturm in Bondi, der eine fast religiöse Bedeutung für mich hat. Er ist für mich so eine Art privater Eiffelturm oder Big Ben. Sobald ich ihn sehe, habe ich das Gefühl, dass ich »zu Hause« bin. Das alles, und dann noch unser Haus, die Schule der Jungen, der Kindergarten der Mädchen und die ganzen Sportplätze, auf denen sie trainieren und spielen, waren mehr als zehn Minuten lang deutlich zu sehen gewesen. Als sie langsam in der Ferne verschwanden und wir über einen weiteren atemberaubenden Blick – der Nationalpark unterhalb der Botany Bay – auf unsere Reiseflughöhe aufstiegen, konnte ich es in puncto Glückseligkeit mit Kate aufnehmen.

22
35 Pfund

Der Flug nach England gehört zu den längsten, die man auf unserem Planeten machen kann – und wenn man es auf Bonusmeilen macht, dann fühlt es sich auch so an. Man braucht Stunden, um auch nur den australischen Kontinent zu verlassen. Als Kates Mutter uns zum ersten Mal besuchen kam, verkündete der Pilot »Wir erreichen jetzt die australische Küste«, als das Flugzeug über Darwin flog. Sie zog ihren Mantel an und suchte ihren Pass heraus. Fünf Stunden später landete das Flugzeug in Sydney. Ich erinnere mich, als wir zum ersten Mal nach Australien flogen, wollten die Kinder beim Zwischenstopp in Hongkong einfach nicht glauben, dass wir noch nicht in Australien waren. »Wie kann es sein, dass man so lange fliegt und dann immer noch nicht da ist, wo man hinwill?«, fragte mein praktisch veranlagter ältester Sohn. Es ist tatsächlich ein wenig verrückt: Man macht einen Langstreckenflug, steigt eine Stunde lang aus und macht dann noch einen Langstreckenflug.

Diesmal war der Zwischenaufenthalt interessanter als gewöhnlich, weil unser Flug während der SARS-Epidemie stattfand. Als Kate und ich auf dem Flughafen von Hongkong herumliefen, fragten wir uns beiläufig, ob es eine kluge Idee sei, als Einzige im gesamten Flughafenbereich keinen Mundschutz zu tragen. Meine etwas verschwommene Theorie war, dass das erstens alles in den Medien übertrieben wurde und dass wir zweitens, wenn wirklich jeder andere eine Maske trug, per Definition keine benötigten. Kate dachte, das würde diejenigen, die sich um unsere vier verwaisten Kinder kümmern müssten, falls wir ins Gras bissen, vermutlich nur wenig trösten. Doch bevor wir richtig in Streit geraten konnten, saßen wir schon wieder im Flugzeug für den langen zweiten Teil der Reise nach London.

Ich will den Flug nicht im Detail beschreiben – es war schlimm genug, es einmal zu erleben. Unbequemlichkeit gepaart mit Langeweile bringt es wahrscheinlich am besten auf den Punkt. Alles hübsch abgerundet vom Anflug auf Heathrow. Einen deprimierenderen Anblick kann ich mir kaum vorstellen. Kilometer um Kilometer gesichtsloser Vorstädte. Alle Flüge aus Sydney kommen in den frühen Morgenstunden an, und das graue Licht der Morgendämmerung ist nicht besonders vorteilhaft für London. In diesem Stadium ist man ohnehin müde, und der Anblick trägt wenig dazu bei, die Stimmung zu verbessern. Ich hatte mein ganzes erwachsenes Leben in London gelebt und mich gefragt, welche Gefühle die Rückkehr bei mir auslösen würde. Als es dann wirklich so weit war, hielt ich es für das Beste, meine Emotionen dem Jetlag und dem Heimweh nach der Sonne und der Brandung von Sydney zuzuschreiben.

Die Sache wurde nicht besser, als ich im Hotel beim Öffnen meines Koffers entdeckte, dass meine gesamte Kleidung mit schmutzigbraunem Wasser durchtränkt war. Obwohl wir auf einer dreiwöchigen Reise waren, hatte ich nur einen Satz schicker Klamotten eingepackt, und die musste ich anziehen, wenn wir an diesem Abend den Verlobten von Kates Schwester und seine Familie bei einem vornehmen Abendessen kennenlernen würden, das teilweise zu unseren Ehren gegeben wurde. Es war nicht genug Zeit, meinen Anzug und mein Hemd rechtzeitig reinigen zu lassen. Abgesehen davon hatte ich den Verdacht, dass sie auch nach einer Reinigung noch braunfleckig und lächerlich aussehen würden. Was blieb mir also anderes übrig, als British Airways anzurufen?

Nun habe ich nichts gegen British Airways. Sie haben in einer schwierigen Branche immer einen guten Job gemacht. Im Übrigen war ich der Inhaber einer Platinkarte mit zentnerweise Bonusmeilen, deshalb wurde ich normalerweise einigermaßen respektvoll behandelt. Ich rief die Nummer auf der Rückseite meines Vielfliegertickets an und schilderte mein Problem und die Begleitumstände. Man hörte mir höflich zu, bis ich meine Geschichte zu Ende erzählt hatte und erklärte mir dann, ich müsse mit dem Kundenservice sprechen. Sie konnten mich nicht weiterverbinden. Ich rief beim Kundenservice an und schilderte noch einmal mein Problem und die Begleitumstände. Auch dort hörte man mir höflich zu, ließ mich reden, bis ich meine ganze Geschichte erzählt hatte, und sagte mir dann, ich müsse mit der Gepäckausgabe am Terminal 4 des Flughafens sprechen. Auch sie konnten mich nicht weiterverbinden. Langsam meldete sich mein Jetlag, und die ganze Prozedur fing an, mir auf die Nerven zu gehen. Ich rief die Gepäckausgabe im Terminal 4 an und schilderte mein Problem und die Begleitumstände. Doch diesmal, als ich fertig war, sagte man mir: »Wie schrecklich, Mr. Marsh. Sie sind für uns ein geschätzter Kunde, und Sie brauchen eindeutig einen neuen Anzug für heute Abend. Notieren Sie sich diese Bearbeitungsnummer und geben Sie sie bitte an, wenn Sie uns die Rechnung einschicken. Wir werden Ihnen die Kosten voll ersetzen.« Das hört sich schon besser an, dachte ich.

»Kate«, brüllte ich, »ich gehe einkaufen. Leg' dich ein wenig hin. British Airways gibt einen aus und ich brauchte sowieso einen neuen Anzug. Tschüs.«

Ich habe noch nie gerne Klamotten eingekauft, aber wenn jemand anders bezahlt, gibt das der Sache einen besonderen Reiz. Ich bin ein schnell entschlossener Käufer, und innerhalb von zwei Stunden war ich von Kopf bis Fuß neu eingekleidet. Besonders stolz war ich auf die Designerschuhe von Tod's. Ich hatte das Gefühl, egal wie vornehm diese neuen angeheirateten Verwandten auch sein mochten, ich würde mehr als gut genug gekleidet sein.

Ich rief British Airways zurück. »Hallo, hier ist noch mal Marsh. Ich habe meinen Anzug gekauft und habe hier alle Rechnungen und die Bearbeitungsnummer. Wo soll ich sie bitte hinschicken?«

Der nette ältere Herr gab mir die Adresse und fügte dann hinzu: »Nur so aus Interesse, Mr. Marsh – wie viel haben Sie denn insgesamt ausgegeben?«

»Moment, das sind … 870 Pfund und 50 Pence.«

»870 Pfund?«

»870 Pfund und 50 Pence, ja.«

»Mr. Marsh, es gibt ein Limit von 35 Pfund.«

»Ein Limit für was?«

»Ein Limit für die Ersatzleistungen für beschädigte Kleidung.«

»Sie machen wohl Witze! Was glauben Sie denn, welche Art von Kleidung ich für 35 Eier bekommen kann und warum verdammt noch mal sagen Sie mir das jetzt erst, Sie schwachsinniger Volltrottel …?« Ich bin nicht stolz auf den Rest meiner Rede. Ich will Ihnen die Details ersparen und lediglich hinzufügen, dass der Versuch, Kate liebevoll mit einer Tasse Tee zu wecken, mir nicht viele Pluspunkte einbrachte, als ich ihr sagen musste, dass ich gerade drei Viertel unseres Urlaubsbudgets auf den Kopf gehauen hatte, bevor wir auch nur einen Abend aus gewesen waren.

23
Handschuhe

Wir beschlossen, bis zu unserer Einladung am Abend getrennte Wege zu gehen. Nicht nur, weil Kate sauer darüber war, dass ich unser ganzes Geld ausgegeben hatte und sie einige Zeit lang nicht im gleichen Zimmer sein wollte wie ich – sie wollte sich auch mit ihrer älteren Schwester Sarah treffen. Das passte mir ausgezeichnet, da ich ja auch mein Schwimmtraining nicht vernachlässigen wollte. In den nächsten drei Wochen würde ich ziemlich damit beschäftigt sein, Freunde und Verwandte zu treffen, und dabei würde es eine Menge zu essen und zu trinken und zu feiern geben – doch die Geselligkeit sollte nicht auf Kosten meines Trainings gehen.

Schwimmen in London ist nicht ganz das Gleiche wie in den Ozeanbecken an Sydneys Stränden. Ehrlich gesagt kann es nicht einmal mit dem städtischen Schwimmbad von Hobart konkurrieren. Das Gemeindebad in Crouch End, in dem ich schließlich landete, ließ den Hakoah Club wie das Olympiabecken in Homebush aussehen. Doch abgesehen davon hatte ich eine ausgezeichnete Schwimmstunde. Kurz vor Beginn unserer Reise hatte ich mir ein Buch gekauft, mit dem ich versuchen wollte, meine Technik im Wasser zu verbessern. Ich hatte keine Ahnung, dass es so viel mit Technik zu tun hat, gut zu schwimmen. Ich hatte gedacht, es sei eine Sache von Kraft, Siegeswillen und körperlicher Fitness. Das Buch war eine Offenbarung. Technik ist alles. Offenbar haben alle Schwimm-Olympiasieger seit Beginn der Aufzeichnungen weniger Schwimmstöße gebraucht als ihre Gegner in den Wettkämpfen. Ich musste das zweimal lesen. Weniger Schwimmstöße. Ich hätte gewettet, dass es sich genau umgekehrt verhielt. Aber da stand es schwarz auf weiß. Weniger Schwimmstöße. Es hatte alles mit der Effizienz der Bewegungen zu tun, dem ökonomischen Nutzen der Energie und einem Minimum von Wasserwiderstand.

So wie Davids Rat, langsamer zu schwimmen, mein Durchhaltevermögen dramatisch erhöht hatte, revolutionierte dieses Buch meine Technik. Ich fing an, »bergab zu schwimmen«, mit dem Kinn auf der Brust und der Oberseite des Kopfes voran, anstatt der Stirn. Ich klatschte nicht mehr wie wild mit den Armen ins Wasser, sondern stellte mir vor, dass ich bei jedem Schwimmstoß meinen Arm in den Ärmel eines Jacketts schlüpfen ließ, das vor mir bereitgehalten wurde. Angesichts meiner Erlebnisse einige Stunden früher am gleichen Tag versuchte ich allerdings, dabei nicht so sehr an den Preis des Jacketts zu denken. Ich will nicht behaupten, dass es schön anzusehen war, doch die Verbesserung war wirklich befriedigend.

Ich kam bester Laune ins Hotel zurück. Kate war ebenfalls vergnügt, nachdem sie trotz Jetlag einen schönen Shopping-Tag mit ihrer Schwester verlebt hatte. Ich fühlte mich nicht dazu berufen, ihre seltsame Logik zu kritisieren, als Reaktion auf den Verlust einer großen Menge Geld noch mehr Geld auszugeben. Ich habe ja bereits zugegeben, dass ich die Frauen nicht verstehe – und im Übrigen war ich froh, dass sie mir offenbar vergeben hatte. Ich sah es als eine Art Absolution per Kreditkarte. Sagen wir, dass wir uns beide von dem Erlebnis des Fluges British Airways 9 erholt hatten und uns ehrlich auf unseren Abend mit Kates Familie und den zukünftigen angeheirateten Verwandten freuten.

Ich habe Kates jüngste Schwester Jane immer gemocht.

Ebenso wie die ganze Turner-Familie – das ist Kates Mädchenname. Jane kam als letzte der Schwestern unter die Haube. Kate sollte also *Maid of Honour* sein, ich sollte bei der Hochzeit eine Rede halten. Alles sehr aufregend, aber da wir vor zwei Jahren nach Australien gezogen waren, hatten wir ihren zukünftigen Gatten Max und natürlich auch seine Familie noch nicht kennengelernt. Jetzt war es endlich so weit. Kate sah bezaubernd aus in ihrem Kleid, das zum Glück nicht in jenem Koffer gewesen war, den irgendein Hilfsgepäckträger auf dem Flughafen von Hongkong in einer Pfütze abgestellt hatte. Allerdings fand ich, dass ich selbst ebenfalls gut aussah – angesichts der Summe, die ich ahnungslos für meine Garderobe für diesen Abend aus dem Fenster geworfen hatte, wäre alles andere aber auch schlimm gewesen.

Wie sich herausstellte, waren und sind Max und seine Familie wunderbare Menschen. Jane sah aus wie der Inbegriff des Glücks, und Kate und Max waren sich auf Anhieb sympathisch. Die Lokalität war unvergleichlich – und an dieser Stelle sollte ich wohl ein wenig Hintergrundinformation einfließen lassen. Das Essen fand nämlich im Poloclub von Max' Eltern statt. Nicht in dem Poloclub, in dem sie spielten – obwohl sie das auch tun –, sondern in dem Poloclub, der ihnen *gehörte*. Es ist nämlich so, dass sie nicht gerade knapp bei Kasse sind.

»Du liebe Zeit, sie heiratet ja ordentlich Geld«, sagte ich, als wir ankamen und die großartige Umgebung auf uns wirken ließen.

»Ordentlich Öl, würde ich sagen«, antwortete Kate.

Die Schwestern sind ein ehrgeiziger Haufen. Sie würden es sicherlich alle abstreiten, aber jede von ihnen hat ein tiefes Bedürfnis, sich ihren Schwestern und den Eltern gegenüber zu beweisen. Ich empfand unwillkürlich ein gewisses Mitleid für Kate, schließlich bin ich ja nicht direkt der Brüller in der Abteilung »Bestätigung durch Partnerwahl«. Ihre beiden anderen Schwestern Sarah und Claudia haben ebenfalls sehr gute Partien gemacht und obendrein nette Männer abbekommen. Kates Los im Leben dagegen war es, wenig Grund zum Angeben mit ihrem Gatten zu haben. Irgendwie hatte ich den Eindruck, dass »Nigel hat mit dem Trinken aufgehört und beherrscht jetzt die bilaterale Atmung« in dem Kreis, der sich heute Abend versammeln würde, keinen großen Eindruck machen würde – geschweige denn bei ihrer Mutter.

Doch abgesehen von gelegentlichen Anfällen von Neid hatte ich noch nie ein Problem mit den Superreichen. Nach meiner – zugegebenermaßen beschränkten – Erfahrung handelt es sich ausnahmslos um bescheidene, umsichtige und großzügige Menschen. Es sind die Durchschnittsreichen, die solche Nervensägen abgeben. Doch was soll ich auch anderes sagen – schließlich habe ich jetzt neue superreiche angeheiratete Verwandtschaft, an die ich mich anschleimen muss.

Die Bewirtung war professionell durchdacht und dargeboten. Diese Leute machten das unverkennbar nicht zum ersten Mal – nicht zu dick aufgetragen oder aufdringlich, nur ein paar perfekte Akzente, um das richtige Ambiente zu schaffen. Die beiden Familien mochten sich offensichtlich. Dem Wein wurde lebhaft zugesprochen, außer von mir natürlich, und es dauerte nicht lange, bis der Raum diesen unverkennbaren Geräuschpegel hatte, der erkennen lässt, dass hier eine Gruppe von vergnügten Menschen in angeregter Geselligkeit beisammensitzt. So eine Art umgekehrtes Quäker-Meeting. Alle redeten durcheinander, und die Gesellschaft war bester Stimmung. Nur Gelächter und gelegentliche Willkommensrufe für Neuankömmlinge durchbrachen den lauten Hintergrundpegel von gutgelauntem Wortgeplänkel. Als es Zeit zum Essen wurde, dauerte es eine Ewigkeit, bis jeder an seinem Platz saß.

Das Essen passte zum Rest des Abends – elegant, ohne übertrieben zu wirken, doch irgendwie genau so, wie man es sich gewünscht hätte. Nach dem Hauptgang tippte jemand mit einer Gabel an sein Glas, und die Runde wurde still, als Jane und Max aufstanden, um einige Worte zu sagen. Max begann. Er sprach bewegend über seine Eltern und andere Familienmitglieder und überreichte jedem von ihnen ein Geschenk. Als er fertig war, ergriff Jane das Wort. Sie begann damit, allen ihren Schwestern zu danken. Ich konnte die Geschenke nicht sehen, die Sarah und Claudia bekamen, aber der Blick auf Kates Gesicht, als sie das glitzernde Ding in der kleinen Tiffany-Schachtel auspackte, die man ihr überreicht hatte, sagte mir, dass das Geschenk ihre Zustimmung fand.

Das Beste hatte sich Jane allerdings eindeutig bis zum Schluss aufgehoben. Sie sprach wundervoll über ihre Mutter Mary und überreichte ihr schließlich einen kleinen Umschlag. Mary öffnete ihn und fand eine Rückfahrkarte für den Orientexpress, eine Reise, die sie schon ihr Leben lang hatte unternehmen wollen. Auf diesen Höhepunkt folgte eine weitere anrührende Rede, dieses Mal für Janes Vater John. Wiederum wurde ein kleiner Umschlag übereicht. John öffnete ihn und fand die Schlüssel für einen klassischen weißen Porsche, der vor der Tür geparkt war. Es war genau das Auto, das zu fahren er immer geträumt hatte – nun besaß er eins. Ich ooohte und aaahte mit den anderen Gästen, als zu meiner Überraschung eine weitere Rede begann.

Ich konnte es nicht glauben. Diesmal war ich der Angesprochene. Jane war sehr gerührt, dass ich es auf mich genommen hatte, für ihre Hochzeit um den halben Erdball zu fliegen. Ich wagte kaum, mir auszumalen, wie die Brautleute ihre Dankbarkeit zeigen würden. Es sah ganz so aus, als hätte ich zur Abwechslung einmal eine Glückssträhne. Vielleicht war es doch nicht so dämlich gewesen, diese teuren Klamotten zu kaufen. Die Rede war zu Ende, und ich bekam ein kleines Päckchen übereicht. Ich übertreibe nicht, wenn ich sage, dass meine Hände zitterten, als ich es öffnete. Ich zog das Papier zur Seite und sah ... Laufhandschuhe. Ein Paar schwarzer Baumwoll-Laufhandschuhe von Nike, in allen gut sortierten Sportgeschäften für fünfundzwanzig Dollar erhältlich.

Ich suchte in jedem Finger fieberhaft nach einem Lotterielos, einem Satz Autoschlüssel oder einem Diamanten – irgendetwas, das mein Geschenk in die gerade gesehenen Höhen katapultieren würde. Meine Suche war umsonst. Die Handschuhe waren ohne versteckte Extras. Ich will nicht, dass Sie mich für undankbar halten, es sind hübsche Handschuhe. Ehrlich, ich liebe sie. Außerdem fand ich immer schon, dass Porsches überbewertet sind.

24
Kulfi-Eis

Wir freuten uns nicht nur darauf, Verwandte wiederzusehen. Wir waren seit 22 Monaten aus England weg, und wir hatten eine ganze Menge Freunde, die wir unbedingt einmal wieder persönlich treffen wollten, anstatt nur per Telefon oder E-Mail zu kommunizieren. Die Variante »persönlich« erforderte zahlreiche Trips kreuz und quer durch

London. Dort war gerade eine Citymaut eingeführt worden, die allerdings den Verkehr noch schlimmer machte, als ich ihn in Erinnerung hatte. Das Wetter war ebenfalls beschissen. Und als Krönung des Ganzen war weit und breit kein Strand in der Nähe. Als ich bei einer unserer Fahrten aus dem Fenster blickte, fiel mir unwillkürlich auf, dass alle Menschen schlechtgelaunt aussahen. Es war seltsam lehrreich, London einmal mit den Augen eines Besuchers zu sehen. Ich hatte erwartet, die Stadt würde bei mir Gefühle auslösen, wie eine Taube sie vor dem heimischen Schlag empfindet, doch es war eher das Gegenteil der Fall. Ich konnte vollkommen verstehen, warum Touristen und superreiche Bürger diesen Ort lieben. London ist schließlich eine erstaunliche Stadt. Doch was der Sache einen schalen Beigeschmack gibt, ist die Realität des Lebens in London für den Normalbürger. Wenn man am Rand des Hyde Park in einem Haus mit Garten, Dachterrasse und Kindermädchen wohnt, eine eigene Garage hat und einen kurzen Weg zur Arbeit, wo ein Parkplatz in der Tiefgarage unter dem Büro reserviert ist, und dazu noch irgendwas über 600 000 Pfund im Jahr verdient, dann ist London ein ziemlich angenehmer Wohnort. Lebt man allerdings in einem der Vororte in einem der traditionellen englischen Reihen-Hasenkästen und muss jeden Tag mit der U-Bahn zur Arbeit fahren, sieht die Sache schon etwas anders aus.

Ich fragte mich, wie mein freies Jahr aussähe, wenn ich in London und nicht in Sydney wohnen würde. Hätte ich mich hier überhaupt dazu entschlossen, so etwas zu machen? Wie viel von meiner Entscheidung war wirklich in meinem vorausschauenden Versuch begründet, mein Leben in den Griff zu bekommen – und wie viel hing einfach mit dem glücklichen Umstand zusammen, dass ich in dem Moment, als ich meinen Job verlor, zufällig gerade in der lebenswertesten Stadt der Welt wohnte? Mit den Kindern durch die begrünten Straßen an Sydneys Stränden vorbei zur Schule zu gehen, das ist schon etwas anderes, als mit ihnen durch den Londoner Berufsverkehr fahren zu müssen – Citymaut hin oder her. Was hätte hier mein großes Ziel für das Jahr sein können? Es gibt nicht viele Wettbewerbe im Ozeanschwimmen in Nordlondon. Ich hätte mir natürlich ein anderes Ziel setzen können – darin bin ich schließlich Experte –, aber irgendwie kann ich mir nicht vorstellen, dass der London-Marathon oder was auch immer den gleichen romantischen und motivatorischen Zauber auf mich ausgeübt hätte wie der Versuch, zwischen den beiden ältesten Surfclubs der Welt zu schwimmen. Dazu ist zu sagen, dass die Surfclubs von Bronte und Bondi bis heute um die Ehre streiten, wer von ihnen älter ist.

Doch egal, wie sehr ich Sydney liebe, es gibt eine Sache, die man dort nicht annähernd so gut beherrscht wie in London: Curry. Von allen Currys, die ich in Australien gegessen habe – und das waren eine Menge –, ist keines auch nur in Sichtweite eines anständigen Londoner Currys gekommen. Dieser grundlegende Kulturunterschied wurde mir bei einem gemeinsamen Abend mit unseren guten Freunden Simon und Becky lebhaft vor Augen geführt. Es war schön, die beiden wieder einmal zu sehen. Der Abend in einem Curry-Restaurant bei Simon und Becky um die Ecke war auf seine Art genau so perfekt wie das Essen im Poloclub. Es gab ein grellweißes Neon-Leuchtschild vor der Tür, eine laminierte Speisekarte, grässliche Musik, fettige Pappadams, mürrische und desinteressierte Kellner, verdächtig verkrustete Pickles, die auf einem drehbaren Tablett serviert wurden. Perfekt abgerundet wurde der Abend durch das einzigartige englische Ritual der Dessertauswahl in einem Londoner Curryhaus.

Jedes Land hat ein paar eigene, vollkommen nutzlose Traditionen. In Akademikerkreisen nennt man das »stehende Wellen«. Dinge, die einmal einen Sinn hatten, die aber noch lange nach dem Wegfallen dieses Sinns weiterbestehen. Die Buchstabenanordnung auf allen Computertastaturen ist ein solches Beispiel. Die wurde tatsächlich entwickelt, um das Tippen langsamer zu machen – zu einer Zeit, als die Mechanik der Schreibmaschinen der Geschwindigkeit der damaligen Sekretärinnen nicht gewachsen war. Heute können Computer Texte schneller aufnehmen, als jede menschliche Hand schreiben kann, aber die Buchstaben sind immer noch auf die gleiche Weise angeordnet.

Ich habe nicht die leiseste Ahnung, was der ursprüngliche Zweck von Kulfi-Eis war, aber fest steht, dass heute niemand – und ich meine *niemand* – mehr dieses Zeug isst. Unter keinen Umständen. Außer natürlich, jemand ist so sturzbesoffen, dass er zu keinem kritischen Urteil mehr in der Lage ist. Ich bin schon lange der Meinung, dass sich die Londoner Polizei bei Verkehrskontrollen das Tütenblasen sparen könnte. Statt einem Autofahrer solch ein Ding vor die Nase zu halten, könnte sie ihn auch einfach fragen: »Möchten Sie vielleicht etwas Kulfi-Eis, Sir?« Jeder, der auch nur das geringste Interesse zeigt, könnte auf der Stelle ohne Zögern verhaftet werden. Doch trotz der überwältigenden Beweislage lassen sich die Londoner Curry-Restaurants nicht davon abhalten, dieses Zeug auch weiterhin anzubieten. Es ist ein bisschen so wie mit den Chinesen, die einem Bewunderung abnötigen, weil sie sich unverdrossen mit dieser Stäbchenesserei abmühen – ebenso muss man diese Burschen mit ihrem Kulfi-Eisverkauf bewundern.

Seltsamerweise weckte nichts an unserem Londonbesuch so viel Heimweh in mir wie die Frage des Kellners, ob ich etwas von diesem abscheulichen Eis bestellen möchte, das ich noch nie hatte leiden können.

Doch als ich später an diesem Abend mit Kate darüber sprach, stimmte sie mir zu, dass das noch kein ausreichender Grund war, wieder zurück nach London zu ziehen.

25

Den Backofen saubermachen

Obwohl unser Aufenthalt in London ziemlich enttäuschend war, freute ich mich, dass wir noch einige Tage zur Verfügung hatten, denn ich hatte noch ein paar Dinge zu erledigen, bevor wir nach Frankreich flogen.

Eines dieser Dinge war, zu den Quäkern zu gehen. George Bancroft, ein Historiker aus dem 19. Jahrhundert, hat behauptet: »Der Aufstieg der Leute, die man Quäker nennt, ist eines der denkwürdigen Ereignisse der Menschheitsgeschichte. Es markiert den Zeitpunkt, da die Menschen die intellektuelle Freiheit als unveräußerliches Grundrecht einforderten.« Ich bin nicht sicher, ob ich so weit gehen würde wie der alte George, doch ich habe es mir in den letzten acht Jahren zur Angewohnheit gemacht, jedes Mal, wenn ich an einem Sonntag in einer neuen Stadt bin, das Versammlungshaus der Quäker zu besuchen. London war zwar keine neue Stadt für mich, doch ich war seit einiger Zeit nicht hier gewesen und entschlossen, meine Tradition bei diesem Besuch nicht zu unterbrechen.

Der Gottesdienst der Quäker nennt sich *Ministry of*

Silence. Dabei sitzt im Großen und Ganzen eine Gruppe Menschen in einem spartanisch ausgestatteten Raum eine Stunde lang auf Holzstühlen. Keine Lieder, keine Gebete, keine Predigten – nichts. Zu jeder Zeit kann einer von ihnen aufstehen und etwas sagen. Man darf keine vorbereitete Rede mitbringen, man darf nicht unterbrechen, und man darf nicht auf das antworten, was jemand gesagt hat. Oft sagt niemand etwas und man sitzt nur eine Stunde lang still herum. Vollkommen lächerlich. Das Komische dabei ist: Ich liebe es. Es gibt mir Zeit nachzudenken, den Geist zur Ruhe kommen zu lassen. Wenn man eine halbe Stunde lang still war und dann steht jemand, der neben einem sitzt, auf und sagt etwas, dann geschieht etwas Merkwürdiges. Man hört zu. Wirklich zu. Man urteilt nicht über ihn. Man hört einfach zu. Und wenn er fertig gesprochen hat, verschwendet man keine Energie dafür, sich eine Antwort auszudenken, die einen selbst gut aussehen lässt oder den anderen widerlegt, sondern man denkt über das Gesagte nach. Vielleicht ganze dreißig Minuten lang, wenn niemand sonst etwas sagt. Das kann eine bemerkenswert starke und bereichernde Erfahrung sein. Andererseits behaupte ich nicht, dass es leicht ist – den Geist zur Ruhe kommen zu lassen, das kann schon eine ziemliche Herausforderung sein.

Als ich am nächsten Morgen in der Euston Road das Quäker-Zentrum besuchte, ließ sich das Ganze nicht besonders gut an. Man soll in stiller Einkehr sitzen und den Herrn willkommen heißen. Doch meine Gedanken hörten einfach nicht auf zu rasen, über den Urlaub nachzudenken und die bevorstehenden Hochzeiten. Ich meine, du lieber Himmel, ohne die Kinder würde sich vielleicht sogar die Gelegenheit für eine Runde Schlafzimmergolf ergeben. Sex in der Ehe ist eines der letzten großen unerforschten

Gebiete – ein bisschen so wie die Tiefsee. Nicht, dass die Leute nicht darüber reden würden. Ganz im Gegenteil. Es ist nur so, dass sie fast immer lügen. Kate und ich sind natürlich Tag und Nacht zugange, aber ein *Freund* von mir erzählte eine wundervolle Geschichte, die den Kern der Sache wunderbar auf den Punkt bringt. Seine sexuelle Frustration wurde so schlimm, dass er sich entschloss, das unmännlichste aller Dinge zu tun: Er beschloss, seine Gefühle mitzuteilen. Natürlich auf liebevolle und sensible Weise. Er hielt es weder für richtig noch für fair, dass er ein schlechtes Gewissen haben sollte, weil er Lust auf Sex hatte. Immerhin war es eine natürliche Sache und es sollte Spaß machen. Er war monogam. Er liebte seine Frau. Er war – so schien es – gut in Form. Als Erstes wollte er feststellen, an welcher Stelle Sex bei den Prioritäten seiner Frau rangierte.

»Schatz, ist Sex für dich so wichtig wie, sagen wir, ein Urlaub?«, fing er an.

»Nein? Okay, wie ein gemeinsames Wochenende?«, fuhr er fort.

»Nein? Schon gut, schon gut. Ein gutes Essen?«, schlug er vor.

»Nein? Kein Problem, wirklich. Es ist wichtig, dass du ehrlich bist. Ist er wichtiger als ein Glas Wein?«, fragte er.

Diese Befragung ging weiter, bis er – und das habe ich mir nicht ausgedacht – bei »den Backofen saubermachen« angekommen war. An diesem Punkt fing er mit seiner Frau eine ernsthafte Diskussion darüber an, ob sie sich mehr oder weniger auf Sex freute als darauf, den Backofen sauberzumachen. Sie legte sich schließlich auf Gleichstand fest.

Ein anderer Freund von mir erzählte mir ziemlich deprimiert, seine Ehe komme ihm vor, als würde er »zusammen mit einer Mitbewohnerin, mit der er früher gelegentlich ausgegangen sei, einen Kindergarten leiten.« Hübsch formuliert.

Ich habe das Thema bei Kate ein paarmal zur Sprache gebracht, aber es schien immer in Tränen zu enden.

»Schatz, was glaubst du, wie oft haben wir Sex?«, fragte ich sie einmal.

»Meinst du Liebe machen?«, antwortete sie.

»Ja, wie auch immer, Liebe machen, Sex haben.«

»Nein, die Definition ist wichtig, sonst kann ich die Frage nicht richtig beantworten. Ich meine, soll ich ›Masturbationshilfen‹ mitzählen?«

»Äh … was ist eine ›Masturbationshilfe‹?«

»Na ja, wenn ich dabei bin, aber nicht wirklich dabei, du weißt schon, was ich meine.«

»Nein, ich weiß verdammt noch mal nicht, was du meinst.« Von da an ging es abwärts, wobei der Bedeutungsunterschied zwischen »Liebe machen« und »Masturbationshilfe« immer deutlicher und für beide Seiten verletzender erkennbar wurde.

Wenn es um Sex geht, sind Männer und Frauen offenbar grundlegend verschieden. Viele Männer, besonders verheiratete Männer mit Kindern, fühlen sich weniger vom anderen Geschlecht dominiert als geschlechtlich ignoriert. Ein ums andere Mal hörte ich Geschichten von Freunden, die sich darüber beklagten, dass in ihrer Beziehung der Sex eine Quelle von Spannungen und Stress sei, anstatt für Spaß, freudige Erregung und ein Zusammengehörigkeitsgefühl zu sorgen.

Als ich noch arbeitete, hatte sich mir einmal einer meiner Kunden nach ein paar Drinks anvertraut. »Es ist immer ein Ermüdungsprozess, Nigel. Ich mache den ersten Schritt, und sie weist mich zurück. Ich warte ein paar Tage und schlage es erneut vor. Sie weist mich wieder zurück. Ich bin böse auf sie und verletzt. Sie hat ein schlechtes Gewissen und fühlt sich unter Druck gesetzt. Ich warte noch ein paar Tage. Wildfremde Frauen auf der Straße, Nachrichtensprecherinnen im Fernsehen und Steinfiguren an Gebäuden fangen an, seltsam attraktiv auszusehen. Wir streiten uns. Ich schreie. Sie weint. Wir versöhnen uns, und dann sagt sie so etwas wie: ›Na gut, du alter Bär, dann lass' ich dich halt.‹ Das Problem ist, ich will nicht, dass sie mich ›lässt‹. Ich will, dass sie auch will. Ich will nicht, dass es eine Belohnung für gutes Benehmen ist oder für olympische Geduld. So fühle ich mich schmutzig und schäme mich dafür, dass ich einen wegstecken will. Mein Sexleben soll mich überraschen und erfreuen, nicht deprimieren und langweilen.«

»Das erinnert mich daran, was ausgerechnet Jimmy Carter einmal gesagt hat«, antwortete ich, weil mir nichts anderes einfiel.

»Was denn?«, fragte er.

»Er sagte, dass seine Frau, seit sie beide über siebzig sind, mehr Verständnis und Entgegenkommen für seine sexuellen Bedürfnisse zeige als zu der Zeit, als sie beide in den Dreißigern waren.«

»Das erinnert mich an einen Artikel, den ich kürzlich in einem Männermagazin gelesen habe«, sagte er. Er erwärmte sich sichtlich für das Thema, wobei sich auch sein Alkoholpegel zunehmend bemerkbar machte. »Darin fragten sie Frauen und Männer, was die drei Worte seien, die sie am liebsten hören wollten. Bei den Frauen antwortete die überwältigende Mehrheit ›Ich liebe dich‹.«

»Und die Männer?«, fragte ich.

»Egal welches Loch«, antwortete er.

Geht man nach der »Stillen Besinnung« dieses Sonntagmorgens, dann habe ich wohl noch einen weiten Weg vor mir, bis ich den Anforderungen eines Quäkers gerecht werde.

26
Kopfhörer

Eine andere Sache, die ich tun wollte, während wir in London waren, war, meinen Bruder zu besuchen. Ich habe nur einen Bruder – keine Schwestern. Jon ist zwei Jahre älter als ich und er durfte – wie ich ja vorher schon berichtet habe – die gleiche Schulerfahrung genießen wie ich – allerdings ohne einen älteren Bruder, der sich um ihn kümmerte. Er trug immer die Bürde mit sich herum, der Ältere zu sein und auf seinen kleinen Bruder aufpassen zu müssen.

Während unserer Schulzeit mussten wir am Ende eines jeden Schuljahres allein dorthin fahren, wo die Marine unsere Familie in diesem Jahr gerade hinversetzt hatte. In manchen Fällen – wenn es sich etwa um Amerika oder Belgien handelte – bedeutete das eine ziemlich lange Reise. Jon musste auch hier der Verantwortungsbewusste sein, während ich herumalberte und die Stewardessen neckte. Wenn wir nach Hause kamen, kickte ich regelmäßig einen Fußball durch eine Fensterscheibe oder verübte eine vergleichbare Schandtat, doch er bezog dafür Prügel, selbst dann, wenn ich mich zu meiner Tat bekannte. Bei einer denkwürdigen Gelegenheit verkratzte er meine neue Erbsenpistole aus Metall. Das war für mich Anlass genug, seine ebenfalls neue Erbsenpistole an mich zu nehmen, in die Garage zu gehen, einen Hammer aus Vaters Werkzeugkiste zu greifen, Jons Erbsenpistole von einem Ende bis zum anderen komplett flachzuklopfen, einen Spaten zu nehmen und das ruinierte Ding in der hintersten Ecke des Gartens so tief zu vergraben, wie ich nur konnte. Süß, oder? Es ist ein Wunder, dass er mich nicht ständig durchprügelte, aber das hat er nie getan. Stattdessen passte er auf mich auf. Alles in allem ist er der beste Bruder, den sich ein Mann wünschen kann.

Abgesehen davon ist er zufälligerweise eines der größten humoristischen Naturtalente, die ich kenne. Egal, welches Thema wir besprachen, er hatte jedes Mal eine brillante Geschichte oder einen Spruch auf Lager, die ich während des nächsten Jahres benutzte, um Anerkennung für meinen Esprit zu gekommen – »Ist er nicht witzig, unser Nigel?«

Wie immer trafen wir uns im Pub.

»Du hast abgenommen«, sagte er, als ich ihn umarmte.

»Du bist grau geworden«, antwortete ich.

Jon ist bei der Armee, seit zwanzig Jahren, das hält ihn fit. Und er sah fantastisch aus! Aber grau. Scheiße, dachte ich, ich bin doch wohl noch nicht alt genug, um einen grauhaarigen Bruder zu haben.

Für einen Alkoholiker war es eine interessante Idee, sich in einem Pub zu treffen. Ich war seit einiger Zeit trocken, aber ich betrachtete mich immer noch eher als einen Trinker, der sich enthält, und nicht so sehr als einen Nichttrinker. Das ist ein wichtiger mentaler Unterschied, und ich hatte letzteres Stadium noch nicht ganz erreicht. Enthaltsamkeit war prinzipiell leichter mit Fremden oder mit Leuten, mit denen ich nie zusammen getrunken hatte, doch mein Bruder und ich hatten zusammen getrunken, seit wir zwölf Jahre alt waren und im Wald heimlich Apfelwein probierten. Mir war klargeworden, dass ich mehr darauf achten musste, in welche sozialen Situationen ich mich begab, trotz meiner ursprünglichen Überzeugung, dass nur meine Entscheidung, mit dem Trinken aufzuhören, wichtig war und die äußeren Umstände keine Rolle spielten. Wir hätten uns ebenso gut in einem Restaurant oder in seiner Wohnung treffen können, doch stattdessen hatte ich mich für die einzige Örtlichkeit entschieden, an der ich nichts anderes tun konnte als »nicht trinken«. Das nennt man wohl: sich die Sache selbst schwermachen. Jon, das muss ich ihm hoch anrechnen, machte kein Getue oder versuchte mich zum Trinken zu animieren. Trotzdem fiel es mir schwer. Ich fing an, mich zu fragen, wie um alles in der Welt ich die beiden bevorstehenden Hochzeiten überstehen sollte. All meine Freunde würden auf der einen sein, Kates Familie auf der anderen. Hinzu kam, dass ich unter dem Druck stand, auf beiden Hochzeiten eine Rede halten zu müssen.

Trotz des unangemessenen Umfelds hatten wir einen großartigen Abend zusammen. Bei fünf großen Bieren und 14 Gläsern Apfelsaft – Ersteres für ihn, Letzteres für mich – redeten wir über alle Themen unter der Sonne, wobei er mir die meiste Zeit des Abends kaum Zeit ließ, die Lachtränen zu trocknen. Angesichts des Gedankengangs, den ich beim Quäkertreffen am Vortag gehabt hatte, wandte sich unsere Unterhaltung natürlich auch dem Sex zu. Obwohl ich arbeitslos war, befanden sich Jon und ich in ähnlichen Lebensumständen, beide verheiratet mit Kindern. Wir hatten also gemeinsame Erfahrungswerte – es versteht sich natürlich von selbst, dass er und seine Frau, ebenso wie Kate und ich, jeden Tag der Woche wie die Karnickel bei der Sache waren! Er hörte sich geduldig meine Erzählung an, wie es einem meiner besonders schlimm sexuell ausgehungerten Freunde ging.

»Ich weiß, was du meinst, Nigel, aber das ist gar nichts gegen das, was Mike erlebt hat«, sagte er.

»Meinst du Mike wie der Mike von Claire und Mike?«, fragte ich.

»Genau der. Die beiden sind kürzlich nach Milton Keynes gezogen. Sie arbeitet schwer, das Baby schläft nicht, und er behauptet, er hätte seit einem Jahr nicht mehr.«

»Du liebe Zeit, er kann sich wieder als Jungfrau eingruppieren lassen.«

»So ist es. Letzten Monat hat er die Bedingungen erfüllt.«

»Armes Würstchen«, sagte ich.

»Im wahrsten Sinne des Wortes.«

»Aber das ist keine dolle Geschichte, Jon. Ich kenne eine Reihe von Männern, die in letzter Zeit die Bedingungen für eine Neueinstufung erfüllt haben«, sagte ich.

»Nein, das ist ja noch gar nicht die Geschichte. Wegen mangelnder Action im Bett musste er die Sache selbst in die Hand nehmen, wenn du weißt, was ich meine«, erklärte er.

»Weiß ich, Jon, weiß ich. Aber die Geschichte entspricht immer noch nicht deinem üblichen Standard«, beschwerte ich mich.

»Ich bin ja auch noch nicht fertig. Letzte Woche hatte Claire drei von ihren wichtigsten Klienten eingeladen. Sie sollten zusammen zu einer Theatervorstellung und dann zum Essen gehen.«

»Und?«

»Nun ja, die Vorstellung fiel aus.«

»Und?«

»Und so gingen sie früher essen und danach für einen Absacker zu Claire nach Hause. Mike hatte frühestens in drei Stunden mit ihnen gerechnet.«

»Und?«

»Jetzt warte doch ab. Claire brachte die Besucher ins Haus und sagte ihnen, sie sollten es sich im Wohnzimmer bequem machen, bis sie in der Küche die Drinks zurechtgemacht hatte. Sie hatte kaum das Eis aus dem Kühlschrank genommen, als alle drei in der Küche auftauchten. Der Oberkunde erklärte, es gebe ein Problem im Wohnzimmer. Claire sagte ihm, er solle sich keine Sorgen machen, sie würde sich darum kümmern, wenn sie mit den Drinks fertig sei. Keiner der Klienten bewegte sich. Der Oberklient hatte einen seltsamen Gesichtsausdruck und wiederholte nur ›Es gibt ein *Problem* im Wohnzimmer‹. Claire ging also ins Wohnzimmer und fand Mike, der in seinem Lieblingssessel saß und sich einen Pornofilm ansah, mit heruntergelassener Hose und damit beschäftigt, sich einen von der Palme zu wedeln.«

»Aber er muss sie doch gehört haben, als sie hereinkamen«, wandte ich ein.

»Eben nicht. Offenbar macht Mike es am liebsten, wenn er dabei seine Lieblingsplatte über Kopfhörer hört. Er bekam überhaupt nichts mit. Claire musste ihm auf die Schulter klopfen, um seine Aufmerksamkeit auf sich zu lenken. Wie ich hörte, sorgte der Vorfall für eine recht interessante Vorstellungsrunde im Anschluss.«

Ich nahm mir vor, zukünftig die Tür abzuschließen.

27
Beyblades

Sex hin oder her, die englische Etappe unserer Reise lag hinter uns. Es war an der Zeit, London zu verlassen. Giles' Hochzeit stand als erste auf dem Programm. Er heiratete ein französisches Mädel aus der Provence. Die Hochzeit selbst fand in einem Dorf namens Trets statt, direkt östlich von Aix-en-Provence, also mussten wir nach Nizza fliegen. Angesichts unserer finanziellen Lage beschlossen wir, die beachtlichen Preisunterschiede zwischen den verschiedenen Fluglinien auszunutzen und mit Schrottflieger.com zu fliegen. Es war das Billigflieger-Konzept in Vollendung. Zu unserer Überraschung waren wir beide ehrlich beeindruckt. Wenn man mit British Airways fliegt, zahlt man einen hohen Preis, aber für was? Bei Schrottflieger.com gibt es keinerlei Versuch, etwas anderes vorzuspiegeln, und man bekommt sogar noch nette Stewardessen. Man wird positiv überrascht. Bei BA hofft man, dass die Sitze etwas größer und die Bedienung etwas freundlicher sein wird, doch in Wirklichkeit ist es meist nicht der Fall. Wenn man also nicht gerade *Business Class* fliegt, geht meine Stimme definitiv an Billig-Airways und Schrottflieger.com.

Im Gegensatz zu dem Flug war unser Flugziel allerdings keine angenehme Überraschung. Nizza war alles andere als das. Ich fand die südfranzösische Küste schon immer sehr enttäuschend. Das liegt nicht am Vergleich mit Sydney, nein, das denke ich schon, seit ich als Teenager vor vielen Jahren dort als Rucksacktourist unterwegs war. Dort ist alles entweder schrecklich verbaut oder protzig. Dazwischen scheint es nichts zu geben. Wegen meines Berufs war ich jedes Jahr etwa eine Woche in Cannes gewesen, und ich hatte nie aufgehört, mich darüber zu wundern, wie ein solches Loch es schafft, die großen Film-, Werbe- und Pornofestivals anzuziehen. Andererseits, wenn ich darüber nachdenke, ist ein Pornofestival wahrscheinlich der perfekte Partner für die Stadt. Ich könnte gut damit leben, wenn ich für den Rest meines Lebens nicht mehr an die Riviera käme. All das macht den Kontrast zum landschaftlich wunderschönen Hinterland umso überraschender und erfreulicher. Es ist herrlich anzuschauen – alles, was man tun muss, ist zehn Minuten landeinwärts zu fahren, und die Landschaft ist wie verwandelt. Es erinnert mich an viele Stadthäfen, in denen schmutziges Wasser voller Unrat und Schlimmerem schwappt, während ein paar Meter weiter draußen das Wasser so klar ist, dass man bis auf den Grund sehen kann. Glücklicherweise befindet sich Trets nicht an der Küste. Nicht nur im Binnenland, sondern direkt am Vorgebirge von Cézannes Lieblingsberg Mont Sainte-Victoire.

Wir hatten die Lehre aus dem tasmanischen Mietauto-Fiasko gezogen und einen Wagen aus dem laufenden Jahrhundert gemietet. Die Fahrt war sehr angenehm. Wir hielten in einer kleinen mittelalterlichen Stadt zum Mittagessen an. Kate und ich saßen ganz für uns an einer Mauer und aßen Baguette und Käse. Es war das erste Mal seit mehr als acht Jahren, dass wir von unseren Kindern getrennt waren. Wir waren allein, niemand zupfte am Ellbogen und fragte nach Süßigkeiten, keiner musste die Windeln gewechselt haben, niemand weinte, weil ein Bruder auf ein anderes Programm umgeschaltet hatte. Und das Beste war: Wir wussten, dass wir, wenn wir am Abend nach Trets kamen, kein Abendessen für die Kinder richten und keine Giftstunde überstehen mussten. Es gab nur ein Problem: Wir vermissten die Kinder.

Das mag sich widersprüchlich anhören, aber es ist wahr: Wir waren zum ersten Mal seit fast zehn Jahren allein und entspannt und wir saßen beide dort an dieser Mauer und redeten nonstop über unsere Kinder. Ich musste ständig daran denken, wie sie ins Bett gehen. Sie gehen nicht etwa so zu Bett wie Erwachsene. In ihren Kinderschlafanzügen mit Raketenmuster hüpfen sie am Fußende des Bettes auf und ab, dann wälzen sie sich ans Kopfende und krabbeln mit dem Kopf zuerst unter die Bettdecke, unter der sie sich herumdrehen, bevor sie in der richtigen Richtung wieder hervorkommen. Es ist wohl nicht die effizienteste Methode, aber in diesem Moment war ich so von dieser Erinnerung ergriffen, dass mir das Herz schmolz.

Ich fing an zu lachen, als ich daran dachte, wie ich einmal mit Harry die Treppe hinuntergegangen war und er sich ohne Vorwarnung auf den Bauch hatte fallen lassen und die gesamte Treppe mit dem Kopf voran hinuntergerutscht war, bevor er wieder aufstand und meine Hand nahm, als sei das die natürlichste Art der Welt, das Stockwerk zu wechseln. Kate erinnerte mich daran, wie wir einmal zusammen am Tisch gesessen hatten, als auf einmal – wie in einer Steve-Martin-Komödie – der Wischeimer verkehrt herum zur Tür hereinkam. Unten schauten lediglich die Knöchel und Füße der Zwillinge heraus. Dann tippelte der Eimer durchs Zimmer, während darunter das gedämpfte Kichern der Zweijährigen zu hören war.

Schließlich hielten wir es nicht mehr aus und beschlossen, zu Hause anzurufen, um mit den Kindern zu sprechen. Harry nahm den Hörer ab.

»Hallo, Harry, mein Schatz, hier ist Daddy.«

»Ich bin nicht Harry, ich bin Beyblades«, antwortete Harry, bevor er den Hörer an Grace weitergab.

»Geh weg, Daddy, ich hab dich nicht lieb«, sagte Grace.

»Ich hab dich lieb, Daddy«, konnte ich im Hintergrund Eve rufen hören.

»Ich aber nicht. Du bist ein Kackakopf«, fügte Grace überflüssigerweise hinzu.

Alex schnappte sich den Hörer. »Hast du schon ein Geschenk für mich gekauft, Dad?«

Trotz der Beleidigungen war es schön, mit den Kindern zu sprechen. Als endlich Liz ans Telefon kam, bestätigte sie, was wir gehofft hatten – es ging ihnen allen prima. Beim

Verlassen der Telefonzelle wussten wir, dass wir uns auf die Hochzeit freuen konnten, ohne uns für unseren Entschluss, die Reise ohne die Kinder zu machen, schuldig zu fühlen.

28
Cézanne

Am späten Nachmittag erreichten wir unser Hotel, ein restauriertes Château. Wir meldeten uns an der Rezeption an, dann gingen wir auf unser Zimmer und öffneten die Fensterläden, die auf den Balkon hinausführten. Der Blick war atemberaubend. Ein unverstellter Blick auf den Mont Sainte-Victoire. Giles hatte dieses Zimmer speziell für mich gebucht – nicht nur, weil ich *Best Man* bei seiner Hochzeit sein sollte, sondern auch, weil er wusste, wie viel es mir bedeuten würde. Einer meiner Lieblingsorte auf der ganzen Welt ist der umgebaute Bahnhof in Paris, der jetzt das Musée d'Orsay beherbergt. Kate und ich waren ein Jahr nach Alex' Geburt in Paris und ich hatte einen Tag dort verbracht, sprachlos angesichts der schieren Menge und Qualität der impressionistischen Gemälde, die dort in einer so einzigartigen Umgebung ausgestellt sind. Das Musée d'Orsay besitzt eine ganze Menge Cézanne-Gemälde, darunter ein paar der mehr als 60 Bilder, die er in seinem Leben vom Mont Sainte-Victoire gemalt hatte. Und hier stand ich nun und schaute nicht auf die Bilder, sondern auf das Original.

Eine weitere meiner Ambitionen für mein freies Jahr war, dass ich Zeichnen lernen wollte. Zu diesem Zweck hatte ich ein unglaubliches Buch von einer Frau namens

Betty Edwards gekauft und gelesen, in dem es darum geht, die rechte Gehirnhälfte einzuschalten, wenn wir zeichnen. Eigentlich ist es ziemlich traurig: Hauptthese des Buches ist, dass die meisten Menschen in ihrer künstlerischen Entwicklung stehenbleiben, wenn sie ungefähr neun Jahre alt sind. Bis dahin zeichnen wir alles in Form von sogenannten »Symbolen«: Alle Häuser haben einen Türknauf und alle Menschen haben zehn Finger. Und dann eines Tages, wenn wir etwa neun Jahre alt sind, wird uns klar, dass die Dinge, die wir zeichnen, nicht so aussehen wie die Dinge in der realen Welt. Also versuchen wir sie realistisch zu zeichnen, aber natürlich sieht das Ergebnis zunächst einmal alles andere als realistisch aus, und darum *geben wir es auf.*

Betty Edwards hat eine Theorie, die nicht nur revolutionär ist, sondern auch noch funktioniert. Ich weiß das, weil ich es an mir selbst ausprobiert habe, und ich war der hoffnungsloseste Fall, den man sich vorstellen kann. Einfach ausgedrückt besagt ihre Theorie, dass sich beim Versuch, realistisch zu zeichnen, unsere logische linke Gehirnhälfte zu Wort meldet und uns sagt: »Sei nicht dumm, das ist doch ein Haus, das du gerade malst. Häuser haben einen Türknauf, also mal da einen Türknauf hin.« Ganz egal, ob man nun *wirklich* einen Türknauf sehen kann oder nicht. Das passiert immer wieder, mit allem, was wir zu zeichnen versuchen: »Es ist ein Auto, also zeichne vier Räder«; »Es ist eine Frau, also hat sie zwei Augen«. Doch das Geheimnis des realistischen Zeichnens liegt darin, einfach nur das zu zeichnen, was man sieht.

Die Schwierigkeit besteht darin, nicht hinzuhören, wenn unsere linke Gehirnhälfte uns einflüstert, dass etwas da sein muss, und einfach nur das zu zeichnen, was man wirklich sehen kann. Wenn wir die linke Gehirnhälfte ignorieren, wird es beinahe einfach. Edwards hat eine Reihe von Übungen entwickelt, die uns dazu in die Lage versetzen: Dinge wie das Abzeichnen von Bildern, die auf dem Kopf stehen, oder »blind« zeichnen, ohne hinzuschauen. Ich zeichnete ein Bild ab, das richtig herum war, und es sah schrecklich aus, wie das Gekritzel eines Kindes. Danach zeichnete ich ein anderes Bild ab, das auf dem Kopf stand. Für mich war es nichts weiter als ein Haufen sinnloser Schnörkel, also konzentrierte ich mich einfach darauf abzuzeichnen, was ich sah. Als ich fertig war und das Bild herumdrehte, erkannte ich verblüfft ein 100 Prozent genaues und unglaublich lebensechtes Abbild von Strawinsky auf einem Stuhl. Es ist eines meiner wertvollsten Besitztümer – ich kann kaum glauben, dass ich das gemacht habe. Hätte ich vorher gewusst, was es darstellte, hätte meine linke Gehirnhälfte mit Fragen wie »Wo ist das andere Knie?« oder »Was ist mit den Fingern?« das Bild vermasselt. Es war eine von jenen Übungen, die man einmal macht und nie wieder vergisst und die das eigene Denken dauerhaft verändern.

Der Grund, weshalb ich all das erzähle, ist jedenfalls der, dass ich vor unserer Reise auch ein Buch über Cézanne gekauft hatte, und während ich auf dem Balkon unseres Hotels saß, las ich darin das folgende Zitat des großen Mannes: »Wir dürfen nicht das malen, was wir zu sehen glauben, sondern das, was wir sehen. Das mag manchmal gegen den Strich gehen, doch es ist, was unser Handwerk von uns verlangt.« Es kann nicht am Trinken gelegen haben, denn ich war immer noch trocken, doch die Tiefe dieser einfachen Worte, die er vor hundert Jahren gesagt hatte, brachte mich dem Weinen nahe. Cézanne und die anderen Impressionisten mussten jede Menge Hohn und Spott ertragen, bis ihr Werk endlich Anerkennung fand. In vielen Fällen erst nach dem Tod, wie sich immer mal wieder herausstellt. Die ganze Situation schrie mir förmlich ins Gesicht – wir sind nur einmal auf der Welt, sei kein ängstlicher, jammernder Sesselfurzer, der alles nach Vorschrift erledigt und der seine Träume sterben lässt, weil er zu sehr damit beschäftigt ist, die Dinge zu tun, von denen er glaubt, dass man sie von ihm erwartet.

Andererseits – wenn es das ist, was passiert, wenn ich mir nüchtern einen Berg anschaue, dann sollte ich vielleicht doch lieber wieder mit dem Trinken anfangen.

29

Glückspilz

Am nächsten Morgen wachte ich früh auf. Ich freute mich auf die bevorstehende Ankunft meiner Freunde aus Bristol. Einer der Vorteile, wenn man nicht fünf Tage die Woche ins Büro gehen muss, ist, dass man mehr Zeit hat, sich an den Menschen in seiner Umgebung zu erfreuen – und natürlich auch an den Freunden, die sich auf der anderen Seite der Welt befinden. Die meisten meiner alten Freunde, die nichts mit meinem Job tun haben, sind aus meiner Universitätszeit. Aus irgendeinem Grund habe ich den Kontakt zu all meinen ehemaligen Mitschülern verloren, während der Kontakt mit meinen Kommilitonen weiterbesteht. Sie waren ein unglaublich wichtiger Teil meines Lebens, und ich arbeitete hart daran, diesen zu erhalten.

Bevor wir nach Australien zogen, hatten Kate und ich elf Jahre lang jeden Jahreswechsel mit diesem Freundeskreis in verschiedenen Ferienwohnungen in Devon und Cornwall verbracht. Das war nicht nur für alle Beteiligten immer wieder ein großer Spaß, sondern es führte uns auch deutlich vor Augen, wie die Zeit verging. Als wir mit dieser Tradition begannen, waren wir alle jung, schlank, unverheiratet und mehr oder weniger permanent von Alkohol oder Drogen benebelt. Dann wurden im Lauf der Jahre die Anzeichen des Älterwerdens unübersehbar. Jemand verlobte sich, ein anderer heiratete. Ein Paar brachte in einem Jahr – unfassbar für uns zu jener Zeit – tatsächlich ein Kind mit. Beinahe noch unglaublicher: Es war ihr eigenes. Bei unserer letzten Zusammenkunft, als wir gemeinsam das neue Jahrtausend einläuteten, trank die Hälfte keinen Alkohol und es gab mehr Kinder als Erwachsene in der Wohnung. Es war auf unheimliche Weise wie in einer populären englischen Fernsehserie aus dieser Zeit mit dem Titel *Cold Feet*. Obwohl sich in unserem Fall – toi, toi, toi – keines der sechs beteiligten Paare bislang hatte scheiden lassen. Sie alle kamen zur Hochzeit von Giles und Sophie. Er war der letzte aus unserer Gruppe, der heiratete. Die vorletzte Hochzeit lag schon ewig zurück, und dies war eine wunderbare Gelegenheit für uns alle, zum ersten Mal, seit Kate und ich nach Australien gegangen waren, wieder zusammenzukommen.

Etwas anderes, das sich nach und nach gezeigt hatte, war, dass der Magneteffekt, den London zu Beginn unserer jeweiligen Karrieren auf uns alle gehabt hatte, sich mittlerweile umkehrte, so dass wir im Verlauf der letzten beiden Jahre fast über den gesamten Globus verstreut worden waren. Früher hatten wir alle in einem acht Kilometer-Radius in Nordlondon gewohnt, doch inzwischen waren wir in ganz unterschiedliche Weltgegenden verschlagen worden: Sydney (Kate und ich), die Provence (Giles und Sophie), Belfast (Ian und Christine), Melbourne (Jon und Jane) und Brighton (Paul und Janine). Nur Simon und Becky (Kentish Town) hielten die Fahne für das gute alte London auch weiterhin hoch. Doch ungeachtet der Entfernungen, die überbrückt werden mussten, hatten alle sich auf die Reise gemacht, um bei Giles' großem Tag dabei zu sein.

Ich teilte mir die organisatorischen Pflichten des *Best Man* mit Richard, einem weiteren engen Freund von Giles, und ich bin stolz, sagen zu können, dass der Tag glatt über die Bühne ging – was allerdings nur sehr bedingt mein Verdienst war, da ich während der Planungen auf der südlichen Erdhalbkugel weilte und die gesamte Vorbereitung allein in Richards Händen lag. Die Zeremonie fand in der alten Kirche mitten in Trets statt. Man kann sich kaum eine romantischere Örtlichkeit vorstellen. Die Aufgaben eines *Best Man* sehen in Frankreich ein wenig anders aus als in England, doch eine Pflicht, die es in beiden Ländern gibt, ist das Halten der Hochzeitsrede.

Ich bin sicher, dass es vor allem an meiner monumentalen Eitelkeit liegt, aber es hat mir eigentlich immer Spaß gemacht, Reden zu halten. Weniger die Vorbereitungen als vielmehr der physische Akt des Redenhaltens. Das geht wahrscheinlich auf meine Zeit als Stand-up-Komiker zurück. Der Kick, den man bekommt, wenn es gut läuft, ist etwas, das ich köstlich finde. Menschen zum Lachen zu bringen und dann – das ist das Allerbeste – dieses Lachen bis zum letzten Tropfen zu »melken«, ist für mich eine der besten Erfahrungen, die das Leben zu bieten hat. Der einzige kleine Haken war in diesem Fall, dass mehr als drei Viertel meines Publikums kein einziges Wort Englisch verstand, so dass ich meine Rede zumindest teilweise auf Französisch würde halten müssen. Man kann wohl sagen, dass ich besser Klingonisch spreche als Französisch, so dass das schon eine gewisse Herausforderung darstellte. Doch ich hätte mir keine Sorgen zu machen brauchen: Sobald ich angefangen hatte, wurden die körpereigenen

Bühnenhormone freigesetzt, und ich hatte ungeachtet der Sprachprobleme und des Mangels an Alkohol eine Menge Spaß dabei, mit einem Akzent herumzuradebrechen, der meine alte Französischlehrerin zum Weinen gebracht hätte.

Die Rede kam gut an, wie ich in aller Bescheidenheit feststellen kann, und da das die letzte meiner offiziellen Pflichten war, konnte ich mich entspannen und den Rest der Feier genießen. Zuerst stahl ich mich schnell davon und suchte mir einen Fernseher, auf dem das Halbfinale des Heineken European Cup im Rugby lief. Munster hatte sich qualifiziert und spielte gegen Toulouse. Ich wollte unbedingt, dass Munster gewinnt. Anders als im Bereich der Religion, wo ich noch keine Marke gefunden habe, die mich völlig überzeugt, habe ich beim Sport keine derartigen Probleme – Rugby hat mich in jungen Jahren erwischt und ist seither meine Leidenschaft. Etwas Besseres als den Anblick eines *Centre*, der durch die gegnerische Verteidigungslinie bricht und nur noch am *Fullback* vorbeimuss, hat keine andere Sportart zu bieten. Brian O'Driscolls Leistung 2001 im ersten Spiel der Lions – der Auswahlmannschaft der englischen, irischen, schottischen und walisischen Rugbyverbände – gegen die australischen Wallabys begeistert mich noch immer, auch wenn ich die Aufzeichnung des Spiels bestimmt zwanzigmal gesehen habe. Der Film über die Südafrikatour der Lions im Jahr 1997 ist mein Lieblingsfilm aller Zeiten. Nicht mein Lieblings-Sportfilm, sondern mein Lieblingsfilm aus allen Genres. Wie auch immer, ich fand einen Fernseher und wurde mit einem echten Krimi belohnt. Munster führte das ganze Spiel hindurch, bis zur vierundsiebzigsten Minute, nur um dann durch einen späten Schuss in der Verlängerung doch noch Toulouse zu unterliegen.

Als ich zurückkam, waren die Hochzeitsfeierlichkeiten in vollem Gang. Wie ich erwartet hatte, wurde meine Willenskraft noch härter auf die Probe gestellt als beim Treffen mit meinem Bruder. Einerseits war es ungewohnt, inmitten meiner Freunde bei einer solchen fröhlichen Feier nüchtern zu sein, andererseits fühlte ich mich auch unter Druck wegen meiner komischen Entscheidung, einfach ein Jahr freizunehmen. Obwohl ich mich nicht gerne als einen Menschen sehe, der sich vor allem an der Meinung seiner Mitmenschen orientiert, machte ich mir doch Sorgen, wie meine alten Freunde auf meine Arbeitslosigkeit reagieren würden. Nach zwanzig Jahren Karriere als Angestellter und Führungskraft fiel es mir nicht leicht, mein Selbstwertgefühl von meinem Job zu trennen. Egal, wie sehr ich mir eingeredet hatte, dass ich mich nicht länger über meine Arbeit definieren wollte, war mir trotzdem wichtig, was andere Menschen dachten. Besonders meine Freunde. Ich weiß, dass mich das oberflächlich erscheinen lässt, aber ich wollte ihnen den Eindruck vermitteln, dass ich alles im Griff hatte. Auch wenn – ganz nebenbei gesagt – die Wahrheit so aussah, dass ich das Ganze improvisierte und in stillen Momenten große Zukunftsängste hatte. Es war mir in diesem Moment einfach zu intim, mit meinen Freunden über die Realität zu sprechen und für einen traurigen Loser gehalten zu werden. Nur ein paar Monate zuvor hätte ich solche Ängste mit Alkohol überspielt. Jetzt fehlte mir dieser soziale Mechanismus.

Obwohl alle sich unglaublich positiv zu meiner Entscheidung äußerten, hatte ich unwillkürlich das Gefühl, dass viele von ihnen – besonders die Frauen – nur höflich sein wollten und im Stillen »Nigel hat sich entschieden, ein Jahr freizunehmen« mit »Der arme Kerl findet keinen Job« übersetzten. Einige der Männer gaben offen zu, dass sie neidisch waren, und machten sich ein übertrieben rosiges Bild von der Sache.

»Junge, du bist vielleicht ein Glückspilz, Nigel. Ich würde auch gerne entlassen werden. Das muss klasse sein«, war die typische Reaktion. Ich ersparte ihnen die Geschichten über Giftstunden, Winkefenster und Zukunftsängste. Es war leichter, die Geschichte »Nigel verbringt ein Jahr mit Faulenzen und Surfen« stehenzulassen – und es ließ mich gut aussehen. Hoffte ich zumindest.

Ich kann mit Stolz sagen, dass meine Entschlossenheit hielt und ich keinen Tropfen anrührte. Dabei soll man sich eigentlich gar nicht ausschließlich auf seine Willenskraft verlassen, um den Alkohol zu besiegen. Ob man das Zwölf-Schritte-Programm der Anonymen Alkoholiker durcharbeitet, sich einen Mentor sucht oder ein unterstützendes Netzwerk aufbaut – oder alle drei Methoden verbindet –, es wird einem immer geraten, es niemals allein zu versuchen. Kate behauptet, das sei der einzige Bereich meines Lebens, wo mein entsetzlich schwarzweißer und sturer Charakter mich nicht zu einer »egoistischen und unerträglichen Nervensäge« macht, wie sie es vor ein paar Tagen zartfühlend nannte, sondern zur Abwechslung stattdessen einmal mir und meiner Familie hilft. Ich verwahre mich gegen das mit der unerträglichen Nervensäge, aber ich glaube, sie hat in gewisser Weise recht damit, dass dies endlich ein positives Ventil für meine Sturheit ist. Wie auch immer, in diesem Stadium meiner Entwöhnung war sie alles, was ich hatte.

Nüchtern zu sein schenkte mir eine andere und lebendigere Wahrnehmung dieses Abends. In früheren Jahren wäre ich an der Bar hängengeblieben und hätte den ganzen Abend lang versucht, witzig zu sein. Das hätte unweigerlich zu einer Art Tunnelblick geführt, und ich hätte, ohne es zu merken, eine Reihe von Leuten vor den Kopf gestoßen.

An diesem Abend aber nahm ich meine Umgebung wahr, und es wurde mir bewusst, was diese Menschen mir bedeuteten. Ich fühlte mich restlos glücklich und beschenkt. Kate sah umwerfend aus. Als ich sie tanzen und mit Becky, Christine und Jane lachen sah, wurde mir wieder einmal klar, wie viel Glück ich hatte, mit ihr zusammen zu sein. Wir waren seit zehn Jahren verheiratet. Zehn wundervolle Jahre. Ich schwor mir, dass ich mich anstrengen würde, um die nächsten zehn Jahre noch besser werden zu lassen. Giles und Sophie waren in jenem Stadium der Seligkeit, das nur frisch Verheiratete kennen. Ich konnte nicht anders, als von all dem tief bewegt zu sein. Ich sagte ein stilles Gebet für Giles und Sophie und für das zukünftige Glück aller Menschen in diesem Raum. Und ich fragte mich, wo wir alle in zwanzig Jahren sein würden.

30
Hähnchen

Da ich am nächsten Morgen der einzige Gast ohne Kater war, stand ich früh auf und machte allein einen Spaziergang durch die Ausläufer des Mont Sainte-Victoire. Ich hatte mein Skizzenbuch dabei und machte zu Ehren Cézannes einige schauderhaft schlechte Zeichnungen des Berges. Heute begann die zweite Hälfte unseres Abstechers in die nördliche Hemisphäre. Kate und ich hatten vor, nachdem wir mit der ganzen Truppe aus Bristol noch in Aix zu Mittag gegessen hatten, für ein paar Tage an die oberitalienischen Seen aufzubrechen, bevor wir nach Venedig weiterreisten, wo Janes Hochzeit – und eine weitere Rede – auf uns warteten. Weder Kate noch ich waren bisher in Norditalien gewesen, und alle unsere Bekannten, die uns diese Erfahrung voraushatten, schwärmten begeistert davon. Der eigentliche Zweck des Trips war allerdings, ein bisschen Zeit für uns zu haben. Es mag sich komisch anhören, aber obwohl wir die Kinder zu Hause gelassen hatten, hatten wir bislang nicht viel Zeit für uns allein gehabt. Wir waren so vollauf damit beschäftigt und genossen es so sehr, Freunde und Verwandte wiederzusehen, dass der Untertitel der Reise – »zweite Flitterwochen« – Gefahr lief, in Vergessenheit zu geraten. Schließlich wussten wir beide, dass Venedig genauso heftig werden würde wie die Provence, deshalb war diese Woche unsere Chance, »eine Runde abzuhängen«, wie Alex es am Abend zuvor am Telefon ausgedrückt hatte, als ich ihn angerufen hatte, um ihm das Ergebnis des Munster-Spiels mitzuteilen.

Als ich am späten Vormittag ins Château zurückkehrte, begann die Gesellschaft gerade, ihren Aufbruch zum Essen in Aix vorzubereiten. Es wirkte ein wenig wie die Vorbereitungen zum letzten Abendmahl. Wir wussten alle, dass es vielleicht sehr lange dauern würde, bis wir uns in dieser Runde wiedersahen. Doch anstatt die Stimmung zu ruinieren, verlieh dieses Wissen der Sache eine interessante Prägnanz. Ich war zu meiner eigenen Überraschung dazu in der Lage, die Dinge auszusprechen, die mir wichtig waren, anstatt die Gelegenheit mit leerem Smalltalk zu vergeuden. Als Kate und ich nach dem Essen in unser Auto stiegen, stimmten wir beide darin überein, dass die Reise bereits jetzt ein riesiger Erfolg war – unabhängig davon, wie das italienische Abenteuer verlaufen würde, und trotz der 35-Pfund-Schadenersatz-Katastrophe.

Um zu den oberitalienischen Seen zu gelangen, fuhren wir nördlich auf der Autobahn in Richtung Gap. Wir würden zwei Tage brauchen, um die Seen zu erreichen, also steckten wir auf der Landkarte eine Stecknadel ungefähr in die Mitte der Strecke, um zu entscheiden, wo wir übernachten wollten. Le Monêtier-les-Baines, sagte uns die Nadel, also war es Le Monêtier-les-Baines. Die Fahrt war fantastisch – keine Kinder quengelten auf dem Rücksitz, keine Kinderlieder im Kassettenrekorder. Einfach wundervolle Landschaft und keine drängenden Termine. Nach Gap war die Autobahn zu Ende und wir kletterten per Auto die Berge hinauf. Die letzte Stadt vor Le Monêtier-les-Baines war Briançon, das sich stolz auf einer Reihe von farbenprächtigen Schildern am Straßenrand als »höchste Stadt Europas« vorstellte. Davon abgesehen schien Briançon wenig zu haben, um sich zu empfehlen. Ein schmutziger Fleck von einer Stadt auf der ansonsten großartigen Landschaft – es gab sogar einen Burger King und ein Kentucky-Fried-Chicken-Restaurant.

Da das Dorf, das wir uns zum Übernachten ausgesucht hatten, nur 14 Kilometer weiter eine Seitenstraße hinauf lag, beschlichen uns leise Zweifel, ob die Stecknadelmethode für die Übernachtungsplanung wirklich eine gute Idee gewesen war. Doch unsere Sorgen erwiesen sich als völlig unbegründet. Le Monêtier-les-Baines war ein wundervolles Alpendorf. Ich habe keine Ahnung, warum es so unverdorben ist, doch alles von der Kirche über die Hauptstraße bis hin zur malerischen Vollkommenheit der kleinen Herberge sorgte dafür, dass wir uns sofort in diesen Ort verliebten. Das Dorf war von einer absolut atemberaubenden Gebirgskette umgeben. Es war geradezu schade, dass wir nur eine Nacht bleiben würden. Nachdem wir das Nötigste zum Übernachten aus dem Auto geholt hatten, machten wir einen Spaziergang, um möglichst viel vom Dorf zu sehen, bevor es dunkel wurde. Zurück in der Herberge, ging ich an die Rezeption, um die Kinder anzurufen – gegen Kates Rat.

Das Telefonat zeichnete sich durch zwei sehr unterschiedliche Halbzeiten aus, wie die Sportkommentatoren sagen. Alex kam zuerst ans Telefon und war voller Mitteilungsdrang über sein Rugbyspiel am Wochenende. Seine Mannschaft – die Clovelly Eagles – hatte gewonnen, Alex hatte einen Versuch erzielt und zwei Erhöhungstritte verwandelt. Ich hielt meinen väterlichen Stolz, so gut es eben ging, im Zaum und gratulierte ihm, nicht ohne hinzuzufügen, dass bei einem Mannschaftssport die *Tackles* wichtiger sein können als verwandelte Versuche. Doch ich kann ohne Übertreibung sagen, ich war hocherfreut, dass Alex' Tag so gut verlaufen war. War es schlimm, dass ich sein Spiel nicht hatte sehen können? Ich besänftigte meine Zweifel, indem ich mich daran erinnerte, dass ich keines von Alex' bisherigen Spielen versäumt hatte und dass mein eigener Vater in meiner 14 Jahre währenden Rugby-Karriere mich nur ein einziges Mal spielen sah, wobei sein einziger Kommentar hinterher lautete: »Du hast zweimal den Ball fallen lassen.« Nachdem ich mich mit Alex unterhalten hatte, bat ich ihn, Harry ans Telefon zu rufen.

»Hallo, Harry, hier ist dein Dad.«

»Ich bin nicht Harry, ich bin Kasper Grünwanz.«

»Oh, alles klar, Schatz, was hast du heute gemacht?«

»Nichts«, antwortete er. »Dad?«, fragte er dann, mit dieser unwiderstehlichen Art, die nur Kinder beherrschen, mit dieser besonderen Betonung am Ende der Anrede.

»Ja, Harry?«

»Ich bin nicht Harry, ich bin Kasper Grünwanz.«

»Oh, Entschuldigung. Ja, Kasper Grünwanz?«

»Ist das nicht komisch, dass es ein Wort für zwei Sachen gibt?«

»Wie meinst du das, mein Schatz?«

»Du weißt schon, ein Wort für *zwei* Sachen.«

»Ich verstehe dich nicht, Liebling.«

»Du weißt schon. Wie ›Hähnchen‹. ›Hähnchen‹ ist ein Tier und ›Hähnchen‹ ist ein Sandwich.«

»Das sind doch nicht zwei Sachen, mein Kleiner. Ein Hähnchen ist das Tier, das wir auf einem Sandwich essen.«

In diesem Moment war ich der Meinung, dass dies eine vollkommen normale, ja sogar eine hilfreiche, väterliche Antwort auf seine Frage sei. Während ich das niederschreibe, Monate später und in der Rückschau auf die Reaktion, die es auslöste, kommt es mir ausgesprochen dämlich vor. Wenn ich es zurücknehmen könnte, würde ich es tun. Aber andererseits wird ein Vegetarier mehr die Welt auch nicht untergehen lassen. Harry, oder Kasper Grünwanz, wie er zu dieser Zeit hieß, wurde still. Dann fing er leise zu weinen an und entfernte sich vom Telefon. Es ist schwer, genau zu beschreiben, wie beschissen man sich fühlt, wenn man gerade seinen fünfjährigen Sohn zum Weinen gebracht hat und 22 000 Kilometer weit von ihm entfernt ist und er sich weigert, ans Telefon zurückzukommen.

»Wie war's?«, fragte Kate, als ich in unser Zimmer zurückkam.

»Oh, alles okay«, log ich. »Harry ist heute Kasper Grünwanz, ich soll dich von ihm grüßen.«

31
Langeweile

Früh am nächsten Morgen brachen wir auf und wurden belohnt mit der schönsten Autofahrt, an die wir beide uns erinnern können. Der Weg über die Berge und über die französisch-italienische Grenze war spektakulär, wenn auch nichts für ängstliche Gemüter – jede Menge unglaublich schmaler Straßen mit Haarnadelkurven, die an einer Seite steil in scheinbar bodenlose Schluchten abfielen. Nicht zum ersten Mal beglückwünschte ich mich dazu, die Lehren aus dem Tasmanien-Trip gezogen zu haben – diese Fahrt hätte in dem alten Scheißrolla sicherlich keinen Spaß gemacht.

Doch als wir auf der anderen Seite der Berge herunterkamen, änderten sich die Dinge plötzlich. Die Fahrt von Turin nach Mailand überraschte mich wirklich. Einfach, weil es Italien war, hatte ich naiverweise angenommen, wir würden auf nichts anderes als Weinberge und geschichtsträchtige Landschaften treffen. Die enttäuschende Realität war eine Mischung aus der Parramatta Road und dem Hume Highway, also der großen Durchfahrtsstraße durch Sydney und der Autobahn, die Sydney und Melbourne verbindet. Wir blieben auf der Autobahn und bemühten uns, so schnell wie möglich voranzukommen. Unser Ziel war ein Ort namens Bellagio.

Bellagio liegt am Comer See und ist aus zwei Gründen weltberühmt: George Clooney besitzt hier ein Ferienhaus, in das er sich zurückzieht, wenn er dem ganzen Trubel entkommen will, und es gibt hier das Hotel Villa Serbelloni. Die Villa Serbelloni ist eines jener berühmten Hotels, die für sich allein schon ein Reiseziel darstellen. Unglücklicherweise kannten wir weder George Clooney, noch verfügten wir über ein Reisebudget, das die schwindelerregenden Übernachtungspreise des Serbelloni hätte verkraften können. Stattdessen stiegen wir im Hotel nebenan ab – mit *Blick* auf das Serbelloni.

Obwohl unser Hotel keinen Pool hatte, war ich – zumal angesichts meiner jüngsten Fortschritte – entschlossen, mein Schwimmtraining nicht schleifenzulassen, also entschloss ich mich, an diesem Nachmittag mein Glück zu versuchen, über die Straße zu schlendern und so zu tun, als sei ich ein Gast im Serbelloni. Mit klopfendem Herzen und so viel aufgesetzter Selbstsicherheit, wie ich aufbringen konnte, lief ich an der Rezeption vorbei und folgte den Schildern zum Wellnessbereich, einer wundervoll verschnörkelten Geschichte im Kellergeschoss des Hotelkomplexes. Unerfreulicherweise saß eine sehr offiziell aussehende uniformierte Dame hinter einem Tresen aus Eichenholz direkt am Eingang des Wellness-Bereichs. Ich entschloss mich zu einer Taktik der selektiven Ehrlichkeit.

»Hallo, ich möchte gerne den Pool benutzen«, sagte ich, wobei ich ihr gerade in die Augen sah.

»Selbstverständlich, Sir. Willkommen im Serbelloni-Wellnessbad. Wir haben Sie hier im Hotel noch nicht gesehen, oder? Sind Sie ein neuer Gast?«, fragte sie.

»Zum ersten Mal in Bellagio. Meine Frau und ich sind gerade heute Nachmittag angekommen.«

»Und Sie sind …?«

»Vier Tage hier«, unterbrach ich sie, bevor sie mich nach meiner Zimmernummer fragen konnte, denn direktes Lügen war in meiner Taktik nicht vorgesehen. »Wir gehen zu einer Hochzeit.«

»Oh, wie aufregend. Das Zelt wird gerade aufgebaut,

während wir uns hier unterhalten. Kennen Sie die Braut oder den Bräutigam?«, fragte sie.

Moment mal, dachte ich, ich wusste gar nicht, dass hier im Hotel auch eine Hochzeit gefeiert wird. Das war eindeutig meine Chance.

»Meine Schwägerin heiratet. Ich bin ein bisschen nervös, weil ich eine Rede halten muss«, antwortete ich ihr wahrheitsgemäß, wenn auch völlig irreführend. »Ich hatte gehofft, dass ich es schaffe, jeden Morgen ein paar Bahnen zu schwimmen, solange wir in Bellagio sind. Wann öffnen Sie denn morgens?«

»Sechs Uhr morgens, Sir«, antwortete sie und überreichte mir ein flauschig-weiches Handtuch mit aufgesticktem Hotelmonogramm.

Von diesem Moment an glaubte sie, ich sei Hochzeitsgast in diesem Hotel, und sie begrüßte mich jeden Morgen mit ebenso viel Enthusiasmus und Wärme wie die Kinder-Turnlehrerin, bevor Grace meine Chancen ruinierte. Ich rechtfertigte mein Verhalten damit, dass ja niemand zu Schaden kam und dass ich nicht wirklich gelogen hatte – ich blieb ja tatsächlich vier Tage in Bellagio und besuchte eine Hochzeit. Es war allerdings nicht dieses Hotel, und die Hochzeit war nicht in Bellagio. Abgesehen davon war es gar nicht der größte Bluff, dessen ich mich in meinem Leben schuldig gemacht hatte. Verglichen mit meiner »Karriere« als Sport-Trainer in der Zeit, als ich noch in London arbeitete, war meine Serbelloni-Hochstapelei geradezu Kinderkram.

Es gab einen Sportclub genau um die Ecke des Büros, in dem ich in London arbeitete, und ich bildete mir ein, dass ich, wenn ich meine Karten richtig ausspielte, nebenher noch etwas Geld als Squashtrainer verdienen könnte. Die Tatsache, dass ich noch nie in meinem Leben jemanden trainiert, selbst Trainerstunden genommen oder auch nur in irgendeiner Mannschaft gespielt hatte, erschien mir dabei verrückterweise nicht weiter von Bedeutung zu sein. Ich entwarf ein paar Aushänge, die ich am Schwarzen Brett neben der Rezeption des Sportclubs anbringen wollte, und machte mich auf die Suche nach dem Geschäftsführer.

»Hallo, ich möchte gerne mit dem Geschäftsführer sprechen«, sagte ich zu dem Muskelprotz im Trainingsanzug, der hinter dem Tresen saß.

»Sie sprechen mit ihm.«

»Oh, großartig. Sie haben hier Squashplätze, und ich wollte fragen, ob ich die nutzen kann, um ein paar Trainingsstunden zu geben«, sagte ich.

»Wie stellen Sie sich das vor?«

»Ich hänge einfach diese Zettel hier an Ihrem Schwarzen Brett aus und teile die Einnahmen, die ich mache, 60:40 mit Ihnen. Wenn ich zu viele Kunden bekomme und anfange, die Plätze zu sehr zu blockieren, höre ich sofort auf, wenn Sie es sagen.«

»Wüsste nicht, was dagegenspricht«, sagte er.

Und das war es.

Die Stunden zu geben war dann allerdings ein wenig kniffliger, als die Erlaubnis für das Aufhängen der Zettel zu bekommen. Mein Aushang hatte ziemlich großspurig verkündet: »Nigel Marsh erteilt Einzel-Trainerstunden in Squash. Rufen Sie mich an! Entspannt und freundlich. Flexible Zeiten, die sich mit jedem Terminplan vereinbaren lassen. Alle Spielstärken willkommen.« Auch hier keine einzige direkte Lüge, aber vollkommen irreführend. Der letzte Satz stellte das größte Problem dar. Ich bekam Anrufe. Eine Menge Anrufe. Die Kinder und die Anfänger waren kein Problem. Ich glaube sogar, dass ich einigen von ihnen tatsächlich geholfen habe. Das Problem waren die Spieler, die eindeutig besser waren als ich. Einige von ihnen bereiteten sich auf nationale Wettkämpfe vor – und ich hatte es nicht einmal in die Schulmannschaft geschafft. *Peng, peng, peng* donnerten sie den Ball mit makellosem Schwung und zentimetergenauer Präzision gegen die Wand.

»O.k., ein paar Dinge, an denen wir arbeiten können«, sagte ich dann in meinem besten Zane-Tonfall.

»Klasse – was denn?«, fragte dann mein Schüler eifrig.

»Ich glaube, wir müssen an Ihrem Schwung und an Ihrer Präzision arbeiten«, war meine Antwort.

Dann verbrachte ich dreißig Monty-Python-würdige Minuten damit, diesen Schüler Übungen machen zu lassen, die ich mir genau für derartige Fälle ausgedacht hatte. Dazu gehörte etwa, dass er versuchen musste, sich den Ball mit verbundenen Augen zehnmal selbst zuzuspielen oder mit der linken Hand oder auf einem Bein stehend zu spielen. Einmal ließ ich sogar einen von ihnen mit einem Tischtennisschläger spielen. Alles, nur kein Spiel gegen mich. Dabei nickte ich die ganze Zeit über nachdenklich, wissend und unbestimmt, und sagte: »Interessant, lassen Sie uns das einmal mit der Rückhand versuchen« oder »Ich möchte, dass Sie im Moment des Schlages entspannter sind.«

Zum Glück für die Zukunft des englischen Squash hatte ich nach ein paar Monaten die Nase voll von der ständigen Angst, entlarvt zu werden, und ich gab meine Trainerlaufbahn auf, um mich auf meinen Bürojob zu konzentrieren. Ich war um einige Hundert Pfund reicher und, wichtiger noch, ich hatte aus erster Hand die Richtigkeit des Klischees erfahren, dass man, wenn man mit genug Selbstbewusstsein einen weißen Kittel trägt, verblüffend lange in einem Krankenhaus herumlaufen kann, bevor man gefragt wird, wer man ist und was man hier zu suchen hat. Meine Begabung zum Hochstapler war nicht zu vergleichen mit der von Leonardo DiCaprio in dem Film *Catch me if you can*, doch jetzt, zehn Jahre später, freute ich mich darüber, dass sie mir die Chance bot, mit meinem Schwimmtraining weiterzumachen. Kate hatte eine etwas andere Einstellung zu meinem Bluff und behauptete, es sei vielleicht gar nicht so schlecht, dass ich in den letzten Jahren nicht allzu viel Zeit mit meinen Kindern verbracht hatte, sonst wären sie womöglich mittlerweile schon professionelle Betrüger.

Das Schwimmen selbst ging gut voran. Jetzt, da ich meine »Jogging-Geschwindigkeit« gefunden hatte, wie David das nannte, war es eher eine Sache des Übens als des Lernens. Mittlerweile konnte ich ohne Anstrengung zwanzig Minuten oder mehr schwimmen. Ich konnte mich entspannen und auf meinen Stil konzentrieren. Ich fing sogar an, mich mit der bilateralen Atmung zurechtzufinden. Einoder zweimal machte es mir richtiggehend Spaß. Ich traute mir zu, mit dem Training im Ozean anzufangen, wenn wir nach Australien zurückkehrten.

Bellagio – und eigentlich sogar den ganzen Urlaub – auf die »billige Tour« zu machen hatte mir die Augen für eine ganz andere Art zu leben und zu konsumieren geöffnet. Mir wurde klar, dass ich während meines vergangenen Arbeitslebens praktisch Woche für Woche Geld zum Fenster hinausgeworfen hatte. Als ich noch arbeitete, hätte ich für einen Trip wie den nach Tasmanien leicht das Dreifache ausgegeben, doch ich bezweifle sehr, ob ich die Woche dadurch mehr genossen hätte. Wäre ich nicht arbeitslos gewesen, wären wir natürlich auf unserer Europareise auch nicht im Hotel Florence abgestiegen und hätten unter falschen Vorwänden anderer Leute Pool benutzt, aber ich glaube ehrlich, dass wir Bellagio in einem teureren Hotel kein bisschen mehr genossen hätten. Andererseits war die Frage, wo wir abgestiegen wären, hätte ich meinen Job behalten, rein akademischer Natur – schließlich hätte ich in diesem Fall unmöglich die Zeit für einen solchen Urlaub mit Kate erübrigen können.

Es war, als hätte ich in einer Yuppie-Zone gelebt, wo man eben das kauft, was von einem Menschen in dieser Position erwartet wird, ohne sich Gedanken zu machen, ob es den Preis wert ist. Im Rückblick wurde mir klar, dass ich mir angewöhnt hatte, mir für 90 Dollar die Haare schneiden zu lassen und Wein für 35 Dollar die Flasche zu trinken. Jetzt hatte ich zwar das Trinken aufgegeben, aber ich hatte mir soeben für zehn Dollar die Haare schneiden lassen und war ausgesprochen zufrieden, als ich aus dem Friseurladen heraustrat. Ich hatte den Verdacht, dass ich, wenn ich noch trinken würde, billigeren Wein genauso genießen würde wie den teuren. Das soll keines dieser nervigen »Armut ist doch eigentlich ganz toll«-Mantras sein, ganz und gar nicht: Armut ist beschissen – sie ruiniert Leben, zerstört Familien, verursacht Kriege und demütigt die Menschen. Ich rede hier nicht von Armut. Ich rede von überprivilegierten Menschen, die das Gefühl für Größenordnungen verloren haben. Ein paar Monate vor dem Ende meines Jobs war ich bei einem Umtrunk in einem prachtvollen Haus mit Blick auf den Strand von Bronte gewesen. Doch innerhalb von Minuten hatte der Gastgeber angefangen, sich über das Haus zu beschweren. Nicht »Ich bin ein Glückspilz, der ein Haus besitzt, das sechzig Sekunden Fußweg von einem der schönsten Strände der Welt entfernt ist«, sondern »Wir finden den Lärm am Wochenende sehr störend.« Selbst zu jener Zeit dachte ich bei mir: *Jetzt mach' aber mal halblang, du Schwätzer.*

Wenn ich zurückblicke, könnte ich Hunderte von Dinnerpartys aufzählen, bei denen wir alle herumsaßen und die Tatsache beklagten, dass wir es uns wahrscheinlich nicht würden leisten können, unsere Kinder auf eine Privatschule zu schicken. Na und? Schickt sie eben auf eine staatliche Schule, wie alle anderen Menschen auch. Das Problem scheint mir zu sein, dass manche Menschen niemals, wirklich niemals zu kämpfen haben. Sei es, weil sie immer in der Finanzbranche tätig waren oder weil sie reiche Eltern haben oder mit einem Haus ein Vermögen verdient haben – egal. Nachdem sie sich ein paar Jahre lang keine Sorgen ums Geld machen mussten, überschreiten sie eine unsichtbare Linie und gelangen zu der unterbewussten Überzeugung, dass ihnen das fette Leben von Rechts wegen zusteht. Wenn es dann einmal passiert, dass sie nicht genau das haben können, was sie wollen, dann empfinden sie das als eine Tragödie und erwarten, dass andere Leute sie bemitleiden. Ich kann nicht mehr zählen, wie oft ich Gespräche geführt habe mit Leuten, die im Londoner Finanzviertel arbeiten und sich über die Höhe ihrer Gratifikationen seit Beginn der Rezession beschweren. Die Tatsache, dass auch diese reduzierten Boni noch das vierfache Jahreseinkommen eines Arztes betrugen oder dass sie zehn Jahre lang »wirklich gute Bonuszahlungen« bekommen hatten, fiel offenbar nicht ins Gewicht. Es war schon zu lange her, dass sie die unsichtbare Linie des »Ich habe ein Recht auf diesen Lebensstil« überquert hatten.

Ebenso ist es keine Tragödie, wenn man in ein weniger schönes Haus umziehen muss, weil man plötzlich weniger Geld zur Verfügung hat. Es ist auch keine Schande. So ist das Leben. Man sollte sich stattdessen freuen, dass man vorher ein hübsches Haus hatte. Das mag sich hart anhören, aber ich meine es ernst. Obwohl es kaum als Entbehrung zu werten ist, würden Kate und ich nach unserer Rückkehr nach Australien in ein billigeres Haus weiter unten am Hügel umziehen müssen. Wir hätten es schon früher getan, aber wir hatten einen befristeten Mietvertrag, aus dem wir nicht vor Mai herauskamen. Einige Freunde waren entsetzt darüber, wie übel das Schicksal uns mitspielte, und voll ehrlichen Mitgefühls. Ich dachte nur »Clovelly, wie schön, noch ein wundervoller Vorort von Sydney am Strand. Unsere Miete wäre in London doppelt so hoch, um an einem halb so schönen Ort zu wohnen. Das Gästezimmer brauchten wir ohnehin nicht. Überhaupt wird es den Kindern guttun zu teilen.« Kate hielt meine Einstellung für einen offensichtlichen Fall von nachträglicher Rechtfertigung angesichts meiner Situation. Ich dagegen ziehe es vor, darin eine brillante plötzliche Eingebung zu sehen und eine flammende Anklage gegen die Angestelltenklasse der entwickelten Welt. Aber andererseits stecke ich mir auch noch das Unterhemd in die Unterhose, wenn Kate nicht hinschaut.

Unser Aufenthalt in Bellagio war genauso, wie ich es mir erhofft hatte – ich langweilte mich. Ja, wirklich. Es geschah am zweiten Morgen. Es ging schon damit los, dass ich erst aufstand, als ich von selbst erwachte, und nicht, weil mir einer der Zwillinge einen Teletubby auf die Nase schlug. Als ich vom Schwimmen zurückkam, fand ich einen Zettel von Kate, dass sie Shoppen gegangen sei und zum Mittagessen zurück sein wollte. Ich nahm ein Bad, ein schönes langes Bad. Danach bestellte ich einen Caffè Latte und einen frischgepressten Orangensaft, setzte mich auf den Balkon und las die Zeitung, so wie ich es schon lange nicht mehr getan hatte – von vorne bis hinten, ohne Unterbrechungen und ohne Eile. Dann machte ich eine Zeichnung. Und dann noch eine. Dann – und es ist schwierig, genau zu beschreiben, wie ich mich fühlte – fragte ich mich tatsächlich: Was in aller Welt soll ich jetzt machen? Ich wollte mich nicht mehr ins Bett legen oder eine andere Zeitung lesen.

Ich konnte nicht surfen und ich trank keinen Alkohol. Ich hatte keinen Job, zu dem ich gehen musste, und es waren keine Kinder zu beaufsichtigen. Kate war unterwegs, es gab keine Freunde, mit denen man sich treffen konnte, keine Verwandten, die übernachten wollten, niemand hatte unsere Telefonnummer und mein Handy war schon seit Tagen ausgeschaltet. Es war eine ausgesprochen fremdartige Erfahrung – das pure Glück, ehrlich gesagt. Ich saß, noch halb geschockt, auf dem Balkon, beobachtete die Fähren, die den Hafen anfuhren und verließen. So fühlt es sich also an, wenn man richtig entspannt ist. Mir schoss durch den Kopf, dass ich jetzt endlich in der Situation war, die der Großteil meines Bekanntenkreises mir die ganze Zeit schon unterstellte – ich saß auf meinem dicken, wundervoll verheilten Hintern und tat überhaupt nichts. Es war kein Lebensstil, den ich langfristig – oder recht bedacht auch nur mittelfristig – aufrechterhalten konnte, doch als kurzfristige Strategie hatte es definitiv meine Stimme. Abgesehen davon würde der Zustand ohnehin nicht lange vorhalten, da wir bald nach Venedig aufbrechen mussten, aber ich würde verdammt noch mal alles aus ihm herausholen, solange ich noch hier war.

32
Venedigland

Doch bevor ich die Chance bekam, vom Stadium der Langeweile in ein gepflegtes Koma hinüberzugleiten – ein Prozess, den ich heftig herbeigesehnt hatte –, mussten wir natürlich schon wieder packen und Bellagio verlassen. Doch die Enttäuschung, Bellagio verlassen zu müssen, wurde mehr als aufgewogen durch die Vorfreude auf die bevorstehende Hochzeit von Kates Schwester und unseren ersten Trip nach Venedig. Es war eine überraschend einfache Fahrt, und nach unserer Ankunft machten wir uns sofort auf den Weg zum Flughafen, um unser Mietauto zurückzugeben. Wir hatten kaum unsere Koffer auf einen Gepäckkarren gelegt, als ein gutaussehender Bursche im Anzug zu uns kam und sich in fehlerfreiem Englisch vorstellte.

»Gehören Sie zur Hochzeitsgesellschaft?«, fragte er.

»Äh, ja. Ich bin Nigel und das ist Kate«, erklärte ich ihm.

»Ausgezeichnet. Wir haben Sie erwartet. Bitte überlassen Sie Ihre Taschen meinem Kollegen und folgen Sie mir.«

Ziemlich verunsichert folgten wir ihm zu seinem Auto, während ein Träger unser Gepäck auf einen Gepäckkarren lud.

»Bitte«, sagte er und wies auf die Rücksitze, während er dir Tür aufhielt. »Es ist weniger als zwei Minuten Fahrt zu dem Boot, das bereitsteht, um Sie zu Ihrer Villa zu bringen.«

»Villa?«

»Ja, es ist eine von meinen Lieblingsvillen. Sie sind am Canale Grande direkt gegenüber dem Guggenheim-Museum untergebracht. Sowohl der Markusplatz als auch die Ponte dell'Accademia sind in fünf Minuten zu Fuß zu erreichen, falls Sie vor der Hochzeit noch einige Sehenswürdigkeiten sehen wollen.«

Offenbar konnte die Großzügigkeit von Janes angehenden Schwiegereltern durchaus mit der Größe ihres Vermögens mithalten. Ich halte mich für einigermaßen weitgereist, aber ich muss sagen, dass in den letzten vierzig Jahren kein Ort einen solch starken Eindruck auf mich gemacht hat wie Venedig. Ich weiß nicht, ob es daran lag, dass ich es erster Klasse erlebte oder weil ich nach Bellagio vollkommen erholt war oder weil es einfach ein so wundervoller Ort ist, aber Venedig überwältigte mich. Schon die Bootsfahrt vom Flughafen aus hätte dazu ausgereicht. Ich fand die ganze Sache schwer zu verdauen. Früher habe ich mal ein Jahr lang in jenem Londoner Stadtteil gewohnt, der »Little Venice« genannt wird, und ich kann nur sagen, dass derjenige, der sich diesen Namen für dieses Stückchen Nordlondon ausgedacht hat, einen Marketing-Orden verdient hat. Little Venice liegt zwischen zwei von Londons meistbefahrenen Straßen und ist nicht einmal eine richtige Vorstadt – es besteht eigentlich nur aus ein paar Straßen, die in der Nähe der Kreuzung zweier enger und verschmutzter Kanäle liegen. Diese Kanäle sehen mehr nach »Offene Kloake« aus als nach »Klein-Venedig« und sind von Zäunen umgeben, so dass man nicht einmal in ihre Nähe gelangen könnte, wenn man das wollte. Little Venice ist *kein bisschen* wie Venedig.

Venedig gehört zu den weltberühmten Reisezielen, die einen nicht enttäuschen. Ich erinnere mich im Gegensatz dazu an mein Erstaunen, als ich die ägyptischen Pyramiden mit eigenen Augen sah.

»Schau mal«, hatte Kate gesagt, »eine kleine Sphinx-Nachbildung.«

»Madame, das *ist* die Sphinx«, hatte unser Führer sie indigniert verbessert.

Wir konnten nicht fassen, dass die winzige Katze am Fuß der Pyramide die Sphinx war. Ich finde es unglaublich, dass jede Postkarte, die jemals von der Sphinx gemacht wurde, absichtlich aus einer Perspektive gemacht wurde, die den völlig falschen Eindruck vermittelt, die Sphinx sei beinahe so groß wie die Pyramiden selbst.

Venedig dagegen war *besser* als die Postkarten. Es ist wirklich eine Stadt inmitten einer Lagune, mit Kanälen anstelle von Straßen. Und als ob das noch nicht ausreichte, verfügt es über die unglaublichste Sammlung von Kunstschätzen und historisch bedeutsamen Gebäuden, die man sich vorstellen kann.

Das einzige negative Erlebnis der ganzen Woche, die wir dort verbrachten, hatte ich, als ich am zweiten Tag auf einem überfüllten Gehsteig von einer amerikanischen Touristengruppe nebst Führer regelrecht eingekeilt wurde. Innerhalb von Minuten verwandelte sich die ehrfurchtgebietende Stadt, in die ich mich so verliebt hatte, in eine Art »Venedigland«. Ich wurde zum Teil einer Herde, einer ziemlich übergewichtigen und gelangweilt dreinblickenden Herde, die systematisch von einer »Attraktion« zur nächsten gescheucht wurde. Manchmal hatte ich fast den Eindruck, als würden sie sich gleich beschweren, dass dies hier kein besonders guter Themenpark sei, und nach den Karussells und Achterbahnen fragen. Doch abgesehen von diesem kleinen Schönheitsfehler, erwies sich diese Woche als eine der fabelhaftesten meines Lebens. Kate war meistens mit Vorbereitungen für die Hochzeit beschäftigt, also hatte ich tagsüber Zeit, allein durch die Stadt zu wandern.

Venedig soll mehr als 400 Brücken haben – und ich hege den Verdacht, dass ich jede einzelne davon überquert habe. Und doch hätte ich noch eine Woche bleiben und alles noch einmal machen können. Die ganze Zeit fühlte ich mich schuldig, weil ich nur ein so kleines bisschen Zeit für jedes der Wunder erübrigen konnte, dem ich begegnete. Ich hätte eine ganze Woche allein in der *Scuola Grande di San Rocco* verbringen können, über die mein Stadtführer, den ich mir gekauft hatte, in nüchternem Ton vermerkte, man könne es sich nicht vorstellen, bevor man es nicht gesehen habe. Und genau so war es auch. Im Großen und Ganzen ist es so, dass ein Mann – Tintoretto – 23 Jahre seines Lebens damit verbrachte, die Wände und Decken dieses berühmten Gebäudes mit Kunstwerken zu schmücken. Jedes dieser Gemälde ist ein Meisterwerk für sich – und er hat mehr als 50 Stück davon gemacht. Ich hatte gemischte Gefühle. Einerseits war es wundervoll und ehrfurchtgebietend, andererseits auch vollkommen deprimierend. Meine eigenen Versuche waren lahm, egal welchen Standard man anlegte, doch im Vergleich mit Tintoretto waren sie bemitleidenswert, tragisch und zwecklos.

Ich tröstete mich mit der Erinnerung an Harrys Reaktion, jedes Mal, wenn er eine meiner Skizzen sah. »Daddy, du bist ein Künstler!«, rief er enthusiastisch aus und deutete auf mein letztes Gekritzel – egal, wie entsetzlich das betreffende Gemälde war. Er war ehrlich begeistert und bewunderte meine Werke. Auch wenn Kate die Augen verdrehte, sobald ich ihr das neueste Bild zeigte, das ich von ihr gemalt hatte, und das jedes Mal aussah wie eine 80-Jährige, die Picasso an einem schlechten Tag porträtiert hatte – für Harry war ich, zumindest in Moment noch, Tintoretto in Bermudashorts.

Bei dieser Erinnerung musste ich lächeln, und ich sehnte mich nach Harry und seinen Geschwistern.

»Mein Gott, ich vermisse die Kinder«, sagte ich zu Kate.

»Ich auch«, antwortete sie.

»Wäre es nicht wundervoll, sie hierherzubringen und ihnen das alles zu zeigen?«

»Wundervoll – und vollkommen unrealistisch«, bemerkte sie. »Wenn du nicht wieder arbeiten gehst, werden wir die Kinder nirgendwo mit hinnehmen als in den Park zu Hause.«

Sosehr ich ihr übelnahm, dass sie diesen Moment ruinierte, musste ich doch zugeben, dass sie recht hatte.

33
Um zehn zurück

Doch natürlich war ich in erster Linie wegen einer Hochzeit in Venedig, und nicht, um mir die Sehenswürdigkeiten anzusehen. Meine Frau hat drei Schwestern – die Hexen aus *Macbeth*, wie ich sie gerne bei mir nenne. Dieses Mal kam die jüngste unter die Haube. Bei unserer Hochzeit hatte Kates Vater John seine Rede mit der Bemerkung begonnen, die einzige Gelegenheit, bei der er nicht unterbrochen würde, sei, wenn er eine Rede bei der Hochzeit einer seiner Töchter halte. Ich fragte mich, wie er sich fühlte, nun, da er auch die letzte von ihnen verheiratete.

Vier erwachsene Töchter zu haben ist meiner Meinung nach eine Leistung, die der von Tintoretto um nichts nachsteht. Ich selbst hatte nur zwei Töchter, die kaum drei waren, und ich konnte schon den *Gedanken* an die kommenden Jahre kaum ertragen. Was um alles in der Welt ich tun würde, wenn sie tatsächlich anfingen, erwachsen zu werden, wusste der Himmel.

Es ist der schlimmste Albtraum eines Mannes, wenn die geliebte kleine Tochter anfängt, sich für Jungen zu interessieren und Freunde zu haben. Jeder Vater weiß aus seiner eigenen schändlichen Vergangenheit, dass all diese kleinen Mistkerle nur eins im Sinn haben, egal wie nett und höflich sie den mürrischen Eltern gegenüber sind. Es liegt einfach in der Natur des Menschen. Im zarten Alter von neun Jahren versprach mir mein Vater 100 Pfund, wenn ich keine Zigarette rauchen würde, bevor ich zwanzig war. Ich selbst hatte ernsthaft mit der Idee gespielt, Grace und Eve jeweils 10 000 Dollar zu offerieren, wenn sie keinen Sex hätten, bevor ich tot war. Andererseits, ich rauchte meine erste Zigarette am Tag, nachdem mein Vater mir sein Angebot gemacht hatte, also war es möglicherweise nicht die effizienteste Taktik.

Einer meiner Freunde in Australien hat zwei erwachsene Töchter, und eines Tages erzählte er mir nach ein paar Gläsern, dass er all sein Geld und seinen Erfolg hergeben würde, wenn er die Chance bekäme, seine Töchter noch einmal zu erziehen – er würde alles anders machen. Während er mir die Details erzählte, wurde er immer deprimierter.

»Ich dachte, ich könnte sie managen, wie ich mein Unternehmen manage«, erzählte er mir. »Ich hatte mir alles genau überlegt. Jedes Mal, wenn ein Freund meiner älteren Tochter ins Haus kam, um mit ihr auszugehen, sorgte ich dafür, dass meine Frau sie ein wenig aufhielt, damit ich mit dem betreffenden Burschen eine Weile allein sein konnte.«

»Warum das?«, fragte ich.

»Damit ich ihm die Grundregeln erläutern konnte«, antwortete er.

»Und was waren die Grundregeln?«

»Nun ja, es waren weniger Regeln als eine einzige Regel. Ich sagte jedem von ihnen einfach, dass ich ihn umbringen lassen würde, wenn er meine Tochter nicht bis zehn Uhr wieder zu Hause abgeliefert hatte.«

»Du liebe Zeit, das ist ja der Hammer. Wie alt waren denn diese armen Kerle?«

»Oh, irgendwas zwischen fünfzehn und neunzehn.«

»Und das war alles, was du ihnen gesagt hast?«

»Nein, ich sagte ihnen, dass ich sie auch erschießen lassen würde, wenn sie meiner Tochter von unserer kleinen Unterhaltung erzählten.«

»Und was passierte?«, fragte ich ihn.

»Tja«, und hier wurde seine Stimme leise und traurig, »sie brachten sie alle bis zehn Uhr nach Hause zurück.«

»Das kann man doch als Erfolg bezeichnen, nehme ich an.«

»Nein, es war eine totale Katastrophe. Ich begriff es zu der Zeit nicht, aber es hat sie fürs Leben verkorkst. Sie konnte nicht begreifen, warum niemand sie so gut leiden konnte, dass er ein wenig Zeit mit ihr verbringen wollte und warum alle ihre Freunde ihre Verabredungen so schnell beendeten. Ich hatte keine Ahnung davon, aber sie versuchte alles – und ich meine *alles* –, um diese Kerle dazu zu bringen, sie zu mögen. Natürlich funktionierte nichts davon, und alle brachten sie vor zehn zurück. Sie hat es nie verwunden. Noch heute, zwanzig Jahre später, hat sie keine Ahnung, wie man eine normale Beziehung zu einem Mann unterhält. Und alles ist meine Schuld.«

»Aber was ist mit deiner anderen Tochter?«, fragte ich.

»Noch schlimmer«, flüsterte er.

»Schlimmer? Zum Teufel noch mal, wie kann es denn noch schlimmer sein?«

»Bei ihr habe ich das Gleiche versucht. Diesmal ist die Sache allerdings etwas anders gelaufen.«

»Wie anders?«

»Es war ihr erster Freund. Ich bat ihn in mein Studierzimmer und hielt meine Rede. Eine halbe Stunde später stand meine Tochter vor mir und schrie mich an, ich sei ein Faschistenschwein, ein stalinistischer Sexist und noch ein Haufen anderer politisch konfuser und ausgesprochen unschöner Sachen. Offenbar hatte der freche kleine Mistkerl meiner Tochter sofort auf die Nase gebunden, was ich zu ihm gesagt hatte. Sie ist aus reinem Trotz von zu Hause weggelaufen und mit ihm zusammengezogen. Hatte zwei uneheliche Kinder, dann hat sie ihn verlassen. Aber was noch schlimmer war: Sie hat alles ihrer älteren Schwester erzählt, die sich dann zusammenreimte, warum keine von ihren Beziehungen funktionierte. Das sagte sie mir auf den Kopf zu, und ich gestand ihr, was ich getan hatte. Seitdem hat sie kein Wort mehr mit mir gewechselt.«

Wenn es auch eine tragische Geschichte war, war ich doch froh, sie gehört zu haben. Seither ist die Vorstellung, ich könnte ein liebender Vater sein, der in bester Absicht die Zukunft seiner Töchter ruiniert, noch schrecklicher für mich als die Vorstellung, dass sie von einer Reihe hormongesteuerter Teenager befummelt werden. Ich hoffe, dass ich, wenn die Zeit für Grace und Eve reif ist, wenigstens ein Mindestmaß an Ruhe und Gefühl aufbringen kann. Oder, um ganz ehrlich zu sein, dass ich so viel Verstand besitze, meine Instinkte zu unterdrücken und stattdessen auf Kate zu hören.

34
Offshore

Soweit ich es beurteilen kann, hatte John seinen Job als Vater etwas besser gemacht als mein australischer Freund, nichtsdestoweniger bin ich sicher, dass seine Vaterpflichten auch für ihn ein gewisses Maß an Stress bedeutet hatten. Das Ende dieses Lebensabschnitts war für ihn unübersehbar ein bedeutsamer Einschnitt, und der Anlass war, zumal angesichts der Örtlichkeit, mit Bedeutung angefüllt. Jane und Max hatten bei den Vorbereitungen weder Kosten noch Mühen gescheut. Am Abend vor der Hochzeit sollte es in einem privaten Palast am Canal Grande eine Abendgesellschaft für 150 Gäste geben. Es war eine Weile her seit dem Abend im Poloclub, deshalb hatten Kate und ich schon fast vergessen, mit welcher Gesellschaft das glückliche Paar Umgang pflegte. Nette Leute und so weiter, aber vollkommen fremd für unsere normalen Bezugsmaßstäbe. Models, Bankiers und Rockstars schienen die am häufigsten vertretenen Kategorien zu sein. Wie ich hörte, hatte die Zeitschrift *Tatler* feierlich verkündet, dass dies der drittwichtigste gesellschaftliche Anlass des Jahres 2003 werden würde. Andererseits hatte der gleiche Artikel offenbar Elton Johns Geburtstag an die Spitze der Liste wichtiger Society-Events gesetzt, so dass es sich wohl, vorsichtig ausgedrückt, um ein etwas eigenwilliges Bewertungssystem handelte.

Für das Diner waren weiße Fliegen angesagt. Vor dieser Reise hatte ich nicht einmal gewusst, dass weiße Fliegen existierten. Mittlerweile hatte ich mich belehren lassen, dass es oberhalb des Smokings noch den »Großen Gesellschaftsanzug«, also den Frack mit weißer Fliege, gibt. An diesem Abend waren Bermudashorts und Hawaiihemden definitiv nicht zugelassen.

Der wundervoll verzierte Palast und gut hundert perfekt herausgeputzte Gäste ergaben eine ziemlich beeindruckende Kombination. Das Aussteigen aus unserer Gondel am Eingang war ein bisschen wie die Ankunft bei der Oscarverleihung – es fühlte sich groß und irgendwie wichtig an. Allerdings fühlte ich mich unbeholfen und fehl am Platz. Es war nicht nur die Aussicht auf eine weitere gesellschaftliche Zusammenkunft ohne Alkohol, sondern die Tatsache, dass es beinahe unmöglich war, ein Gesprächsthema zu finden. Als die erste Dame, der ich vorgestellt wurde, hörte, woher ich kam, sagte sie: »Ich liebe Australien. Ich liebe es so sehr, dass ich schon dort hinziehen wollte, aber mein Steuerberater hat mir gesagt, dass sie dort kein Offshore machen.« Die zweite, die aus irgendeinem Grund annahm, ich sei ein Bankier aus New York, vertraute mir an, dass sie in diesem Jahr nicht nach Long Island fahren werde, weil da inzwischen Hinz und Kunz Urlaub machten. Die dritte erzählte mir, ihr Ehemann habe mit 21 zum ersten Mal in einer Linienmaschine gesessen. Großartig, dachte ich, endlich etwas, wo ich auch mitreden kann. »Wie schade«, antwortete ich. »Es muss wundervoll gewesen sein, als er endlich die Chance bekam zu reisen.« Sie sah mich an, als würde ich Klingonisch sprechen, und antwortete: »Ein *Linien*flugzeug. Jimmy hatte im Jet seines Vaters 70 Länder besucht, bevor er 18 wurde.« Und so ging es weiter.

Diese Leute – und jede Menge weitere von dieser Sorte – waren es, vor denen ich nach dem Diner eine Rede halten musste. Wir kamen eindeutig aus parallelen Universen, die keine Berührungspunkte aufwiesen. Sie würden mich wahrscheinlich nicht einmal verstehen, geschweige denn lustig finden, dachte ich, als ich mich zum Essen hinsetzte. Die anderen Gäste an meinem Tisch taten ihr Bestes, mein Gefühl des Andersseins zu verstärken. Rechts und links von mir saßen Models. Eins aus der »Supermodel«-Klasse, das andere eher aus der »Dessous«-Kategorie. Kate saß in ihrer Eigenschaft als *Maid of Honour* am Kopfende des Tisches, also war ich allein mit der Aufgabe, mich durch diese zumindest für mich völlig fremde *Tatler*-Gesellschaft zu bewegen.

Der erste Gang wurde aufgetragen. Das Dessous-Model zu meiner Linken nahm einen winzigen Bissen davon und rümpfte die Nase. Darauf legte sie sofort Messer und Gabel auf den Tisch und schob den Teller von sich. Ich widerstand der Versuchung, meine Tochter Grace zu imitieren und »Ich nehme es« zu sagen, und sagte stattdessen: »Kaviar ist auch nicht so mein Ding.« Sie schaute mich an, als sei ich E.T. Erst als sie mit jedem weiteren der folgenden sechs Gänge exakt das Gleiche machte, wurde mir klar: Es lag nicht daran, dass *dieses* Essen nicht nach ihrem Geschmack war, sondern dass *Essen* ganz allgemein nicht nach ihrem Geschmack war. Offenbar aß sie überhaupt nicht. Ich schwöre, dass sie im Verlauf des Abends nicht mehr als einen Teelöffel Nahrung zu sich nahm. Insgesamt. Andererseits wette ich, dass sie in ihren Dessous ziemlich annehmbar aussah. Verrückterweise aß das Supermodel auf meiner rechten Seite den ganzen Abend lang wie ein Scheunendrescher. Verstehe das, wer will.

Die Zeit für die Reden kam viel zu früh. Drei der Freunde des Bräutigams sprachen vor mir, und ihre Reden waren wirklich bewegend. Max war eindeutig kein verzogenes Kind reicher Eltern auf dem internationalen Playboyparkett, sondern ein ganz spezieller Bursche, der sich durch seine harte Arbeit, seine Demut und seine Anständigkeit den Respekt aller Menschen, die je mit ihm zu tun gehabt hatten, erworben hatte. Schließlich bekam ich das Mikrofon in die Hand gedrückt. Ich machte mir fast in die Hose, als ich aufstand und in das Meer schöner Gesichter blickte, die alle mir zugewandt waren. So viel Aufmerksamkeit hatte ich seit der bewussten Kinderturnstunde nicht mehr genossen. Diesmal allerdings starb ich vor Lampenfieber und nicht vor Scham. Ich war so geblendet vom Glanz der Juwelen, dass ich meine Notizen nicht hätte lesen können, selbst wenn ich es versucht hätte. Also tat ich, was jeder neidzerfressene Brite, der etwas auf sich hält, tut, wenn er unsicher ist – ich machte mich über Max lustig. Zu meiner

Überraschung kam das an, also trug ich so dick auf, wie ich konnte, woraufhin der Applaus immer kräftiger wurde. Max machte gute Miene zum bösen Spiel. Das Ganze erinnerte mich an den Film *Local Hero*, in dem Burt Lancaster einen Burschen anheuert, der ihm einmal pro Woche sagen soll, dass er ein Arschloch ist, nur damit er ehrlich bleibt.

Da ich nun meine Rede hinter mir hatte, konnte ich mich entspannen, doch anders als bei der Hochzeit in Frankreich gab es hier kein Rugby-Spiel, zu dem ich mich davonschleichen konnte. Stattdessen stellte ich mich mit Kate auf den Balkon und betrachtete die unglaubliche Aussicht. Das Diner fand im Palazzo Pisani Moretta statt, und der Anblick des Canal Grande unter uns mit seinem abendlichen Verkehr war fast so gut wie der Blick auf Cézannes Berg aus unserem Zimmer in Trets vor einer Woche. Plötzlich fühlte ich mich unglaublich glücklich. Und dann schuldbewusst, weil ich so viele undankbare und garstige Dinge über diese Gäste gedacht hatte. Wer war ich denn eigentlich, dass ich mich hier als Richter aufspielte? Die Leute da drinnen waren genauso menschlich wie der Rest der Menschheit. Es war einfach eine Gruppensache. Wir alle wollen dazugehören, und ich gehörte nicht zu ihrer Gruppe. Das macht sie nicht schlechter und mich nicht besser. Nur weil sie keine Geldsorgen hatten, hieß das nicht, dass sie nicht wie alle anderen Menschen auch mit ihren Problemen zu kämpfen hatten. Die Tatsache, dass es für uns kein gemeinsames Gesprächsthema gab, machte sie nicht automatisch dumm oder oberflächlich. Ich hatte vielleicht nicht ihre finanziellen oder gesellschaftlichen Vorteile, aber in anderer Hinsicht war ich ebenso verzogen wie sie. Ich fasste den Entschluss, wieder hineinzugehen und mich – in Anlehnung an George Michaels Album – »ohne Vorurteil« unter die Leute zu mischen.

Ich wandte mich Kate zu. »Ach weißt du, Liebling, nur weil sie Geld haben, heißt das nicht, dass sie glücklicher sind«, sagte ich ihr.

»Natürlich tut es das, du Spatzenhirn«, antwortete sie. »Hast du etwa getrunken?«

35
Mamis Bild

Der Tag der Hochzeit begann prachtvoll. Ich war immer noch entschlossen, mein Training für das Ozeanschwimmen beizubehalten. Zum Glück war der Rest der Hochzeitsgesellschaft im Hotel Cipriani untergebracht, so dass ich als Hochzeitsgast Zugang zu allen Annehmlichkeiten des Hotels hatte – einschließlich des enormen beheizten Außenpools.

Ich nahm das private Boot zu der Insel gegenüber dem Markusdom, auf der das Cipriani seinen noblen Standort hat, und machte mich auf den Weg zum Pool. Sobald ich am Pool ankam, hörte ich ein lautes »Nigel, Nigel, hierher!« Ich schaute mich um, woher diese laute und peinliche Einladung kam. Auf der anderen Seite des Pools erblickte ich drei der umwerfenden Models, die ich beim Abendessen kennengelernt hatte. In ihren Designerbadeklamotten winkten sie mir aufgeregt zu und klopften auf einen leeren Liegestuhl neben sich. Ich winkte ihnen freundlich zurück und widmete mich wie beabsichtigt meinem Schwimmtraining.

Selbstverständlich ist der letzte Satz gelogen. Was ich wirklich tat, war, meinen Bauch einzuziehen, so weit ich konnte, und selbstgefällig über die Terrasse zu stolzieren, in der Hoffnung, dass so viele Leute wie möglich diese Demonstration meiner animalischen Anziehungskraft auf das andere Geschlecht bemerken. Meine Rede war ein ziemlicher Erfolg gewesen und für eine glorreiche Stunde war ich Ehrenmitglied in ihrer Gruppe. Die Schönen und das Biest, sozusagen. Ich trug meine Boardshorts und mein Saracens-Rugby-Club-T-Shirt. Sie trugen alle drei die knappsten Bikinis, die man sich vorstellen kann, waren vollständig geschminkt und aufwendig frisiert. Als ich meinen Bauch nicht länger einziehen konnte, ging ich in den Pool und gab damit an, dass ich volle dreißig Minuten am Stück kraulte. Ich war vom Fortschritt meines Schwimmens sehr angetan. Der einzige Nachteil der Trainingsstunde war, dass ich, als ich aus dem Pool herauskam, wieder ein normaler Sterblicher war. Offenbar sah ich im Wasser nicht ganz so gut aus, wie ich mich zu fühlen begann – die Schönheiten hatten jedenfalls ihre Liegen schon lange verlassen.

Ich zog mich schnell an und setzte mich wieder in das bereitgestellte Privatboot, denn ich wollte vor der Hochzeit noch mit den Kindern sprechen. Sofort nach meiner Rückkehr in der Villa rief ich zu Hause an.

»Hallo, Liz, wie geht es den Kindern?«, fragte ich.

»Denen geht es gut. Sie wollen bestimmt mit Ihnen sprechen«, antwortete sie und gab den Hörer an Alex weiter.

»Hallo, Dad, war Bismarck ein Kriegsschiff?«, sagte er.

»Ja, mein Schatz. Was hast du heute gemacht?«, fragte ich.

»Nichts. Ich habe einen Lolly, und ich habe keine Angst, ihn zu benutzen.«

»Äh …«

»Dad, ist eine Hochzeit peinlich?«, fragte er.

»Peinlich, mein Schatz?«

»Ja, Liz hat mir gesagt, man muss vor allen Leuten jemanden küssen«, erklärte er.

Bevor mir eine angemessene Antwort einfiel, schnappte sich Eve das Telefon.

»Tut mir leid, Daddy, ich hab's nicht extra gemacht. Es war ein Unfall, ich hab mich umüberlegt«, sagte sie.

»Nicht explodieren, Dad, nicht explodieren« rief Alex im Hintergrund.

»Weswegen explodieren?«, fragte ich. Doch Eve hatte den Hörer bereits an Harry weitergegeben.

»Dad, ich kann bis hundert zählen«, sagte er.

»Ist das wahr? Das ist großartig, mein Lieber«, sagte ich und bewunderte im Stillen Liz' pädagogisches Talent. Als wir losgefahren waren, konnte er kaum bis zehn zählen.

»Ja, ich zeig's dir. Eins und zwei, du kleine Maus, drei und vier, lass ein paar aus, neunundneunzig, hundert. Eve hat auf Mamis Bild gemalt«, fügte er hinzu.

«Kannst du mir mal Liz geben?«, bat ich. Doch jetzt hatte sich Grace das Telefon geschnappt.

»Stille Nacht, Hose gekracht. Wo ist Mami? Ich will mit Mami sprechen«, verlangte sie.

»Mami ist gerade nicht da. Daddy ist dran«, entgegnete ich.

»Will nicht mit dir sprechen, ich will Mami«, antwortete sie.

Meine Gedanken schwirrten durcheinander. Trotz der Beleidigungen und des chaotischen Verlaufs dieser Unterhaltung war mir die Erwähnung von »Mamis Bild« nicht entgangen. Die Rede war von einem unserer am höchsten geschätzten Besitztümer, ein Gemälde, das ich Kate zu unserem letzten Hochzeitstag gekauft hatte. Genauer gesagt, ich hatte es in Auftrag gegeben. Ich hatte einen unserer Freunde namens Mark Collis beauftragt. Der Auftrag war einfach und präzise formuliert gewesen. »Es gibt nur zwei Bedingungen«, hatte ich ihm gesagt. »Erstens: Es darf nicht das verdammte Opernhaus drauf sein. Zweitens: Ich will nicht wissen, was es ist, bevor es ganz fertig ist. Du kannst ein zwei Zentimeter großes Bild von einem Hundehaufen oder ein drei Quadratmeter großes Ölgemälde von Kate vor dem Altar machen. Motiv, Medium und Größe sind vollkommen dir überlassen. Egal, ob es uns gefällt oder nicht, ich werde es kaufen, unter der Bedingung, dass keiner von uns vorher herausfindet, was es ist.« Nach neun Wochen Arbeit enthüllte er sein fertiges Werk für uns. Kate und ich waren gleichermaßen sprachlos. Er hatte eine riesengroße exakte Kopie der beiden Seiten des Stadtplans gemalt, auf denen sich unser Wohnort in Sydney befand. Das Bild zeigte die Schule der Jungen, den Kindergarten der Mädchen, den Strand, die Route meines geplanten Ozeanschwimmens, den Sportplatz, wo Alex Fußball spielte – alles. Mit einem Schlag hatte er unser ganzes Leben umrissen und uns ein Symbol für unser australisches Abenteuer geschenkt. Wir liebten dieses Bild von Herzen … und jetzt hatte ich Visionen, es mit Gekritzel beschmiert zu sehen.

Endlich war Grace damit fertig, mir zu erklären, dass sie Mami lieber hatte als mich, und gab Liz den Hörer, die bestätigte, dass Eve tatsächlich großen Unternehmungsgeist bewiesen, einen Stuhl bestiegen und unser Lieblingsbild verunziert hatte.

»Aber es ist abwaschbare Farbe, mit ein bisschen Schrubben geht sie bestimmt wieder ab«, teilte sie mir optimistisch mit.

Ich war nicht so sicher, dass Mark bei seiner Tätigkeit zukünftiges Schrubben einkalkuliert hatte, deshalb fand ich mich damit ab, dass unser Lieblingsstück wohl ruiniert war. Wie sollte ich das Kate beibringen? Ohne Job stand das In-Auftrag-Geben von Kunstwerken in nächster Zeit nicht zur Debatte, also konnte ich ihr die Nachricht kaum dadurch versüßen, dass ich ihr Ersatz versprach. Und abgesehen von dem Gemälde – was sagte das Verhalten der Kinder darüber aus, wie sie mit unserer Abwesenheit fertig wurden? Ein Schuldgefühl überkam mich. Egal, wie viel Spaß wir hatten, vielleicht war es doch keine so gute Idee gewesen, eine Spritztour nach Europa zu machen, ohne die Kinder mitzunehmen.

Angesichts der Umstände hielt ich es für das Beste, die im Hotel Serbelloni erprobte Taktik der selektiven Wahrheit einzusetzen, als ich später am Nachmittag Kate wiedertraf und sie mich fragte, wie es ihren Engeln zu Hause gehe.

»Wunderbar. Es geht ihnen allen gut. Besonders Grace lässt dich grüßen. Und Eve lernt malen«, war meine Antwort.

36
Hörgerät

Ruiniertes Familienerbstück hin oder her, es war Zeit, sich auf das Hauptereignis zu konzentrieren. Wir wohnten unter einem Dach mit der Braut und ihrer Familie, also gab es eine Menge vorzubereiten. Die Villa wurde bald vom allgemeinen Gewusel eines wohlorganisierten Durcheinanders ergriffen. Das ganze Gebäude wimmelte von Leuten, die sich anzogen, und von noch mehr Leuten, die ihnen dabei halfen. Ein gutaussehender Bursche in Jeans und T-Shirt, den ich nie zuvor gesehen hatte, kam auf mich zu und sprach mich an.

»Ist es okay für Sie, wenn ich Ihnen jetzt das Haar mache?«, fragte er mich.

»Was wollen Sie denn damit machen?«, fragte ich misstrauisch.

»Ich mache es einfach«, antwortete er wenig aufschlussreich.

»Äh, von mir aus.«

Ich hatte noch nie mein Haar »gemacht« bekommen. Ich habe gar nicht so viel zum Machen. Ich trage es kurz, und bisher war es mir immer völlig ausreichend erschienen, morgens kurz mit der nassen Hand einmal durchzufahren. Dessen ungeachtet war es seltsam wohltuend, dass jemand sich mit solcher Konzentration und Ernsthaftigkeit darum bemühte. Fünfzehn Minuten später hielt er mir einen Spiegel vor die Nase. Ich sah aus wie ein Mitteldding zwischen Elvis Presley und Don King. Etwas unschlüssig machte ich mich auf die Suche nach Kate, um mir einen Rat zu holen, wie ich die Frisur am besten verändern könnte, ohne jemanden zu beleidigen. Doch innerhalb von zwei Minuten hatte ich so viele spontane Komplimente bekommen, dass ich es so ließ, wie es war. Vielleicht war die »Nasse Finger durch die Haare«-Strategie doch nicht ganz das Richtige, um »das ganze Potential meines besten natürlichen Vorzugs zur Geltung zu bringen«, wie es der Friseur ausgedrückt hatte. Wie gesagt: eine andere Welt.

Die Hochzeitszeremonie fand in einer von Venedigs bedeutendsten Kirchen statt, der Basilika Santi Giovanni e Paolo. Die Gäste fuhren in einer Flotte alter hölzerner Wassertaxis vor. Es ist nach venezianischem Gesetz nicht erlaubt, eine solche Stätte für eine private Feierlichkeit zu schließen, deshalb wurde das glückliche Paar vor 200 Freunden und Verwandten getraut – und vor 2000 deutschen, japanischen und amerikanischen Touristen. Man muss ihnen zugute halten, dass niemand dazwischenrief oder eine La-Ola-Welle startete, und irgendwie verlieh diese Kulisse der ganzen Sache endgültig eine hoheitsvolle Atmosphäre. Die Fahrt zum anschließenden Empfang verstärkte dieses Gefühl noch. Während die kleine Flotte von Booten den Canal Grande entlang- und unter der Rialtobrücke hindurchfuhr, fingen die in Venedig allgegenwärtigen Menschenmengen an zu applaudieren und uns zuzujubeln. Ich fühlte mich, wie sich David Beckham jeden Tag fühlen muss. Wie im Pool am Vormittag gab ich meiner Eitelkeit nach – und anstatt mild zu erröten, winkte ich zurück. Die Verehrung war zwar nicht verdient und völlig fehlgeleitet, aber sie fühlte sich verdammt gut an.

Der Empfang fand im Cipriani-Hotel statt. Keine Kosten und Mühen waren gescheut worden, und es wurde ein wundervoller Abend. Meine Freude daran wurde noch gesteigert durch die Aufmerksamkeit einer ausgesprochen gutaussehenden Dame mittleren Alters. Mit »Aufmerksamkeit« meine ich das volle Programm von Hand auf meinem Arm, ganz nah heranrücken, mir an den Lippen hängen, tiefer Augenkontakt. Ich war immer der Meinung, dass die reiferen Frauen vom Schlag einer Helen Mirren oder Isabella Rossellini eine junge Kate Moss oder Cindy Crawford jederzeit in den Sack stecken. Jetzt saß eine von dieser Sorte neben mir und ließ deutlich erkennen, dass ich sie nur zu fragen brauchte. Wäre Kate in der Nähe gewesen, hätte sie ohne Schwierigkeiten erkennen können, dass diese Frau Single war. Sie war nicht nur interessiert, sie fraß mich praktisch mit den Augen auf.

Ich hatte gleich den Verdacht, dass heute mein Glückstag war, als sie als Erstes – ohne sich im Geringsten zu genieren – ihren Stuhl nahe neben meinen stellte. Mein Verdacht erhärtete sich, als sie verkündete: »Mein Name ist

Sam. Es ist schön für eine Frau meines Alters, neben einem so gutaussehenden jüngeren Mann zu sitzen.« Während sie das sagte, sah sie mir die ganze Zeit direkt ins Gesicht, hielt meine Hand – ich schwöre, dass ich das nicht erfunden habe – und zog mich noch näher an sich heran. Sie bat mich mehrmals, eine Geschichte noch einmal zu erzählen, und lachte jedes Mal schallend darüber. Den ganzen Abend über fiel mir auf, wie sie die Worte, die ich zu ihr sagte, mit den Lippen formte, als sei ich eine Art Guru, der spirituelle Weisheiten verkündete. Einmal ging sie sogar so weit zu fragen, was Männer meines Alters an Frauen attraktiv fanden. Ein anderes Mal ließ sie mich den Namen der Villa, in der wir wohnten, zweimal wiederholen. Ich will nicht angeben, aber es hieß eindeutig Spiel, Satz und Sieg für den nicht mehr ganz so fetten gefeuerten Vierzigjährigen.

Als Kate und ich später ins Bett gingen, konnte ich nicht widerstehen, ihr die Geschichte zu erzählen.

»Heute Abend habe ich einen Volltreffer gelandet«, eröffnete ich leichthin das Gespräch.

»Tatsächlich?«, antwortete Kate, »und bei wem?«

»Diese gutaussehende Puppe mittleren Alters, Sam irgendwas.«

»Aha … und woran genau hast du gemerkt, dass sie auf dich steht?«

»Mein Gott, es war so offensichtlich, dass es schon fast peinlich war. Sie schrie förmlich danach. Jedes Mal, wenn ich etwas sagte, lehnte sie sich so vor und schaute mir fasziniert ins Gesicht.«

»Legte sie dabei auch den Kopf leicht zur Seite?«

»Jetzt, wo du es sagst – ja, das hat sie gemacht. Eigentlich eine ganz attraktive Geste.«

»Und du sagst, sie lehnte sich vor, wenn du mit ihr sprachst?«

»Ja – du liebe Zeit, Frau, genug jetzt von diesem ganzen Detailkram. Ich will dir lediglich mitteilen: Dein Mann ist so magnetisch anziehend, dass er die Frauen mit einem Stock abwehren muss, und gerade heute Abend hat sich mir eine Puppe praktisch an den Hals geworfen.«

»O. k., nur eine Frage noch. Was hast du aus der Tatsache geschlossen, dass sie sich zu dir hinlehnte und dir ständig ins Gesicht schaute, wenn du …«

»Starrte«, unterbrach ich sie.

»O. k., ständig ins Gesicht *starrte*, wenn du etwas sagtest?«

»Das habe ich dir doch schon gesagt: dass sie ganz wild nach mir war. Was zum Teufel würdest du denn daraus schließen?«

»Dass es sich um Sam McClusker handelt, eine der ältesten Freundinnen meiner Mutter, die auf einem Ohr völlig taub ist und auf dem anderen extrem schwerhörig. Bei festlichen Anlässen liest sie von den Lippen ab, damit sie ihr Hörgerät nicht tragen muss.«

»Äh … aber sie hat mir die Hand auf den Arm gelegt.«

»Nigel, sie lebt seit elf Jahren mit ihrer Lebenspartnerin zusammen. Es ist wahrscheinlicher, dass du nächsten Monat einen Job bekommst, als dass sie auf dich abfährt.«

Frauen können so unnötig grausam sein.

37

Aufnahmefähig geprügelt

Wir hatten geplant, nach der Abreise der Hochzeitsgesellschaft noch ein paar Tage in Venedig zu bleiben. Als wir den Urlaub planten, war uns das als eine gute Idee erschienen, doch in Wirklichkeit bedeutete das für mich als Arbeitslosen in Venedig, einer der teuersten Städte Europas, dass wir in einen überteuerten kleinen Hühnerkäfig von einem Touristenhotel umziehen mussten. Der freie Zutritt zum Hotelpool im Cipriani galt auch nicht mehr, so dass ich das Schwimmtraining bis zu unserer Rückkehr nach Australien aufgeben musste. Das alles verdeutlichte noch einmal die riesige Kluft zwischen der Welt der Superreichen und der Welt der Durchschnittstouristen. Es gibt buchstäblich keine Berührungspunkte. Man kann in der gleichen Stadt sein, in der gleichen Straße, und sich dennoch in völlig anderen Welten befinden. An keiner dieser Welten ist an sich etwas Falsches, es ist nur vielleicht keine besonders schlaue Idee, die beiden so krass nebeneinanderzustellen, wie wir das taten.

Unser neues Hotelzimmer ließ mich unwillkürlich an eines dieser Buddelschiffe denken. Ich hatte keine Ahnung, wie man das winzige Doppelbett in dieses Zimmer hineinbekommen hatte. Man konnte die Tür nur ein Stück weit öffnen, bevor sie gegen die Matratze schlug. Dann musste man sie wieder schließen, bevor man den Rest des Zimmers begehen konnte. Wobei »begehen« den Vorgang nicht besonders akkurat beschreibt – »sich durchzwängen« trifft es besser, da der Abstand zwischen Bett und Wand nirgendwo mehr als fünfundzwanzig Zentimeter betrug. Und das war alles. Kein Bad, keine Minibar, ein Schrank, den man wegen des Betts nicht richtig öffnen konnte, ein nicht funktionierendes Fernsehgerät an der Wand. Das Zimmer war für Hotelübernachtungen das, was das Fliegen auf Bonusmeilen für Flugreisen bedeutet. Der Ort war allerdings fantastisch. Wir legten unsere Koffer aufs Bett, da es keinen anderen Platz dafür gab, und machten uns auf die Suche nach einem billigen Restaurant.

Venedig kennt eigentlich keine »billigen Restaurants«, also landeten wir schließlich in einer Pizzeria. Es ist verständlich – aber falsch! –, wenn Sie denken, die Tatsache, dass wir in einer Pizzeria aßen, hätte Kates Bestellmöglichkeiten so weit einschränken können, den Bestellvorgang schmerzlos vonstatten gehen zu lassen. Wenn überhaupt, dann wurde er schlimmer. Nach unserem traditionellen Streit und Schmollen erlebten wir einen jener wundervollen Abende, die man bisweilen am Ende eines erfolgreichen und erlebnisreichen Urlaubs hat. Wir fingen damit an, über unsere gegenwärtige Reise zu reden, und riefen uns jeden denkwürdigen Moment noch einmal ins Gedächtnis. Ich beichtete den wahren Inhalt meiner Telefonate mit den Kindern, und wir lachten gemeinsam, bis die Leute am Nebentisch anfingen, demonstrativ zu uns herüberzublicken. Dann sprachen wir über *alle* Ferien, die wir gemeinsam erlebt hatten. Wir hatten noch nie bei diesem speziellen Thema in alten Zeiten geschwelgt. Kate bat den Kellner, uns einen Stift zu bringen, und wir schrieben sie alle auf, zuerst durcheinander und dann in chronologischer Reihenfolge. Ein seltsam bewegender, intimer und schöner Prozess. Es waren unglaubliche zehn Jahre gewesen. Ich hatte es wirklich gut getroffen, ich war glücklich. Ich war entspannt. Ich hatte Lust, etwas zu trinken.

»Ich glaube, ich werde mir heute ein Glas Wein gönnen, Liebling«, sagte ich.

»Sei kein Idiot, Nigel«, sagte Kate.

»Nein, im Ernst. Nur eins. Ich habe wirklich Lust dazu. Kein Bier oder Cocktail oder so etwas. Nur ein einziges Glas erdigen, schweren Roten«, antwortete ich.

»Wie um alles in der Welt kannst du auf eine so absolut bescheuerte Idee kommen?«, fragte Kate.

»Beruhige dich, Schatz. Ich rede nur von einem. Ich

bin entschlossen, keinen Tropfen anzurühren, wenn wir wieder in Australien sind. Ich habe einfach heute Abend wirklich Lust auf ein Gläschen. Wir müssen morgen nicht früh aufstehen. Ich fühle mich wirklich glücklich. Ich will heute Abend einmal etwas anderes trinken als dämliches Mineralwasser. Abgesehen davon erinnern mich all diese Feriengeschichten daran, wie viel Spaß wir zusammen hatten, wenn wir zusammen in den Urlaub fuhren. Es war ein toller Urlaub, es waren wirkliche zweite Flitterwochen, und es wäre doch eine Schande, wenn wir uns nicht wenigstens einen Drink zusammen genehmigen«, argumentierte ich.

»Du bist also in London trocken geblieben, auf unserer Fahrt durch Europa und bei zwei Hochzeiten, aber jetzt willst du in einer beschissenen Pizzeria ›den Abend abrunden‹? Ich weiß nicht, worüber ihr bei den Anonymen Alkoholikern redet, aber für mich hört es sich so an, als versuchtest du, deine Krankheit zu verleugnen.«

»Du lieber Gott, ich rede nur von einem Glas. Ich glaube, dass ich das verdient habe«, antwortete ich.

»Liebling, du weißt, dass es nicht bei einem bleiben wird. Das ist es, was du immer sagst, doch danach kommt unweigerlich noch eins und noch eins.«

»Na schön, aber es würde ja auch nichts schaden, wenn wir uns eine Flasche teilen. Wie in den alten Zeiten, nur ein letztes Mal?«, schlug ich vor, während ich den Kellner herbeiwinkte.

»Nigel, du hast dich so tapfer geschlagen«, sagte Kate. »Ich bin wirklich stolz auf dich. Wirklich stolz. Du bist ein ganz anderer Ehemann geworden. Du bist hilfsbereit. Du bist gut mit den Kindern. Ich kann nicht glauben, dass du das alles wegwerfen willst. So fängt es immer an. Du denkst, du hast bewiesen, dass du es kontrollieren kannst, indem du einige Wochen nichts trinkst, und dann glaubst du, du kannst wieder anfangen, gemäßigt zu trinken. Du kannst es nicht! Du hast es zehn Jahre lang versucht. Du hast es nie geschafft! Du wirst heute Abend keine Probleme haben. Du wirst vielleicht eine Woche lang keine Probleme haben, aber ich weiß, dass du in einem Monat wieder mehr trinken wirst, als du eigentlich willst, und dann bist du wieder da, wo du angefangen hast.«

Ich spürte, wie meine Dickköpfigkeit sich zu regen begann. Wer war sie denn eigentlich, mir zu sagen, was ich tun und lassen durfte? Ich versuchte ja auch nicht, ihr die Dinge zu verbieten, die ihr Spaß machten, also woher nahm sie das Recht, mir etwas zu verbieten? So eine dämliche Spaßbremse. Sie konnte da sitzen mit Zigarette und einem Cocktail in der Hand … und ich? Normalerweise sagte ich in diesem Stadium immer etwas Gemeines zu ihr und tat dann aus Prinzip das genaue Gegenteil von dem, was sie von mir wollte. Der Kellner kam an unseren Tisch.

»Ich hätte gern einen Caffè Latte, bitte«, hörte ich mich sagen.

»Ich dachte, du wolltest einen Drink«, sagte Kate.

»Ich weiß. Wollte ich auch. Aber jetzt nicht mehr. Na ja, eigentlich will ich, aber wenn ich darüber nachdenke, will ich lieber doch nicht. Du hast recht. Ich liebe dich. Ich bin ein verdammter Schwachkopf. Der ganze Trick besteht darin, das erste Glas nicht anzurühren. Niemals. Es tut mir leid«, sagte ich.

»Das sollte es nicht. Du hast gerade etwas ganz Erstaunliches getan. Ich will einfach nicht, dass alles von vorne losgeht. Nicht nur wegen mir und der Kinder, sondern auch deinetwegen. Aber das eine sage ich dir: Wenn das alles nur ein ausgeklügelter Plan war, um mir nette Dinge zu sagen und anschließend an die Wäsche zu gehen, musst du dir schon ein bisschen mehr Mühe geben.«

Im Rückblick war das einer der wichtigsten Momente unserer gesamten Ehe. Ich glaube wirklich, dass Kate mir bei diesem Gespräch das Leben gerettet hat. Zumindest ersparte sie mir und meiner Familie zehn weitere Jahre vergeblicher Versuche, in Maßen zu trinken. Aber es war nicht nur ein wichtiger Abend in meinem Leben, es war auch ein aufschlussreicher.

Als mein Moment der Schwäche vorüber war, entstand zwischen uns ein zärtliches Gefühl der Gemeinsamkeit, und ich sprach Kate auf ihre scheinbar natürliche Fähigkeit an, ihren Alkoholgenuss unter Kontrolle zu halten.

»Du bist nie besoffen oder trinkst auch nur mehr, als du willst. Du lässt ständig halbleere Gläser stehen. Wahrscheinlich sind wir einfach unterschiedlich gebaut«, sagte ich.

»Vielleicht. Andererseits, wie war dieser Spruch, den sie bei den Anonymen Alkoholikern benutzen – ›aufnahmefähig geprügelt‹?«

»Ja, genau.«

»Nun, ich glaube, ich wurde weniger zur Aufnahmefähigkeit geprügelt als vielmehr ›zur Vernunft blamiert‹«, sagte sie.

»Was meinst du damit?«

»Willst du es wirklich wissen?«

»Was glaubst du denn? Natürlich. Erzähl schon.«

»Ich habe diese Geschichte noch nie jemandem erzählt«, sagte sie.

»Nun mach schon – sonst treibst du mich dem Alkohol wieder in die Arme«, antwortete ich.

»Weißt du noch, was mein erster Job war?«

»Bei der Bank?«

»Genau der. Es war alles ziemlich überwältigend. Ich war jung …«

»Ja, ja. Genug Entschuldigungen. Heraus mit der Geschichte«, unterbrach ich sie.

»Also, am Ende meiner ersten Woche lud mich einer der Händler zum Essen ein. Ich fühlte mich sehr geschmeichelt. Ich war nur eine Sekretärin, und er war einer der ›*Masters of the Universe*‹, wie Tom Wolfe sie genannt hat.«

»Ich verstehe schon: Er wollte dich ins Bett bekommen.«

»Nigel.«

»Entschuldigung.«

»Jedenfalls fand das Essen in einem Weinlokal statt – das waren schließlich die 80er Jahre. Ich hatte gedacht, es würden nur wir beide sein, aber es war eine ganze Gruppe da. Männer und Frauen. Alle tranken Champagner. Wie Wasser. Sie füllten mein Glas immer wieder auf. Ich war nervös, aber ich genoss die Situation. Es war alles so beeindruckend. Die Männer sahen gut aus, und jeder Einzelne von ihnen flirtete mit mir. Das Problem war, ich war es nicht gewohnt, so viel zu trinken – schon gar nicht zur Mittagszeit und schon überhaupt nicht Champagner. Nach einer Stunde hatten wir immer noch kein Essen bestellt, und mir wurde plötzlich unglaublich schlecht. Ich ging zur Toilette und musste mich heftig übergeben.«

»Dumm, aber nichts Besonderes«, sagte ich, nicht sonderlich beeindruckt.

»Das Problem war, ich schaffte es nicht bis zur Kloschüssel. Ich kam bis in die Damentoilette, aber nicht in die Kabine. In dem Moment, als ich die Tür öffnete, übergab mich über das Waschbecken, den Boden, die Spiegel – überallhin. Es war wie in dieser Szene aus *Der Exorzist*«, erzählte Kate weiter.

»Was hast du gemacht?«

»Es war entsetzlich. Der ganze Raum war voll. Ich wollte unbedingt einen guten Eindruck bei meinen neuen Kollegen machen, also säuberte ich mich so gut es ging und wackelte zurück an den Stehtisch, an dem sie alle standen.«

»Und du ließt das Klo, so wie es war?«

»Was hätte ich denn tun sollen? Ich hatte weder Eimer noch Wischmopp bei mir. Ich musste meine Spuren verwischen, es sollte ja niemand wissen, dass ich das gewesen war, also sagte ich bei meiner Rückkehr mit lauter Stimme: ›Es ist unglaublich, was es für Leute gibt, wirklich ekelhaft – jemand hat die ganze Damentoilette vollgekotzt und es einfach so gelassen.‹ Damit hatte ich ihre Aufmerksamkeit und wollte schon weiterreden, doch in dem Moment spürte ich eine zweite Welle der Übelkeit aufsteigen. Bevor ich auch nur die Hand vor den Mund nehmen konnte, übergab ich mich mit einem breiten Strahl auf den Stehtisch, um den herum wir alle standen. Meine Güte, Nigel, es ging überallhin. Ich glaube, es war niemand dabei, der nichts abbekommen hat. Es war entsetzlich. So wie auf unserer Fahrt zum Flughafen, als Eve den Taxifahrer vollgekotzt hat – nur zehnmal schlimmer.«

»Ich gebe zu, das ist schlimm. Was passierte dann?«

»Alle gingen nach Hause, um sich zu säubern – es macht keinen Spaß, gemeinsam zu essen, wenn man nach Kotze riecht. Ich ging allein nach Hause. Das schlimmste Wochenende meines Lebens.«

»Und am Montag?«, fragte ich.

»Alle waren sehr nett. Das machte es verrückterweise nur noch schlimmer. Der Typ, der mich eingeladen hatte, rief mich an und sagte, es sei überhaupt nicht schlimm«, sagte Kate.

»Und? Hast du ihn wiedergesehen?«

»Natürlich nicht. Weder er noch irgendeiner von den

anderen hat je wieder ein Wort mit mir geredet. Am nächsten Montag rief mein Chef mich zu sich und entließ mich.«

38

Kackakopf

Als es schließlich Zeit wurde, Venedig zu verlassen, gab es keinen netten Mann, der uns zu einem Privatboot führte, um uns zum Flughafen zu fahren. Wir schleppten unsere Koffer mit öffentlichen Verkehrsmitteln zum Check-In von Schrottflieger.com und sagten Venedig von den mikroskopisch kleinen Sitzen einer hundertjährigen 767 aus Lebewohl. Wir mussten zuerst nach London fliegen, weil der einzige Flug nach Sydney, den wir hatten bekommen können, von Heathrow aus startete. Wir blieben gerade lange genug in England, um vom Flughafen Stansted nach Heathrow zu gelangen, doch das war genug Zeit für mich, um mir den schlimmsten Heuschnupfenanfall seit Jahren einzufangen. Ich leide chronisch an Heuschnupfen, und ein weiterer Vorzug von Australien besteht für mich darin, dass ich dort seit meiner Ankunft keinerlei Symptome gezeigt habe. Ich habe gelernt, mit den Auswirkungen meiner Allergie zu leben, doch dieses Mal brachte mein andauerndes Niesen ganz neue Herausforderungen mit sich. Es war immer noch die Zeit der SARS-Epidemie, und Sie können sich bestimmt vorstellen, dass mein Niesen mich beim Umsteigen in Hongkong nicht gerade beliebt machte. Ich hatte mit der Gemeindeschwester und ihren Algenverbänden mehr Spaß gehabt.

Als unser Flieger zum Landeanflug auf Sydney ansetzte, war ich von der Stärke meiner Gefühle überrascht. Ich hatte erwartet, dass eine dreiwöchige Dosis der nördlichen Hemisphäre Heimweh nach dem guten alten England auslösen würde, doch tatsächlich war das genaue Gegenteil der Fall. Sydney fühlte sich wie zu Hause an, und das, obwohl wir noch nicht einmal seit zwei Jahren dort lebten. Sogar einfache Dinge wie Surfbrett-Taschen auf dem Gepäckband lösten ein Lächeln und ein Gefühl des Nachhausekommens aus.

Doch auch wenn ich diese Stadt liebe und überglücklich war, »zu Hause« zu sein, heißt das nicht, dass ich blind bin für ihre weniger guten Seiten. Es fing schon damit an, dass wir in strömendem Regen landeten. In Bezug auf das Wetter von Sydney gibt es eine Art Mythos – so ähnlich wie die von kaum jemandem öffentlich eingestandene Tatsache, dass eine Geburt eine extrem unangenehme Angelegenheit ist. Glauben Sie mir: Es kann dort regnen und es kann auch kalt werden. Es ist ohne weiteres möglich, wochenlang Londoner Wetterverhältnisse zu haben. Als meine Eltern uns ein Jahr zuvor zum ersten Mal besucht hatten, regnete es einen Monat lang jeden Tag.

Diesmal wurden wir, als wir durch den Zoll waren, an einen weiteren weniger schönen Aspekt der Stadt erinnert. Die Taxis von Sydney sind ohne Übertreibung die schlechtesten, die mir auf der ganzen Welt bisher untergekommen sind. Nicht dass sie schmutzig oder gefährlich oder auch nur unfreundlich wären, es ist nur so, dass die Fahrer keine Ahnung haben, wo sie hinfahren. Auch auf die Gefahr hin, dass Sie mich einen reaktionären Spießer nennen: Ich bin der Meinung, dass das zu den Kernkompetenzen eines Taxifahrers gehören sollte. Diese Burschen tun nicht einmal so, als würden sie sich auskennen.

»Nach Bronte bitte«, sagte ich, als wir uns auf den Rücksitz setzten.

»Wohin?«

»Bronte.«

»Wohin genau?«

»Oh, etwa in der Mitte der MacPherson Street, bitte.«

»Nein, nicht wo in Bronte. Wo ist Bronte?«

Nun ist Bronte vermutlich der zweitbekannteste Strand in Sydney. Nur ein paar Kilometer südlich von Bondi und kaum sechs Kilometer vom Flughafen entfernt. Es ist ein bisschen so, als wüsste ein Londoner Taxifahrer nicht, wo Trafalgar Square oder der Hyde Park sind.

»Wenn Sie Richtung Bondi fahren, zeigen wir Ihnen den Weg«, boten wir an.

»Wie kommt man nach Bondi?«

»Fahren Sie einfach Richtung Stadtzentrum.«

»In welche Richtung?«

Schließlich stieg ich aus und setzte mich auf den Beifahrersitz, um ihm Straße für Straße den Weg zu erklären. Und das ist nicht das erste Mal, dass mir so etwas passierte. Als ich noch arbeitete, war ich oft gebeten worden, Taxifahrern *im Stadtzentrum* den Weg zu weisen.

Aber auch eine beschissene Taxifahrt in Sydney konnte an diesem Tag meine Stimmung nicht verderben, als wir uns unserem Haus näherten. Mir war fast schlecht vor Aufregung. Ich hatte unsere Kinder seit vollen drei Wochen nicht mehr gesehen – so lange wie noch nie zuvor. Alex war als Erster an der Tür.

»Daddy, Daddy, die Saracens haben Taine Randell verpflichtet!«

Harry war dicht hinter ihm. »Daddy, wie wachsen Haare?«

Eve erschien. »Daddy, du hast Gras im Gesicht.« Nun

ja, ich hatte mir während der Reise einen Bart wachsen lassen.

Schließlich zeigte sich auch Grace. Als ich die Arme ausbreitete, um sie zu umarmen, kam sie zu mir, schaute mir in die Augen und verkündete: »Du bist nicht mein Vater, Kackakopf«, bevor sie davonstolzierte.

Ich bin nicht sicher, ob der Kackakopf oder die angezweifelte Vaterschaft mehr wehtaten, doch als ich unsere Koffer hineintrug, konnte ich nicht anders als ein stilles Gebet sprechen, in der Hoffnung, dass nur Eve in unserer Abwesenheit das Malen angefangen hatte.

39

Ein Kniff und ein Knuff

Unsere Europareise erwies sich als ein echter Wendepunkt. Die Rückkehr ins häusliche Leben empfanden wir als gut und angenehm. Ich nahm am Leben meiner Kinder teil wie nie zuvor. Die Schulkantine wurde zu einer regelmäßigen Pflicht, und manchmal trainierte ich sogar die Fußballmannschaft der Unter-Sechsjährigen. Letzteres hört sich leichter an, als es ist. Der Begriff »Flöhe hüten« drängt sich auf. Die engelsgleichen kleinen Mistkerle wollten einfach nicht zuhören. Während ich redete, starrten sie alle ins Leere, kratzten sich zwischen den Beinen oder prügelten sich. Ich fand das Ganze ausgesprochen anstrengend. In der folgenden Woche beobachtete ich, wie der reguläre Trainer mit ihnen arbeitete, ohne die gleichen Probleme zu erleben, wie ich es tat. Hinterher fragte ich ihn, wie er das machte.

»Das Geheimnis ist, sie immer in Bewegung zu halten«,

erklärte er. »Wenn du sie etwas tun lässt, ist es kein Problem. Sobald du ihnen sagst, sie sollen still stehen bleiben und dir zuhören, fängt das Blutvergießen an.«

Ich dachte an die Vorwoche zurück. Er hatte recht. Erstaunlich, wie etwas so Einfaches eine solche Wirkung haben kann. Mir wurde klar, dass ich in meinen freien Monaten Woche für Woche Tipps wie diesen bekommen hatte. Sie alle machten mich zu einem besseren Vater – und zu einem glücklicheren obendrein. Diese Tipps sorgten regelmäßig für den Unterschied zwischen einem beschissenen und einem wundervollen Tag. Ich hatte zum Beispiel das Abholen von der Schule gehasst. Jeden Tag diskutierte ich mit Alex – ich wollte ihn sofort mit nach Hause nehmen, doch er wollte noch bleiben und Fußball spielen. Es ruinierte das Ende eines jeden Tages für die Familie. Ich kam wütend nach Hause und Alex motzte. Das verärgerte wiederum Kate. Nicht gerade die ideale Kombination für die Giftstunde. Eines Tages fragte ich einen Freund, wieso er diese Probleme nicht hatte.

»Willst du es wirklich wissen?«, fragte er.

»Ja.«

»O.k. Warum bist du so scharf darauf, Alex sofort nach Hause zu bringen, nachdem die Schulglocke geklingelt hat?«

Diese Frage brachte mich ein bisschen aus dem Konzept. Ich hatte keine Ahnung. So machte man es doch, oder nicht? Ich hatte mich freiwillig dafür gemeldet, das Abholen von der Schule zu übernehmen – und in typisch männlicher Weise hatte ich beschlossen, dass das wie alle anderen Aufgaben schnell und effizient erledigt werden sollte. Ich erklärte das meinem Ratgeber.

»Okay, ich verstehe, aber angenommen, du lässt ihn noch 15 Minuten spielen und nimmst ihn dann mit nach Hause – was würde passieren?«

»Wie meinst du das, was würde passieren?«

»Ich meine, was wäre schlecht daran?«

Ich dachte einen Moment lang nach. »Nichts«, antwortete ich.

»Okay. Was würde passieren, wenn du ihn eine halbe Stunde lang spielen lässt und ihn dann mit nach Hause nimmst?«

»Nichts.«

»Okay. Was also würde passieren, wenn du ihn im Voraus wissen lässt, dass du ihn nach der Schule immer 30 Minuten lang spielen lässt, bevor ihr nach Hause fahrt?«

»Wir würden uns nicht streiten, er hätte mehr Zeit, um mit seinen Freunden draußen zu spielen, anstatt zu Hause fernzusehen, ich würde nicht schimpfen, und es wäre abends zu Hause unendlich viel netter.«

»Dann würde ich empfehlen, dass du es einmal ausprobierst«, schlug er vor.

Ich dachte über seinen Rat nach. »Es gibt aber einen Haken«, sagte ich schließlich.

»Welchen?«

»Nun, was ist, wenn ich nicht jeden Tag eine halbe Stunde lang auf einem Schulhof herumhängen will?«, fragte ich ihn.

»Dann tust du es eben nicht. Du denkst völlig falsch über diese Sache nach. Das ist keine militärische Operation, in der es einen Orden für denjenigen gibt, der am schnellsten fertig ist. Schau deinem Sohn zu, unterhalte dich mit den anderen Vätern und Müttern. Wenn du dazu keine Lust hast, kannst du mit deinem Handy notwendige Anrufe erledigen. Und wenn du die Zeit nicht erübrigen kannst, dann kommst du eben erst um kurz vor halb vier anstatt um drei.«

»Ist das erlaubt?«

»Natürlich ist das erlaubt.«

»Machst du das?«

»Andauernd. Solange du es ihn vorher wissen lässt, wird er kein Problem damit haben. Meinem Jungen ist es sogar lieber so.«

Nach dieser Unterhaltung wurde das Abholen von der Schule zu einer meiner Lieblingspflichten, und ich freute mich regelrecht darauf. Es gab zahllose Beispiele wie dieses. Keines davon war für sich weltbewegend – manche waren so banal wie die Idee, die Butter abends schon aus dem Kühlschrank zu nehmen, was das Schmieren der Brote für das Schulfrühstück erleichterte – aber sie alle trugen dazu bei, meinen Tag zu verwandeln. Es ließ mich an die Tage zurückdenken, als ich noch arbeitete und wie oft ich zu sehr damit beschäftigt gewesen war, etwas schlecht zu erledigen, um mir Rat zu holen, geschweige denn darauf zu hören. Ich beschloss, dass ich, wenn ich je wieder arbeitete, mich an diese einfache Weisheit erinnern würde: Wenn du regelmäßig Probleme mit einer Aufgabe hast, dann versuche einmal, jemanden um Rat zu bitten, der gut darin ist. Das Schlimmste, was passieren kann, ist, dass die gefragte Person sich weigert zu helfen. Allerdings ist mir das in meiner arbeitslosen Zeit nie passiert und ich habe den Verdacht, dass es auch bei der Arbeit nicht passieren würde. Die meisten Leute freuen sich, über etwas zu sprechen, in dem sie gut sind.

Erstaunlicherweise – wenn man an das Ergebnis meiner ersten Versuche denkt – fing die morgendliche Fahrt zur Schule und in den Kindergarten an, mir ebenfalls Spaß zu machen. Inzwischen war es mir sogar lieber, wenn ich alle vier Kinder im Auto hatte, zuerst die Mädchen im Kindergarten ablieferte und dann mit den Jungen zur Schule weiterfuhr. Die Mädchen mit ihren rosa und hellblauen

Taschen auf dem Rücken Hand in Hand in den Kindergarten laufen zu sehen, das war so herzergreifend, wie die Unterhaltung im Auto mit den Jungen witzig war.

»Jungs, das riecht ja grauenhaft. Welches Ungeheuer hat einen fahren lassen?«, fragte ich eines Morgens, als ich ins Auto zurückkehrte, nachdem ich den Mädchen einen Abschiedskuss gegeben hatte.

»Ich nicht, Dad, Alex war's«, sagte Harry.

»Wer laut schreit ›nein‹, der wird's gewesen sein: Es war Harry«, konterte Alex.

»Wer's zuerst gerochen, aus dem ist es gekrochen: Du warst es selber, Dad«, behauptete Harry mit geänderter Taktik.

»Wer sich einen Reim drauf macht, der hat die Sache auch vollbracht: Ihr seid beide schuldig. Außerdem wisst ihr, dass Dad nicht furzt«, gab ich zurück.

»Daaaaaad«, protestierten sie beide im Chor.

Es war kindisch, machte aber Spaß. Überhaupt stellte ich fest, dass die einfachsten Dinge mir riesige Freude machen konnten. Harry stand morgens neben mir und imitierte, wie ich mich rasierte. Die Mädchen legten sich rechts und links von mir auf den Boden, wenn ich Sit-ups machte, hoben ihre Arme und Beine und riefen: »Guck, Mami. Wir trainieren!« Alex und ich saßen fast jeden Abend im gleichen Sessel und schauten uns gemeinsam die Simpsons an – wobei er die ganze Zeit die Figuren nachahmte und unvorteilhafte Vergleiche zwischen mir und Homer anstellte. Besonders beliebt war der erste Tag jedes Monats. Viel zu früh am Morgen kamen alle vier Kinder in unser Schlafzimmer gerannt und attackierten mich mit dem traditionellen Ruf englischer Kinder: »Ein Kniff und ein Knuff für den Ersten des Monats!« Ich lag einfach da und stöhnte »Weiße Häschen«, was einen nach der gleichen Tradition vor dem angekündigten Zwicken und Boxen schützen soll. Kate feuerte die Kinder an, indem sie behauptete: »Zu spät, hört nicht auf ihn.« Wenn ich mit »Wer zu schnell kommt damit, kriegt 'nen Klaps und 'nen Tritt« zu verteidigen begann, änderte Kate einfach die Regeln, schrie »Auf ihn mit Gebrüll« und schloss sich den Kindern an. Frauen …

40
Nelson Bay

Es war nicht nur der Alltagstrott in der Familie, mit dem ich zunehmend glücklich war – langsam kam ich auch in Form. Zum ersten Mal, seit ich 19 war, hatte ich mein Idealgewicht. Es war nicht leicht gewesen, aber ich hatte mir nach und nach ein praktikables Diätprogramm zusammengebastelt – vielleicht schreibe ich doch noch irgendwann mein Diätbuch? –, und ich war begeistert darüber, wie viel besser ich mich dadurch fühlte. Das Schwimmtraining ging ebenfalls gut voran. In der Woche nach unserer Rückkehr aus Europa setzte ich meinen Vorsatz in die Tat um, das Training ins Meer zu verlegen.

Zunächst war Clovelly der Strand meiner Wahl, weil er in einer langen, schmalen Bucht liegt, die an drei Seiten vor den Elementen geschützt ist. Das Training hatte sich eindeutig ausgezahlt. Ich hatte erwartet, dass es ein kleiner Schock sein würde, wenn ich vom Meerwasserpool in den Ozean wechselte, doch nach ein paar Versuchen stellte ich fest, dass ich mich nicht so übel schlug – und, was noch wichtiger war, dass es mir Spaß machte. Innerhalb weniger Wochen schwamm ich regelmäßig in Clovelly und war zum überzeugten Ozeanschwimmer geworden. In einer Halle in flachem Chlorwasser zwischen Seilen hin und her zu schwimmen oder auch innerhalb der Begrenzungen eines Meerwasser-Pools schien auf einmal nicht mehr das Wahre zu sein. Ich fing an, mich auf jedes Training zu freuen. Es war mir schlichtweg unmöglich, mich müde oder schlechtgelaunt zu fühlen, wenn ich auch nur kurz im Meer geschwommen war, und der Anblick, die Geräusche und der Geruch des Meeres wurden mir bald ebenso wichtig wie die körperliche Bewegung selbst. Nach einigen weiteren Wochen fühlte ich mich sicher genug, um an den Wochenenden zusammen mit Freunden zu trainieren. Diese Freunde waren alle geprüfte Rettungsschwimmer und hatten haufenweise echte Ozeanrennen geschwommen. Mit ihnen zu schwimmen bedeutete, dass ich meinen Horizont über Clovelly hinaus erweitern konnte, und bald schwamm ich an allen Stränden von Bondi bis nach Maroubra. Ich war dankbar, dass diese Freunde sich die Zeit nahmen, mit mir Greenhorn herumzublödeln.

Voller Stolz absolvierte ich mein erstes Schwimmen von Strand zu Strand. Es war ein rauer Tag. Ich hatte mich entschieden, die kurze Distanz zwischen Tamarama um die Landspitze herum durch die Nelson Bay bis nach Bronte zu versuchen. Für den Einheimischen war diese Distanz wie der Sprung über eine kleine Pfütze, für mich war es wie den Pazifik zu durchschwimmen. Ich hatte mir absichtlich einen etwas raueren Tag herausgesucht, weil ich einen stärkeren Seegang erleben wollte, denn die Herausforderung eines Ozeanschwimmens besteht zu einem großen Teil darin, ins Meer und wieder an Land zu gelangen. Im Vorjahr hatte man beim Schwimmen von Bondi nach Bronte in Bondi 15 Teilnehmer retten müssen, weil sie es nicht schafften, über den Bereich der Brandung hinauszuschwimmen. In einem Pool schwimmen ist anstrengend, doch durch große Brecher hinaus ins offene Meer zu gelangen, stellt noch einmal ganz andere Anforderungen. Wenn man es als Anfänger falsch anstellt, dann ist die Wahrscheinlichkeit, dass man danach noch in der Lage ist, drei Kilometer im offenen Meer zu schwimmen, ziemlich gering.

Ebenso wie beim Abholen der Kinder aus der Schule, so beschloss ich auch hier, mir Rat zu holen. Mein Freund David, der mir den Tipp gegeben hatte, langsam und stetig zu schwimmen, erklärte sich freundlicherweise bereit, mir zu helfen. Er war ein ausgezeichneter Trainer.

»Das Wichtigste ist, dass du untertauchst, bevor die Welle dich erreicht«, sagte er. »Schwimm nach unten, greif in den Sand, wenn du kannst. Bleib unten und schwimm mindestens ein paar Stöße, nachdem die Welle über dich gerollt ist, bevor du wieder hochkommst. Du darfst nicht im Schaum der Rückströmung hochkommen, das schwächt dich zu sehr, wenn du es ein paarmal machst. Wenn du nach oben kommst, sei darauf gefasst, dass du vielleicht gleich wieder tauchen musst. Das ist anstrengend, aber hör auf keinen Fall damit auf, bevor du aus dem Bereich der Brandung heraus bist. Wenn du zu früh aufhörst, landest du in der Waschmaschine: da, wo die ganzen Wellen herunterkommen. Und das ist ein gefährlicher Ort – selbst für einen guten Schwimmer.«

Die Art, wie er das sagte, ließ klar erkennen, dass ich in seinen Augen nicht zu dieser Kategorie gehörte. Es war alles ein wenig einschüchternd, als ich dort stand und die großen Wellen hereinrollen sah. Ich dachte bei mir, was in aller Welt habe ich da vor? Ich bin ein untersetzter, untrainierter Büromensch, der eigentlich kein Recht hat, Schwimmkleidung zu tragen, geschweige denn, an diesem Strand zu stehen und ein Ozeanschwimmen zu wagen. Aber andererseits, zum Teufel damit. Das ist ja genau der Grund, warum ich hier stehe – *eben weil* ich kein untersetzter, untrainierter Büromensch mehr sein will.

Ich konzentrierte mich auf diesen letzten motivierenden Gedanken, ging ins Wasser und wurde prompt von den Füßen geholt. David half mir auf und schrie mir ins Ohr: »*Nach* der letzten Welle dieser Gruppe gehst du mit mir hinein.« Zwei weitere Wellen brachen, bevor er sich in Bewegung setzte. Ich folgte ihm, als ob mein Leben davon abhinge. Wenn ich es recht bedenke, tat es das wahrscheinlich auch. Ich kann mir gut vorstellen, wie es ist, wenn man zwischen brechenden Wellen gefangen ist und seine ganze Energie verbraucht hat – auch ein Rettungsschwimmer kann nicht in allen Situationen helfen. Ich verstand jetzt, warum es trotz allem jedes Jahr so viele Todesopfer gab. Peinlich genau folgte ich Davids Anweisungen, und nach ein paar erschöpfenden Minuten war ich erfolgreich hinter den Brechern angelangt. Es war wunderbar. Ich liebte das Gefühl, wie mich der Seegang immer wieder hochhob und wieder herunterbrachte. Es war das erste Mal, dass ich richtig »im Meer« war und nicht nur »am Strand«. Ich ließ mich eine Weile auf dem Rücken treiben und betrachtete den Strand von Taramara vor mir, Mackenzies Point zu meiner Rechten und Shark Point zu meiner Linken. Aus irgendeinem Grund musste ich einfach lachen.

Auf das Risiko hin, esoterisch zu klingen: Das war so nahe an einem göttlichen Erlebnis wie irgendwas, das ich in letzter Zeit hatte – und das schließt den Besuch der Quäker-Treffen ein. Wir mussten weiter hinausschwimmen, um die Strömung vor der nördlichen Landspitze von Bronte zu umgehen. Wenn es nach mir ging, konnte es gar nicht weit genug sein – ich wollte, dass dieses Schwimmen nicht aufhörte. Eine Überraschung und ein wirklicher Bonus war, dass wir auf der gesamten Strecke, obwohl wir scheinbar kilometerweit vor der Küste schwammen, bis hinunter auf den Grund sehen konnten – und auch all das herrliche Meeresgetier dazwischen. Auf unserem Weg zum südlichen Ende des Strandes von Bronte kamen wir an einer Gruppe von Surfern vorbei, die von den großen Wellen angelockt worden waren. Hätte ich vor einem Jahr an einem solchen Tag am Strand gestanden, wäre es für mich unvorstellbar gewesen, im Meer zu schwimmen, geschweige denn so weit draußen zu sein wie die Surfer. Jetzt schwamm ich sogar noch weiter draußen als sie. Obwohl ich den einen oder anderen Mund voll Wasser geschluckt hatte auf unserer Reise, fühlte ich mich wie ein Mittelding zwischen Jacques Cousteau und Johnny Weissmüller, als ich vor dem Meerwasserpool von Bronte auf trockenes Land kletterte.

Für David schien es ein bisschen im Meer plantschen gewesen zu sein; für mich dagegen war es ein gewaltiger Meilenstein, eine wirkliche Initiation. Während wir am Strand standen und uns unterhielten, wurde mir ein weiterer bemerkenswerter Aspekt dessen klar, was wir gerade getan hatten. Nicht das Schwimmen an sich, sondern die Tatsache, dass es Winter war und wir beide gerade die Nelson Bay durchschwommen hatten, ohne Neoprenanzüge oder Schwimmmützen zu brauchen. Hatte ich schon erwähnt, dass ich Australien liebe?

41

Blaue Linie

Irgendwie kam es mir vor, als würden die Vorteile meines Aussteigens aus der Tretmühle sich nicht nur summieren, sondern geradezu exponentiell zunehmen. Als ich fünf Monate meines freien Jahres hinter mir hatte, schien alles zusammenzukommen. Ich war nie glücklicher gewesen. Eine weitere Quelle der Freude war, dass ich neben meinem Schwimmen auch noch zum Laufen zurückfand.

Ich habe am 1. Januar 1996 mit dem Laufen angefangen. Seitdem führe ich ein Lauf-Tagebuch, in dem ich jeden einzelnen meiner Läufe verzeichnet habe. Bis heute habe ich drei Bücher mit kleiner, enger Schrift gefüllt. Wenn ich darin blättere, bekomme ich auf Armeslänge einen Kommentar über mein Leben. All meine Reisen sind darin beschrieben, denn wo immer ich hinfahre, habe ich stets meine Laufsachen dabei. Ich glaube nicht, dass ich eine Stadt wirklich kennengelernt habe, solange ich nicht in ihr gelaufen bin. Ich »sammle« Städte und freue mich auf jede Neueroberung, die ich so auf der Landkarte abhaken kann.

Manchmal sind es meine Läufe, an die ich mich nach dem Besuch einer Stadt am liebsten erinnere. Ein Lauf um den kaiserlichen Palast war das Highlight eines Aufenthalts in Tokio, ebenso ein Lauf um den Central Park, als ich das letzte Mal in New York war. 1997 flog ich nach Athen – eine schreckliche Geschäftsreise, wo von mir erwartet wurde, dass ich mit einem Kunden Nightclubs und Bordelle besuchte … »Essen und trinken zum Vergnügen anderer Leute« hat der berühmte Wirtschaftskommentator

Sir Harvey Jones einmal sehr treffend über Geschäftsessen gesagt. Der Lauf den Lykavittos hinauf versöhnte mich mit dieser Reise, obwohl meine Weigerung, an den Freuden des Moscow-Queens-Stripclubs teilzuhaben, meine Reputation bei dem betreffenden Kunden nicht gerade förderte. Ich sammle nicht nur Städte bei meinen Läufen, ich sammle auch Menschen – Freunde, Kollegen, Familienmitglieder und Fremde. Jeder Einzelne, mit dem ich gelaufen bin, hat mich auf irgendeine Weise bereichert, und sie sind alle in meinem Lauftagebuch verewigt. Laufen ist ein fantastischer Ausgleich und eine exzellente Möglichkeit, jemanden ein bisschen besser kennenzulernen, als das normalerweise der Fall wäre. (Nach meiner Erfahrung ist es beim Surfen ähnlich – und eigentlich bei allen Tätigkeiten, für die man sein Hemd ausziehen muss.)

Am wichtigsten ist, dass das Laufen in der Vergangenheit meine Beziehung zu den Kindern verwandelt hatte. Als mein ältester Sohn ein Jahr alt wurde, zog ich über meine Leistungen als Vater Bilanz und kam zu einem vernichtenden Ergebnis. Nichts wirklich Schlimmes, aber einfach nicht nennenswert involviert. Noch am gleichen Tag ging ich los und kaufte einen dieser Jogger-Kinderwagen. Dann sagte ich Kate, dass sie ab sofort samstagvormittags von der Kinderbetreuung ausgeschlossen sei. Von diesem Tag an stand ich die ersten Monate lang jeden Samstag auf und lief mit Alex an irgendeinen Ort, den er interessant fand – meistens einen Bahnhof. Dort saßen wir und unterhielten uns, und wenn ihm langweilig wurde, liefen wir zurück. Er war aus dem Haus, Kate hatte die Chance, einmal Pause zu machen, ich bekam die Gelegenheit, eine Bindung zu meinem Sohn aufzubauen – und obendrein bekam ich Bewegung. Das Ganze funktionierte so gut, dass ich später das Gleiche mit Harry machte. Und als Grace und Eve zur Welt kamen, kaufte ich einen Zwillings-Jogger und machte das Gleiche mit ihnen. Wenn die Kinder älter sind, werden sie wahrscheinlich ihren Freunden erzählen, dass das Schlimmste an ihrer Kindheit die dusseligen Läufe waren, die sie mit ihrem Vater absolvieren mussten, doch für mich zählen diese Läufe zu meinen schönsten Erinnerungen.

Bevor wir nach Australien kamen, lief ich jahrelang durchschnittlich dreimal pro Woche, doch seit dem Umzug hatten der Druck meines Jobs und die vier Kinder mir so wenig Zeit gelassen, dass ich manchmal monatelang nicht dazu kam, mir auch nur einen Laufschuh anzuziehen. Für die meisten Menschen wäre das kein großer Verlust gewesen, doch ich empfand es geradezu als tragisch. Ich liebte das Laufen. Es war zu einem zentralen Bestandteil meines Lebens geworden und war darüber hinaus für viele seiner Höhepunkte verantwortlich. Ich bin mir wohl bewusst, dass meine Beziehung zum »Sport«, um es milde auszudrücken, ungewöhnlich ist. Der Unterschied ist, dass ich ihn nicht als körperliche Aktivität betrachte, sondern als spirituelle. Viele Gelegenheitsjogger sprechen davon, dass das Laufen sie nicht nur fit hält, sondern zusätzlich ihr Selbstbewusstsein und ihre Wertschätzung für die Welt, die sie umgibt, verstärkt. Ich kann diese Gefühle nur bestätigen – doch für mich ist das Laufen noch mehr als das. In vielerlei Hinsicht glaube ich, dass es mein Leben gerettet hat. Ich glaube wirklich, dass das Laufen mich nicht nur zu einem besseren Vater und Ehemann gemacht hat, sondern zu einem besseren Menschen, Punkt. Ein Grundpfeiler meiner Philosophie ist, dass man mit einer dauerhaften, fokussierten Anstrengung fast alles erreichen kann. Das klingt als Theorie zunächst einmal eher naiv und überoptimistisch, doch ich kann mich jedes Mal, wenn ich laufe, neu erfinden. Jedes Rennen, das ich beende, jeder Mensch, den ich treffe, und jede Stadt, die ich entdecke, beweist mir die Richtigkeit meiner Lebensphilosophie.

Im Übrigen sorgt das Laufen auch dafür, dass ich ehrlich bleibe. 1996 beschloss ich, jedes Jahr mindestens ein Rennen zu laufen. Die Uhr lügt nicht und sie akzeptiert keine Ausreden – wenn in der Zeitung steht, dass du die zehn Kilometer in 70 Minuten gelaufen bist, dann ist das so. Dabei wird nicht erwähnt, dass du auf im Job wirklich Stress hattest und dass die Familie dir keine Zeit ließ zum Trainieren. Es ist Wahrheit, auf ihre simpelste Form gebracht. Ob zehn Kilometer in 70 Minuten eine heroische oder eine traurige Leistung ist, ist deine Sache. Es ist einfach so. Es gibt dir einen Fels der Sicherheit in einer ansonsten ziemlich verwirrenden Welt. Was du mit dieser Wahrheit anstellst, liegt an dir. Das Wundervolle daran ist: Wenn du vorhast, deine Zeit zu verbessern, wird das Ergebnis deiner Bemühungen auf die gleiche Weise offengelegt. Anders als bei so vielen anderen Dingen im Leben, kann man hier nicht schummeln: Entweder du hast dich verbessert oder nicht.

Als ich in London lebte, waren die 10 Kilometer von Crouch End mein Stammrennen. Beim ersten Mal lief ich allein. Ich fing gerade an, und das Laufen war etwas Persönliches und beinahe Peinliches. Doch in jedem der folgenden Jahre lief ich mit Freunden und Verwandten zusammen, und wir feierten hinterher eine Party bei uns zu Hause. 1998 lief ich mit meinem Bruder, meiner Schwägerin, meinem Schwager, dem Freund meiner Schwägerin, Giles und drei Arbeitskollegen. Sowohl meine als auch Kates Eltern und eine Menge Freunde aus der Gegend kamen zum Essen nach dem Rennen. Ich habe ein Foto, das an diesem Tag in unserem Garten gemacht wurde. Wenn jemand einmal die Aufgabe hat, meinen Nachruf zu schreiben, dann wäre ich froh, wenn er dieses Bild danebensetzt. Wäre doch nur jede Familienfeier oder gesellschaftliche Zusammenkunft so stressfrei und fröhlich. Stellen Sie sich eine große Familienweihnacht vor – ohne die Streitereien. Ich habe mein Teilnehmer-T-Shirt von jedem einzelnen der sechs Crouch End-Rennen, an denen ich teilgenommen habe, aufgehoben – und so blöd sich das anhört, das wären die ersten Kleidungsstücke, die ich retten würde, für den Fall, dass unser Haus mal in Flammen steht.

Um nach einer so langen Pause Verletzungen zu vermeiden, hatte ich es bei meiner Rückkehr zum Laufen absichtlich langsam angehen lassen. Ich begann mit schnellem Marschieren und steigerte nach und nach die Strecke, die ich dabei zurücklegte. Als ich bei vollen 30 Minuten war, kamen kurze Läufe dazu, die ich spontan einfügte, wann immer mir ein geeigneter Zielpunkt ins Auge fiel. »Okay, du alter Fettsack, wollen doch mal sehen, ob du von hier bis zu dieser Bushaltestelle laufen kannst«, forderte ich mich selbst heraus, bevor ich zu der selbstgewählten Ziellinie joggte und von da an wieder marschierte.

Zu meiner Überraschung und Freude war ich nach ein paar Monaten ohne Verletzungen wieder zum regelmäßigen Laufen zurückgekehrt. Tatsächlich entwickelte sich mein Laufen gut, und mit »gut« meine ich definitiv weder schnell noch weit, sondern angenehm. Ein Surflehrer hat mir einmal gesagt, man erkenne den besten Surfer daran, dass er am meisten lächelt. Legt man diesen Maßstab ans Laufen an, dann war ich erfolgreicher als Carl Lewis und Linford Christie zusammen, also meldete ich mich zusammen mit meiner Freundin Sally für das alljährliche *City to Surf*-Rennen von Sydney an.

Dabei handelt es sich um eine erstaunliche Veranstaltung. Der Lauf beginnt im Stadtzentrum, im Hyde Park, und geht, wie der Name vermuten lässt, zum Surfstrand von Bondi. Vierzehn Kilometer insgesamt. Es ist das größte Rennen auf Zeit in der Welt, jedes Jahr nehmen mehr als 60 000 Menschen teil. Irgendwie hat Sydney einfach den Dreh raus, solche Veranstaltungen unglaublich gut zu organisieren. Das ganze Jahr hindurch gibt es unzählige städtische Veranstaltungen – nicht nur im sportlichen Bereich, sondern ein breites Spektrum aller möglichen Dinge wie die Homosexuellenparade am Mardi Gras, das Feuerwerk an Silvester oder der Open-Air-Skulpturenpark »Sculpture by the Sea«. Diese Veranstaltungen ziehen Tausende von Menschen an, und jede einzelne davon scheint ohne Ärger und glänzend organisiert über die Bühne zu gehen. Kein Wunder, dass die Olympiade in Sydney ein solcher Erfolg war.

An jenem sonnigen Augustmorgen war es schon aufregend und wunderbar, inmitten der Menschenmenge an der Startlinie zu stehen. Sechzigtausend Menschen, alle bester Laune, die für einen gemeinsamen Zweck zusammengekommen sind. Meine stärkste Erinnerung an diesen Tag ist das unwirkliche Bild eines Himmels voller Kleidungsstücke, als die Teilnehmer, die Sweatshirts, die sie vor dem Rennen getragen hatten, unmittelbar vor dem Startschuss in die umliegenden Bäume warfen. Es war wie diese Szenen in *Herr der Ringe*, als alle Bogenschützen ihre Armbrüste gleichzeitig in die Luft schießen, nur dass es hier eben Kleidungsstücke und keine Pfeile waren. Als der Startschuss ertönte, sah jeder Baum wie ein verrückt geschmückter alternativer Weihnachtsbaum aus. Doch da es sich um Sydney handelte, hatten die Organisatoren diese jährliche Tradition natürlich mit eingeplant und sammelten all die weggeworfenen Oberteile für wohltätige Zwecke ein.

Das Rennen selbst war eine Freude. Ich war entschlossen, mich nicht auf irgendwelche »Greif nach den Sternen«-Machospielchen einzulassen, die in der Euphorie eines Rennens manchmal über einen kommen können. Meine Rennstrategie sah vor, langsam anzufangen, dann langsamer zu werden und schließlich gemütlich auszulaufen. Ich wollte jede Minute genießen. Ein wenig wie mein Durchschwimmen der Nelson Bay – je länger es dauerte, desto besser. Ich kann stolz vermelden, dass ich mich in dieser Hinsicht selbst übertraf – ich belegte den 33 748. Platz, hinter einer ganzen Reihe von Läufern, die als Nonnen oder Elefanten verkleidet waren, und einem Verrückten, der – ich schwöre – einen kompletten Taucheranzug trug. Obwohl ich die Spitzengruppe nicht in Verlegenheit brachte, ist dieses Rennen eines meiner liebsten. Das T-Shirt, das ich bei dieser Gelegenheit bekam, hat einen Ehrenplatz in meinem Schrank, zusammen mit den Shirts der Crouch-End-Läufe.

Begeistert von dem Erlebnis des *City to Surf*-Rennens und ermutigt von unserem neuen Zusammengehörigkeitsgefühl in der Familie, beschloss ich zu versuchen, zum ersten Mal mit Alex und Kate zusammen bei einem Rennen mitzulaufen. Glücklicherweise fand bereits einen Monat später ein weiteres Rennen statt, das zu den schönsten auf diesem Planeten zählt – der *Sydney Bridge Run*. Dessen Route beginnt beim *North Sydney Oval*-Sportstadion, schlängelt sich dann sanft über die Harbour Bridge – die eigens für dieses Ereignis für den Verkehr gesperrt wird – und endet an der Oper. Und die ganze Zeit läuft man an der blauen Linie entlang, die dort noch von der Marathonstrecke der Olympischen Spiele von 2000 zu sehen ist. Das nenne ich »eine Stadt sammeln«. Wir schickten unsere Teilnahmeerklärungen ab und begannen mit der Vorbereitung auf unser erstes gemeinsames Rennen. Weder Alex noch Kate waren Läufer, deshalb war das ein größeres Unternehmen, als es sich zunächst anhören mag. Die Überredungskunst, die notwendig war, um die beiden in ihren Trainingssachen vor die Tür zu bekommen, erinnerte mich bisweilen an meine unrühmliche Rolle bei Kates Bungee-Sprung, doch meistens fand unser gemeinsames Joggen bei guter Stimmung statt. Im Übrigen waren, auch wenn ich manchmal ziemlich drängen musste, zumindest zu keinem Zeitpunkt irgendwelche Alligatoren mit im Spiel.

42

Der weiße Hai

Alles in allem war es ein ziemlich dramatischer Wandel weg von dem fetten, lethargischen leitenden Angestellten, der ich noch vor ein paar Monaten gewesen war. Ich liebte es, aktiv und schlank zu sein. Ich befand mich in einer positiven Energie-Spirale: Je fitter ich wurde, desto mehr wollte ich tun, und desto fitter wurde ich. Beim Schwimmen schaffte ich einen weiteren Meilenstein – wieder mit David. Diesmal schwamm ich von Landspitze zu Landspitze, nicht von Strand zu Strand. Wir sprangen im berühmten *Winter Swimming Club* der *Bondi Icebergs* nahe der südlichen Landspitze der Bucht von Bondi vom Rand des Meerwasserpools, schwammen zur Nordspitze und wieder zurück – eine anständige Distanz, selbst für einen guten Schwimmer. Es hört sich vielleicht bemitleidenswert an, aber ich war wegen dieser Herausforderung so aufgeregt, dass ich tatsächlich jeden einzelnen Schwimmstoß mitzählte. 2200 Stück, ganz genau. Als ich am Rand des *Icebergs*-Beckens wieder aus dem Meer kletterte, dachte ich unwillkürlich, dass Zane beeindruckt gewesen wäre, auch wenn mir immer noch 600 Schwimmstöße fehlten.

Da ich dies nun geschafft hatte, fühlte ich mich hinreichend in Form, um mich beim Schwimmen von Bondi nach Bronte anzumelden. Bis zu diesem Zeitpunkt hatte ich meinem Gefühl nach nicht einmal das Recht gehabt, das Anmeldeformular auszufüllen. Schon das Durchlesen dieses Schriftstücks war eine einschüchternde Prozedur. Eine Passage stach besonders hervor – ich zitiere: »Wir weisen darauf hin, dass das Ozeanschwimmen von Bondi nach Bronte hohe Anforderungen an die körperliche Fitness stellt. Zu den möglichen Risiken gehören Ertrinken, Zusammenstöße mit Wasserfahrzeugen, Haiangriffe und Stiche der Portugiesischen Galeere. Alle Schwimmer nehmen auf eigenes Risiko teil und sind für ihren körperlichen Zustand selbst verantwortlich.« Wenn das kein guter Werbetext ist.

Einer der vielen Vorteile meiner zunehmenden körperlichen Fitness war, dass auch mein Surfen nach und nach besser wurde. Ich war dem Surfen verfallen, seit ich am Heiligabend des Jahres 2001 in Bondi meine erste Stunde genommen hatte, allerdings waren meine Fortschritte frustrierend langsam gewesen. Wenn man nicht in unmittelbarer Nähe des Ozeans aufgewachsen ist, ist Surfen eigentlich eine unglaublich schwere Sportart. Für den Anfänger sind die Videos jener Burschen, die in Hawaii auf riesigen Wellen reiten, ungefähr so relevant wie ein Video von Tiger Woods beim Gewinnen der US Open für einen Golfanfänger. Es gibt einem keinerlei Vorstellung davon, wie schwer es ist. Anfangs fand ich es schon eine Herausforderung, das dämliche Brett den Strand entlangzuschleppen, geschweige denn, es ins Meer hinaus zu paddeln.

Für den Anfänger ist das Hinauspaddeln erschöpfend. Gerade wenn du denkst, du hast ein Gefühl für das Brett entwickelt, kommt eine Welle, wirft dich herunter und schwemmt dich zurück in Richtung Strand. Es gibt keine Atempause. Die Wellen sind gnadenlos. Man muss einfach immer wieder hinaufklettern und mit aller Kraft paddeln. Das Ziel ist, hinter die Brandung zu kommen, wo man sich dann auf das Brett setzen, ausruhen und das Meer nach der besten Stelle absuchen kann, um sich eine große Welle zu schnappen. An vielen Tagen ist es für den Anfänger unmöglich, hinter die Brandung zu gelangen. Es gibt eine inoffizielle Sicherheitsregel, die besagt, wenn man es nicht zügig hinter die Brandung schafft, dann sind die Bedingungen für den eigenen Standard zu schwer und man sollte sich schleunigst aus dem Wasser machen.

Wie viele Dinge im Leben, ist das Surfen einem Anfänger gegenüber vollkommen unfair. Genauso wie Banken nur an solche Leute Geld verleihen, die es nicht brauchen, wird das Surfen leichter und weniger anstrengend, je besser man es beherrscht. Um das Surfbrett zu paddeln, braucht man Muskeln, die man nicht benutzt, wenn man an einem Schreibtisch sitzt und am Computer arbeitet. Nach meiner ersten Stunde hatte ich eine Woche lang Muskelkater und zuckte jedes Mal zusammen, wenn ich meine Schultern nach hinten bewegen musste, um ein Hemd oder eine Jacke anzuziehen. Das erste Mal, als ich es hinter die Brandung schaffte, war ich so geschafft, dass ich, anstatt mich aufzusetzen und umzuschauen, auf dem Brett liegen blieb wie ein gestrandeter Wal und leise stöhnte.

Doch hinter die Brandung zu gelangen, das ist noch nicht einmal die halbe Miete. Als Nächstes muss man lernen, wie man eine Welle bekommt. Und auf die Füße kommt. Und auf der Welle reitet. Das erfordert nicht nur Geschicklichkeit, sondern auch Kraft und Wendigkeit. Regelmäßige Surfer haben Körper, die die Gesetze der menschlichen Evolution scheinbar außer Kraft setzen. Vergessen Sie die lächerlichen Bodybuilder – die Burschen und Mädel mit den Brettern haben perfekt geformte Körper. Kein Gramm Fett. Steinharte Muskeln, geformt nur durch die speziellen Bewegungen und Anspannungen, die man auf einem Surfbrett benötigt. Breite Schultern, V-förmige Rücken und ein flacher Bauch sind die Regel. Denkt man sich noch sonnengebleichtes Haar und Ganzjahresbräune dazu, dann kann man verstehen, warum die Surfer-Kultur in den Werbekampagnen verschiedenster Produkte von Cola bis zu den Textilien der Marke French Connection begeistert aufgegriffen wird, selbst in Ländern, die keinerlei Strände besitzen. Kate und ich sahen viele derartige Werbeplakate, als wir in Venedig und in den französischen Alpen waren. Ich nehme an, eine gewisse Verwandtschaft zum Skilaufen könnte die Plakate in den Alpen erklären – aber Venedig? Anders als viele andere Modevorbilder, die ganz offensichtlich künstlich und fabriziert sind, hat der Surfer eine gewisse raue Glaubwürdigkeit, die authentisch wirkt. Jedenfalls fühlte ich mich dadurch angesprochen – aber andererseits machte ich ja auch, wie Kate regelmäßig konstatierte, eindeutig eine Midlife-Crisis durch.

Ich war inzwischen in der Lage, halbwegs unbeschadet die Brandung zu überwinden. Mein neues Problem war, das Meer zu lesen – und natürlich die Surf-Etikette. Ein städtischer Strand wie Bondi ist oft voller Menschen. Das Missachten der ungeschriebenen Surfregeln ist definitiv tabu, und die Tatsache, dass man Anfänger ist, ist keine Entschuldigung. Die Hauptregel ist, dass man sich niemals »reindrängelt«, was im Grunde bedeutet, dass derjenige, der eine Welle zuerst bekommt, Vorfahrt hat. Wenn man später einsteigt und sich vor einen Surfer drängt, der bereits auf einer Welle reitet, kann dieser ziemlich unwirsch werden. Angesichts der Größe dieser Burschen ist das nicht zu empfehlen.

Hinter der Brandung wartet ein weiteres Problem: Haie. Ich weiß nie genau, wo das Hainetz in Bondi sich befindet. Wenn Ebbe herrscht und es große Wellen gibt, kann man sich unversehens weit draußen auf dem Meer wiederfinden. Es ist nur natürlich, dass man sich da Gedanken macht. Und manche Strände außerhalb der Städte haben nicht einmal Hainetze. Die Einheimischen geben bereitwillig zu, dass es Haie im Meer gibt. Sie haben eine erfrischende zweiteilige Sicherheitsphilosophie: »Wenn du Angst vor Haien hast, dann musst du entweder an Land bleiben oder damit fertig werden.« Fairerweise muss man dazusagen, dass »damit fertig werden« etwas mehr bedeutet als sich einfach keine Sorgen zu machen. Es gibt bestimmte Grundregeln, die man befolgen sollte, wenn man nicht von einem Hai geschnappt werden will. Eine davon ist, nicht im Morgengrauen oder in der Abenddämmerung zu surfen; eine andere, niemals allein zu surfen. In meinem neu gefundenen Enthusiasmus ignorierte ich idiotischerweise gleich alle beide, als wir uns auf einem Wochenendtrip an einen Strand ein paar Stunden nördlich von Sydney mit dem passenden Namen Boomerang Beach befanden.

Ich war früh wach geworden. Kate und die Kinder schliefen noch. Mein Surfbrett war noch von der Anreise am Vortag auf dem Autodach befestigt. Es rief nach mir. Ich überlegte mir, dass ich eine Runde surfen, Brötchen für unser Frühstück kaufen und wieder zurück sein konnte, bevor der Rest der Familie aufwachte. Ich sprang also aus dem Bett, zog meinen Surfanzug an und fuhr die drei Kilometer bis Boomerang Beach. Wenn man eine Weile in

Australien gelebt hat, kann es sein, dass man hinsichtlich der Strände ein wenig überheblich wird. Es ist ein bisschen so wie schneeblind werden während eines Skiurlaubs. Es gibt so viele schöne Strände, dass man einfach immer kilometerweise weißen Sand, klares Wasser und großartige Aussicht erwartet. Doch Boomerang Beach war selbst nach australischen Maßstäben ein ziemlich guter Strand, und er war wundervollerweise vollkommen leer. Keine Menschenseele in Sicht. Es war immer noch halb dunkel, die Sonne fing gerade an, sich über dem Horizont zu erheben. Die Wellen waren von anständiger Größe, aber ich gelangte ohne Schwierigkeiten weit genug hinaus. Ich setzte mich auf mein Brett auf und genoss den Moment. Ich war im Urlaub und vor dem Frühstück im Meer. Genau so hatte ich mir Australien erträumt. In solchen Momenten ignorierte ich die Tatsache, dass ich eine vierzigjährige arbeitslose Führungskraft war, ohne Vorstellung davon, wovon meine Familie sich zukünftig ernähren würde. Ich könnte nicht glücklicher sein, dachte ich bei mir.

Ich hatte gerade damit aufgehört, meine Glückseligkeit auszukosten, als ich aus den Augenwinkeln heraus einen schiefergrauen Blitz im Wasser zu meiner Linken zu erkennen glaubte. Oder hatte ich es mir nur eingebildet? Immerhin hatte ich ja gerade meinen Tagträumen nachgehangen. Nein, da war es wieder. Ich fragte mich, was es sein mochte. Ich schaute mich um. Der Strand war immer noch verlassen. Obwohl es leichtsinnig war, allein hier draußen zu sein, fühlte ich mich sicher. Die Bedingungen entsprachen durchaus meinen Fähigkeiten. Wenn ich ermüdete, konnte ich leicht in ein paar Minuten an Land paddeln. Das Einzige, was passieren konnte, war ein Haiangriff, und, liebe Zeit, wie wahrscheinlich war denn das? Ich meine, die waren doch unglaublich selten, oder nicht? Es hatte keinen

Todesfall wegen Haien gegeben, seit wir nach Australien gezogen waren. Gut, da war dieser eine Taucher, der getötet wurde, und dieser deutsche Tourist, aber das waren Ausnahmen.

Plötzlich packte mich die Hai-Panik. Verdammte Tat, Nigel, dachte ich. Was machst du hier eigentlich? Ich bin allein auf dem Meer vor Tagesanbruch. Wenn irgendetwas passiert, bin ich im Arsch. Der Hai würde mich nicht mal auffressen müssen. Schon ein Bein oder ein Arm oder nur eine Hand würden ausreichen. Ich würde es nie bis ans Ufer schaffen – und hier ist keiner, der auch nur *versuchen* könnte, mich zu retten. Ich werde einfach erbärmlich ertrinken. Kate weiß nicht einmal, wo ich bin. Reiß dich zusammen, beruhig dich, erst einmal tief durchatmen, schau dich um, orientier dich und dann: langsam ans Ufer paddeln. Ich fange sowieso schon an zu frieren.

Ich fühlte mich besser. Eigentlich sogar ein bisschen kindisch. Ich hatte immer diese *Weißer Hai*-Fantasien. Man sollte sich die dramatischen Gefühle aufheben, bis man sich wirklich in einem Drama befindet. Ich fing an, zum Strand zu paddeln. Und hörte wieder auf, als eine Rückenflosse zwischen meinem Brett und dem Strand vorbeiglitt, nicht mehr als drei Meter entfernt.

Das war eine Rückenflosse, es ist ein Hai, ich bin im Arsch, dachte ich in schneller Folge.

Ich versuchte, mich aufzusetzen, um die Füße aufs Brett zu bekommen, und fiel prompt ins Wasser. Normalerweise lässt man, wenn man auf dem Brett sitzt, die Beine im Wasser, um das Gleichgewicht zu halten, aber ich hatte den Kniff leider noch nicht heraus, wie man ohne diese Hilfe auf dem Brett saß. Andererseits dachte ich mir, ich werde bald keine verdammten Beine mehr haben, wenn ich sie nicht zackig aus dem Wasser bekomme. Also krabbelte ich auf mein Brett und blieb flach darauf liegen. Einer der wenigen Vorteile, wenn man Surfanfänger ist, besteht darin, dass man ein größeres Brett hat. Meins war über zweieinhalb Meter lang. Ich konnte darauf liegen, ohne dass irgendein Teil von mir ins Wasser ragte. Die Flosse tauchte wieder auf, diesmal rechts von mir. Herrgott, das Vieh nimmt Maß für sein Frühstück. Wenn ich ruhig liegen bleibe, verschwindet es bestimmt wieder. Ich meine, für Haiaugen muss ich doch wie ein zweieinhalb Meter langes Holzstück aussehen. In diesem Moment erinnerte ich mich, in einer Wochenendzeitung gelesen zu haben, dass Haie menschlichen Urin noch in 100 Meter Entfernung wahrnehmen können. Eine wundervolle Erinnerung angesichts der Tatsache, dass ich mich gerade einer der Freuden des frühmorgendlichen Surfens hingegeben hatte: einem warmen Strahl in einem kalten Surfanzug.

Das hier ist kein Spaß mehr, dachte ich mir. Ich werde wirklich sterben. Was für eine Ironie. Gerade war ich dabei, mein Leben auf die Reihe zu kriegen, und bevor ich es richtig genießen kann, werde ich verdammt noch mal vor dem Frühstück von einem beschissenen Fisch gefressen werden. Ich frage mich, ob Kate wieder heiraten wird. Alex wird wahrscheinlich Spielführer der British Lions werden, doch ich werde es verpassen, weil ich ein unentdecktes Skelett auf dem Meeresgrund vor der Küste von Neusüdwales bin. Zumindest werde ich nicht zuschauen müssen, wenn picklige Jungs mit niederen Absichten die Zwillinge ausführen. Von was wird die Familie leben? Die Lebensversicherung wird das erste Jahr so ziemlich überbrücken, nehme ich an. Moment mal – welche Lebensversicherung? Du bist arbeitslos, du Idiot, du hast keine Lebensversicherung. Oh verdammte Hacke, diesmal hab ich es wirklich vermasselt.

Die Flosse tauchte wieder auf, diesmal gefolgt von einer weiteren und einer dritten. Ja, leck mich fett, sie jagen im Rudel! Vorsichtig zog ich den Autoschlüssel aus der wasserdichten Tasche am Knöchelband der Schnur, die mich mit meinem Surfbrett verband. Große Klasse, ich werde drei Haie mit dem Schlüssel eines Toyota Tarago in die Flucht schlagen.

Man kann ohne Übertreibung sagen, dass dies einer der Tiefpunkte meines Jahres war. Bäuchlings auf einem Surfbrett, umschwärmt von Haien, zitternd vor Angst und mit der Hand einen Autoschlüssel umklammernd, um mich zu verteidigen. Ich blickte zum Strand. MENSCHEN! Ich konnte definitiv Menschen sehen. Zwei Stück. Mit Surfbrettern. Moment mal, sieht aus, als wollten sie ins Wasser gehen. Scheiße, ich muss sie warnen. Können Haie hören? Wenn ich schreie, reize ich sie vielleicht. Andererseits, vielleicht fressen sie die anderen Surfer und nicht mich. Himmel, sie paddeln aufs Meer, in meine Richtung. Mein Gott, sie wollen hallo sagen. Die Rückenflossen waren deutlich sichtbar, diesmal wieder links.

»Wie geht's?«, sagten die beiden, als sie neben mir angekommen waren. »Ist es nicht wunderbar heute Morgen?«

»Strandschnellzumstrandrausausdemwasserflossendreiflossenichwollteeuchwarnen«, flüsterte ich unzusammenhängend.

»Was ist los, Kumpel? Ja, drei Stück. Super Sache, vor dem Frühstück mit den Delfinen zu surfen, wie? Vor allem, wenn sie dann irgendwann hochspringen und übers Wasser hüpfen, ja, ja. Das macht gute Laune für den ganzen Tag, stimmt's? Ist das ein Autoschlüssel da? Es gibt auch Knöchelbänder mit Taschen zu kaufen, da muss man das Ding nicht immer in der Hand halten«, sagte der eine, bevor er sich umdrehte, um die Wellen zu studieren.

Gute Laune für den ganzen Tag hin oder her, das Frühstück, das ich mitbrachte, als ich zu Kate und den Kindern zurückfuhr, schmeckte jedenfalls verdammt gut.

43
Show and tell

Meine Zeit außerhalb der Büro-Tretmühle erlaubte mir nicht nur, mein Leben dauerhaft zu verändern, indem ich das Trinken aufgab und fit wurde – ich betrachtete es auch als eine einmalige Gelegenheit, ein paar kleinere Dinge zu tun, die auf meiner persönlichen Wunschliste standen. Die Art von Dingen, die viele Menschen angeblich gerne tun würden, zu denen sie aber irgendwie nie die Zeit finden. Eines dieser Dinge war ein Väter-und-Söhne-Ausflug. Vater und Söhne, genauer gesagt, denn ich wollte allein mit meinen Söhnen losziehen.

Die Anforderungen meines Jobs und einer sechsköpfigen Familie führten dazu, dass ich nur selten die Gelegenheit hatte, Zeit allein mit meinen Söhnen zu verbringen. Weil Harry erst fünf war, zog ich meistens nur mit Alex los. Ob aus diesem oder anderen Gründen, zwischen Alex und mir hatte sich jedenfalls ein unglaublich starkes Band entwickelt. Ich wollte sehr gerne mit beiden gemeinsam Dinge unternehmen, aber unterhalb eines gewissen Alters ist das nicht so einfach. Ein paarmal hatte ich versucht, Harry mit zum Rugby zu nehmen, aber er war zu jung, und ich fühlte mich schlecht, wenn ich ihn zu etwas zwang, das ihm eindeutig keinen Spaß machte. Ich liebte Harry von ganzem Herzen und wollte nicht, dass er den Eindruck bekam,

Alex würde ihm vorgezogen. Konnte durchaus sein, dass er sich in dieser Hinsicht nicht so sicher war – und meine Befürchtungen wurden weniger bestätigt als mit einem Pfahl durch mein Herz getrieben, als ich eines Morgens aufwachte und er vor meiner Seite des Betts stand. Er hatte wie üblich seinen Schlafanzug verkehrt herum an und seine Haare standen ab wie bei einem verrückten Professor. Er sah so süß aus, dass ich ihn hätte auffressen können.

»Morgen, Bonkers«, sagte ich.

»Morgen, Daddy«, antwortete er. »Daddy, wen magst du lieber – Alex oder mich?«

»Schatz! Ich habe euch alle gleich lieb, das weißt du doch«, rief ich aus.

»O.k., Dad. Daddy, ich kann ›Markt‹ buchstabieren: M-a-k-t«, sagte er, bevor er hinausging.

Von der Frage der Rechtschreibung einmal abgesehen, beschloss ich in diesem Moment, die Gelegenheit beim Schopf zu packen und wirklich einen Vater-und-Söhne-Ausflug zu machen, statt immer nur darüber zu reden.

So versessen ich darauf war, diesen Ausflug zu machen, ich war ebenso sehr bedacht darauf, nicht die Fehler meiner Eltern bei ähnlichen Gelegenheiten zu wiederholen. Ich habe eine Menge unguter Erinnerungen an gutgemeinte, aber katastrophale Familienferien, weil unsere Eltern offenbar davon überzeugt waren, mein Bruder und ich würden die gleichen Dinge mögen wie sie selbst. Eine Autofahrt in die Wälder von Neuengland ist besonders in meiner Erinnerung haftengeblieben. Vier Tage lang fuhren wir zwischen Bäumen umher. Bäumen. Nicht Mädchen. Nicht Rugby. Sondern Bäume. Mama und Papa oohten und aahten über die »wundervolle Aussicht«, während mein Bruder und ich angesichts der Sinnlosigkeit der ganzen Übung langsam – aber nicht leise! – überschnappten.

Nach zwei Stunden saßen wir im Auto vor der Rückbank auf dem Boden und spielten Karten, während Mutter und Vater weitere dreieinhalb Tage lang die Aussicht bewunderten. Das Bestaunen von Sehenswürdigkeiten ist einfach keine Beschäftigung für irgendjemanden unter zwanzig. Das gilt umso mehr, wenn es sich bei der Sehenswürdigkeit um eine Landschaft handelt. Als ich mich später mal mit Freunden über dieses Thema unterhielt, entdeckte ich, dass sie alle ohne Ausnahme ihre eigenen Horrorgeschichten erzählen konnten – Erinnerungen an Urlaubstage, die sie im Fond von Autos verbrachten, dazu verurteilt, sich die Aussicht anzusehen.

Mein Plan war, mit den Jungen nach Canberra zu fahren, dort zu übernachten und am nächsten Tag zurückzufahren. Der Ort war mir nicht wichtig. Ich wollte einfach einen Jungs-Ausflug machen. Keiner von uns war bisher in Canberra gewesen, und es war die richtige Entfernung. Alex und Harry waren begeistert, als ich ihnen den Vorschlag machte.

»Werden wir bei Kentucky Fried Chicken essen, Daddy?«, fragte Harry.

»Gibt es einen Fernseher im Hotelzimmer?«, fragte Alex.

»Zweimal ja«, sagte ich. Ich war entschlossen, sie nicht zu zwingen, sich irgendetwas anzusehen oder irgendetwas zu tun auf diesem Trip. Ich weiß nicht, ob mich das als einen schlechten Vater bloßstellt, aber wenn man bedenkt, dass wir die meiste Zeit damit verbringen, unsere Kinder zu zwingen, Dinge zu tun oder nicht zu tun, dachte ich bei mir, dass eineinhalb Tage aussetzen ihnen vermutlich nicht schaden würde. Von mir aus konnten sie die ganze Zeit im Hotelzimmer KFC essen und fernsehen, solange wir uns dabei amüsierten.

Wir hatten unseren Spaß von dem Moment an, als wir ins Auto stiegen. An der ersten Tankstelle hielt ich an, um zu tanken und Süßigkeiten zu kaufen. Außerdem kaufte ich eine Einwegkamera. Alex hatte von seiner Großmutter eine Harry-Potter-Kassette geschickt bekommen, also lauschten die beiden während der ersten zwei Stunden unserer Fahrt den Abenteuern von Harry, Ron und Hermine und mampften dazu Weingummis, ohne ein einziges Mal aus dem Fenster zu schauen und die Aussicht zu bewundern. Und da die Aussicht auf dieser Strecke ziemlich sehenswert ist, kam auch ich auf meine Kosten. Das Mittagessen war der Albtraum eines jeden Ernährungsberaters – Hamburger, Pommes, Eis und zum Nachtisch noch einen Lolly. Ich las die *Goulburn Gazette* und schlürfte einen Caffè Latte. Ich musste daran denken, dass es diesen Ausflug nicht gäbe, wenn ich noch trinken würde. Oder schlimmer noch: Es gäbe ihn, und ich würde ständig eine Gelegenheit suchen, mir mit einem Bier den Staub hinunterzuspülen und mich zwischendrin über die Kinder zu ärgern. Die Neuigkeiten aus Goulburn waren nicht gerade welterschütternd, aber ich fand es seltsam beruhigend, über die geplante Gehsteigverbreiterung zu lesen, die die Bürger auf die Barrikaden gebracht hatte. Wir gingen zum Auto zurück. Auf einmal fühlte ich eine kleine Hand in meiner. Ich schaute nach unten und sagte: »Hi, Harry.« Zur Abwechslung verbesserte er mich nicht, was seinen Namen anging. Dann, noch überraschender, Alex' Hand in meiner anderen Hand. Das geschah nicht mehr sehr oft, schließlich war er nun acht Jahre alt, und meistens waren Mitschüler in der Nähe, die es hätten sehen können. Ich nahm absichtlich einen Umweg zum Auto, damit ich den Weg mit uns dreien Hand in Hand verlängern konnte.

Nach zwei weiteren Stunden mit Harry Potter näherten

wir uns der Stadtgrenze von Canberra. Wir fuhren an einem großen Plakat der Fluglinie Virgin Blue vorbei, auf dem einfach stand: »Das nächste Mal mit dem Flugzeug. Sydney – Canberra und zurück für 69 Dollar«. Die Werbung zielte offensichtlich eher auf Geschäftsreisende als auf den Vater-Sohn-Markt. Doch sie brachte mich zum ersten Mal seit Monaten dazu, über die Werbebranche nachzudenken und darüber, wie ich sie abwechselnd liebte und hasste. Manchmal ist die Kombination aus Idee, Ausführung und Medienplatzierung so perfekt, dass eine der mächtigsten Waffen entsteht, deren sich ein Unternehmen bedienen kann. Ich kann mir keinen müden Geschäftsreisenden vorstellen, der, wenn er nach vier Stunden Autofahrt dieses Plakat erblickt, *nicht* sagen würde: »Verdammt noch mal, nächstes Mal nehme ich wirklich den Flieger.« Während ich mich noch fragte, ob ich jemals in die Werbebranche zurückkehren würde, kamen wir am Ende eines langen Verkehrsstaus zum Stehen. Canberra hat normalerweise keine Staus, aber Straßenbauarbeiten hatten dieses Phänomen kurzzeitig auch in die Hauptstadt gebracht. Wir krochen im Schneckentempo Richtung Stadtzentrum. Ich sah aus dem Fenster auf die Stadt und fuhr geradewegs auf das Auto vor uns auf. Es war absolut mein Fehler, keine Diskussion.

Die Fahrerin des Wagens, den ich gerammt hatte, war schon ausgestiegen und kam schnell auf mich zu. Ich atmete tief durch.

»Danke, danke, danke«, sagte sie.

»Äh, für was denn?«, fragte ich.

»Dass Sie uns gerammt haben. Meine Kinder nerven mich schon, seit wir in Sydney losgefahren sind. Ich habe ihnen gesagt, wenn sie weiter so herumzappeln, werden wir noch einen Unfall bauen. Und mein Sohn, der freche Kerl hatte gerade gesagt ›Klar doch, Mama‹, als Ihre Stoßstange die unsere getroffen hat.«

Ich schaute zu ihrem Auto. Tatsächlich saßen dort zwei Kinder – kerzengerade und sehr, sehr wohlerzogen.

»Jederzeit gerne zu Diensten«, sagte ich.

Eine halbe Stunde nach unserem »Unfall« fuhren wir vor dem Hotel vor, das ich im Internet gebucht hatte. Harry und Alex waren außer sich vor Aufregung, ich dagegen war geschockt. Das Hotel war als »eines der besten Häuser in Canberra« angepriesen worden. Tatsächlich sah es eher aus wie ein heruntergekommenes Motel, das seit den 70er Jahren in einer Zeitschleife steckte. Schon in seinem Foyer zu stehen war deprimierend. Neben den Aufzügen stand eine Glasvitrine mit der Aufschrift »Einige unserer berühmten Gäste«. Darin – und ich schwöre, das ist nicht erfunden – hingen schwarzweiß fotokopierte Bilder von vier Menschen. Nicht vierhundert, nicht vierundvierzig – sondern vier. Ich kann nur annehmen, dass sie in einer anderen Gegend berühmt waren. Ich hatte jedenfalls noch von keinem von ihnen jemals gehört. Das Zimmer war abscheulich.

»Cool, das ist klasse hier, Dad«, sagte Harry, während er auf dem mikroskopisch kleinen Doppelbett auf und ab hüpfte.

»Ja, ultrafett, Dad«, fügte Alex hinzu. »Kann ich den Fernseher anmachen?«

Ich ließ sie vor dem Fernseher abhängen, während ich an der Rezeption für mich Tee und für die Jungs Eis bestellte.

»Ich hätte gerne eine Kanne Tee – mit entrahmter Milch bitte – und zwei Portionen Eis. Welche Sorten haben Sie?«, fragte ich.

»Vanille. Wir haben keine entrahmte Milch«, wurde ich beschieden.

»Welche anderen Sorten haben Sie?«

»Keine.«

»O. k., ich nehme Vanille. Vollmilch ist in Ordnung. Wie lange wird das dauern?«

»Ich komme in etwa 45 Minuten zu Ihnen.«

Ich verkniff mir die Frage, wie in aller Welt es 45 Minuten dauern kann, eine Kanne Tee zu kochen und ein paar Eiskugeln in zwei Schälchen zu füllen. Stattdessen entschloss ich mich, so wenig Zeit wie möglich in diesem Etablissement zu verbringen.

Ich packte aus und nahm den Reiseführer zur Hand, um unsere Aktivitäten für den Nachmittag zu planen. Anschließend rief ich Kate an, um ihr mitzuteilen, dass wir angekommen waren, alles in Ordnung war und dass die Jungs jede Menge Gemüse zum Mittagessen hatten. Mitten in unserem Gespräch klingelte es an der Tür, also gab ich dem nächstbesten Jungen – Harry – den Hörer in die Hand und ging zur Tür. Die Jungen bekamen große Augen vor Verwunderung, als der Mann, der offensichtlich sowohl für die Rezeption als auch für den Zimmerservice zuständig war, ein Tablett hereinbrachte, auf dem zwei Eisbecher standen. Während ich die Rechnung unterschrieb, setzte Harry seine Mutter mit seiner lautesten Telefonstimme über die Details in Kenntnis: »Mami, unser Zimmer ist schön hübsch, das Bett ist unermesslich, es gibt einen Fernseher und das Beste ist, wir haben einen Diener!«

Der »Diener« schenkte mir einen Blick, der mich an den Flugbegleiter auf unserem Flug neulich nach London erinnerte.

»Harry, mein Schatz, er ist kein Diener«, verbesserte ich.

»Ach, ein Sklave?«, unterbrach Harry. Diesmal warf mir der »Sklave« einen Blick zu, der mich an die Blicke erinnerte, die ich bei meinem ersten Besuch im Kinderturnen nach Graces inspirierter Liedauswahl bekommen hatte. Einen Moment lang war ich versucht zu antworten: »Nein, Schatz, er ist ein humorloser alter Sack mit so viel Stil und Eleganz wie ein Auffahrunfall.« Aber ich schluckte die Antwort hinunter und murmelte nur: »Er war noch nie in einem Hotel. Das ist alles sehr aufregend für einen Fünfjährigen. Danke für den Tee.«

Als ich den Sklaven zur Tür begleitete, konnte ich hinter mir Alex am Telefon hören. »Gemüse? Nein, kein bisschen – Obst auch nicht. Dad war klasse. Wir haben im Auto Süßigkeiten gegessen. Und zum Mittagessen Hamburger. Und dann Eis und Lollys. Und jetzt haben wir gerade noch mehr Eis ins Zimmer gebracht bekommen. Und Dad sagt, wir können heute Abend bei Kentucky Fried Chicken essen.«

Nachdem ich Kate wieder beruhigt hatte, machten wir uns auf den Weg in die Stadt. Canberra ist eine neue, gezielt angelegte Stadt; unglücklicherweise machten die Stadtplaner den Fehler, »groß, offen und grün« mit »gut, um darin zu wohnen« zu verwechseln. Die Stadt ist weitläufig angelegt, doch aus ebendiesem Grund fehlt ihr ein Zentrum und damit ein Herz. Prinz Philip hat angeblich einmal die Bewohner Canberras damit beleidigt, dass er bei einem offiziellen Besuch bemerkte, die Stadt habe keine Seele. Der Reiseschriftsteller Bill Bryson ging noch einen Schritt weiter und schlug vor, den offiziellen Slogan der Stadt in »Canberra – warum auf den Tod warten?« zu ändern. Ich würde zwar nicht so weit gehen wie Phil oder Bill, aber ich verstehe, was sie meinen. Canberra ist – wie soll ich es sagen? – ziemlich unstrukturiert und vorstädtisch.

Es wäre jedoch voreilig, Canberra von der Liste der Orte zu streichen, die man besuchen sollte. Die Stadt als solche mag ein wenig langweilig sein, doch ihre Attraktionen sind Weltklasse – und zahlreich. Ich konnte die Kinder aus dem interaktiven Wissenschaftsmuseum und dem Telstra Tower, der die ganze Stadt und das Umland überblickt, kaum wieder herausbekommen. Sogar die Nationalgalerie gefiel ihnen. Allerdings nicht halb so sehr wie mir. Ich konnte kaum glauben, welche Menge und welche Qualität von Kunstwerken hier ausgestellt ist. Sie hatten sogar Pollocks »Blue Poles« – eines meiner absoluten Lieblingsbilder.

Alex war begeistert, in der Nationalgalerie ein Porträt des Rugbyspielers David Campese vorzufinden. Ich habe es schon gesagt und ich wiederhole es gerne – ich liebe dieses Land. In einer englischen Galerie müsste man durch Hunderte von Bildern waten, die hochnäsige Adelige zeigen oder Burschen auf Pferden, die aussehen, als wären sie gerade auf dem Weg, ein paar Eingeborene zu unterwerfen. In Australien dagegen bekommt man eine echte Mischung: Politiker, Rugbyspieler, Unternehmer, Schriftsteller. Eine unaffektierte, interessante Mischung, die das Land als Ganzes angemessen widerspiegelt. Es ist wohl eine Frage der Perspektive. Ich sehe das Gute an Australien und suche aktiv nach den positiven Seiten. Sieht man das Land in erster Linie als ehemalige Sträflingskolonie, wie es viele Engländer tun, dann dürfte es kein Problem sein, genug Fehler zu finden, um einen glücklich zu machen. Meine Schwiegermutter machte einmal die denkwürdige Bemerkung: »Ich verstehe einfach nicht den Sinn von Australien.« Absichtlich oder nicht, ich glaube, sie hat den Nagel auf den Kopf getroffen. Entweder man sieht den Sinn und es ist das wundervollste Fleckchen Erde – oder man sieht ihn nicht und ist ständig enttäuscht, weil es nicht so ist wie New York oder London. Ich bin mir sicher, dass keine dieser Überlegungen Alex und Harry beschäftigte, als sie sich mit KFC vollstopften, während wir das Stadion von Canberra besichtigten. Anschließend gingen wir ins Hotel zurück – so spät ich es irgend einrichten konnte.

Ich würde gerne erzählen, dass das Schlafen mit zwei Jungen in einem Doppelbett eine tolle Sache ist, aber das ist es nicht. Sie genossen neun Stunden tiefen, erholsamen Schlaf, während ich die ganze Nacht wach lag. Es erinnerte mich daran, wie ich einmal als »Abenteuer« mit Alex in der Gartenhütte unseres Londoner Hauses geschlafen hatte. Er liebte es. Ich dagegen habe immer noch die kleine Narbe am Rücken, wie man sie bekommt, wenn man sich die ganze Nacht an eine Heckenschere drückt. Nachdem das Frühstück vertilgt war, das uns unser Sklave – wie ich ihn mittlerweile in Gedanken gerne nannte – gebracht hatte, checkten wir aus und machten uns auf den Weg zum Parlamentsgebäude und zum Kriegerdenkmal. Ich war entschlossen, in keiner der Sehenswürdigkeiten länger zu bleiben, als die natürliche Aufmerksamkeitsspanne der Kinder reichte. Das führte dazu, dass wir an einigen Orten, an denen ich gerne etwas länger geblieben wäre, recht schnell fertig waren – aber ich hoffe, es führte auch dazu, dass die Kinder den Tag eher genossen als erduldeten.

Als wir am Nachmittag wieder in Sydney ankamen, brachte ich den Film aus der Einwegkamera zum Entwickeln, und als ich Harry und Alex am Abend ins Bett brachte, bekam jeder von ihnen einen Satz Abzüge. Wegen des Mangels an elterlicher Anerkennung oder Bestätigung in meiner eigenen Kindheit laufe ich ständig Gefahr, zu überkompensieren und meinen Jungen ohne Unterlass zu sagen, wie wunderbar sie sind und wie stolz ich auf sie bin. Dieser Abend war für mich ein ganz besonderer. Ich hatte gerade zwei wunderbare Tage mit meinen Söhnen verbracht und war von Vatergefühlen geradezu überwältigt, als ich meinen abendlichen Vortrag begann: »Ihr seid beide ganz tolle Jungs. Daddy ist wirklich …«

»Ja, ja, wissen wir schon: sehr stolz auf uns. Dad, das hast du schon so oft gesagt, dass es gar nichts mehr bedeutet«, unterbrach mich Alex.

Als ich sie am nächsten Tag aus der Schule abholte, sah mich einer von Harrys Klassenkameraden und rief mir quer über den Schulhof zu, der wie um diese Zeit üblich, voller Eltern und Lehrer war: »Haben Sie schon einen Job gefunden, Mr. Marsh? Harry sagt, dass Sie in ein kleineres Haus ziehen müssen, weil Sie kein Geld haben.«

Dies und Alex' Kommentar am Abend zuvor ließ mich unwillkürlich daran denken, dass ein Freund mir kürzlich erzählt hatte, in trendigen Öko-Zirkeln werde es als »Seelenmord« bezeichnet, wenn man als Erwachsener einem Kind gegenüber erniedrigende und vernichtende Bemerkungen macht. Ich fragte mich, ob ich bei der Polizei einen umgekehrten Fall geltend machen könnte.

Meine Selbstachtung war ziemlich im Keller, als ich mich auf den Weg in Harrys Klassenzimmer machte. Doch bevor ich meinem Ärger Luft machen konnte, kam seine Lehrerin auf mich zugestürmt.

»O Nigel, Ihre Söhne haben den Ausflug ja so genossen. Harry hat seine ganzen Fotos mitgebracht und sie beim heutigen *Show and Tell* der Klasse gezeigt. Mr. Jansen sagte mir, dass Alex das Gleiche in seiner Klasse gemacht hat. Die beiden haben wirklich Glück, dass sie so viel Zeit mit ihrem Vater verbringen können.«

Wenigstens eine, die dieser Meinung ist.

44
Flach zusammenklappbar

Auch wenn ich nicht unbedingt wild darauf war, diese Sache auf dem Schulhof zu diskutieren – Harrys Klassenkamerad hatte nicht unrecht. Wir mussten in ein billigeres Haus umziehen. Ich will hier nicht angeben – mir ist sehr wohl bewusst, dass meine Situation besser war als die vieler anderer Menschen. Aber egal wie viel Spaß ich hatte und wie glücklich wir als Familie waren, unsere finanzielle Situation war zweifellos nicht zum Lachen. Wir hatten eine kleine Summe Geld auf der Bank, die rapide abnahm. Kindermädchen, zweites Auto und großes Haus waren gerade ebenso finanzierbar, wenn ich einen Job hatte; ohne diesen mussten wir darauf verzichten. Es machte mir nichts aus, in ein kleineres Haus umzuziehen, allerdings war es alles andere als einfach, etwas zu finden, das sowohl nahe genug war, so dass die Kinder nicht die Schule wechseln mussten, und groß genug für uns – und außerdem innerhalb unserer neuen Preiskategorie. Vier Kinder zu haben schränkt die Möglichkeiten doch ziemlich ein.

Schließlich fanden wir etwas, das meiner Meinung nach perfekt war. Kate behauptet, dass ich das über alle Häuser in Sydney sagen würde, weil ich so voreingenommen bin. Doch angesichts der Tatsache, dass das Haus in der Nähe der Schule und der Strände war, sah ich keinen legitimen Grund, mich zu beschweren. Allerdings war es viel kleiner als das alte Haus, deshalb mussten wir uns von vielen Dingen trennen. Das fand ich eigentlich ausgesprochen angenehm. Ich hasse es, nutzlose Dinge aufzuheben, und es war eine wunderbare Entschuldigung, etwas zu tun, was ich ohnehin hatte tun wollen. Es ist erstaunlich, wie viel Müll man als Familie irgendwann mit sich herumschleppt, wenn man nicht rigoros dagegen vorgeht. Wir zahlen im Moment Hunderte von Pfund jedes Jahr für die Aufbewahrung zweier Kisten mit privaten Sachen bei einem Londoner Aufbewahrungsunternehmen. Kate und ich können uns beim besten Willen nicht mehr erinnern, was in diesen Kisten ist, doch vor unserem Umzug nach Australien müssen diese Sachen uns so wichtig gewesen sein, dass wir bereit waren, dafür zu bezahlen, sie irgendwo einzulagern. Ich war entschlossen, nicht noch einmal den gleichen Fehler zu machen. »Im Zweifel wegwerfen« sollte unser Motto für diesen Umzug sein. Die örtlichen Wohltätigkeitsorganisationen wussten gar nicht, wie ihnen geschah.

Ein positiver Nebeneffekt des Umzugs war, dass ich die Chance bekam, eine private Fantasie auszuleben, die ich schon lange hatte – genauer gesagt, seit ich von einer Bewegung gehört hatte, die vor einigen Jahren in San Francisco entstanden war. Kurz gesagt verpflichtete sich diese Gruppe dazu, regelmäßig spontan gute Taten für wildfremde Menschen zu tun. Sie fingen damit an, einfach an Straßenmautstationen für das nachfolgende Auto mitzubezahlen. Mir erschien das als eine wunderbare Methode, ein wenig mehr Glück in die Welt zu bringen, und ich trug schon lange den heimlichen Wunsch mit mir herum, etwas Vergleichbares zu tun.

Am Tag vor unserem Umzug bekam ich meine Chance. Ich war mit Grace und Eve zu einem letzten Lauf mit ihrem Zwillings-Baby-Jogger unterwegs. Die Mädchen waren jetzt drei und wurden langsam zu groß für das Ding – und in unserem neuen Haus gab es keinen Platz, um es zu verstauen. Als ich mich dem Strand von Clovelly näherte, lief ich an einer jungen Frau vorbei, die sich abmühte, einen Kinderwagen aus dem Kofferraum ihres Autos herauszubekommen. Im Auto waren zwei Babys. Ich hielt an und fragte mit einem Tonfall, der so weit wie möglich von dem eines Sittenstrolchs entfernt war: »Entschuldigen Sie, sind das Zwillinge?«

»Ja«, sagte sie.

»Wunderbar. Wie alt?«

»Elf Monate«, antwortete sie.

»Bitte verzeihen Sie meine Neugier, aber brauchen Sie vielleicht zufällig einen Zwillings-Jogger?« An dieser Stelle fühlte ich mich ziemlich dämlich.

»Was meinen Sie?«

»Einen Zwillingsjogger. Diesen Zwillingsjogger.«

»Tja … hätte ich schon gerne. Ich bin früher regelmäßig gejoggt, bevor die zwei hier geboren waren, aber seitdem habe ich keine Zeit mehr dazu. Der blöde Kinderwagen hier ist auch ziemlich unnütz. Ich kann ihn kaum aus dem Auto heben, geschweige denn schieben und dabei joggen. Ich wollte schon immer wissen, ob diese Jogger-Dinger so gut sind, wie sie aussehen. Kann man damit am Strand fahren?«

»Ja.«

»Und man kann wirklich damit joggen?«

»Ja – ich bin sogar Rennen damit gelaufen.«

»Kann man ihn flach zusammenlegen?«

»In knapp 15 Sekunden, sobald Sie das Prinzip verstanden haben.«

»Wie viel wollen Sie dafür haben? Kosten die nicht 600 Eier? So etwas kann ich mir nicht leisten.«

»Gar nichts.«

»Gar nichts?«

»Gar nichts.«

»Sind Sie sicher?«
»Ganz sicher.«
»Wann könnte ich ihn abholen?«
»Wenn Sie wollen, helfe ich Ihnen jetzt gleich, Ihre Mädchen hineinzusetzen.«
»Wirklich?«
»Wirklich.«
Ich nahm Grace und Eve aus dem Jogger und zeigte ihr, wie sie ihre Mädchen in den Sitzen festschnallen musste.

Die gesamte Unterhaltung dauerte weniger als fünf Minuten. Als ich mit meinen Zwillingen hügelaufwärts nach Hause lief, fiel mir auf, dass ich noch nicht einmal den Namen oder die Telefonnummer der Dame hatte. Es war selbst für eine spontane gute Tat ziemlich spontan gewesen. Ich hatte wohl Glück, denn schließlich hätte ich mir genauso gut eine Ohrfeige oder ein von Herzen kommendes »Verpiss dich, du arroganter Blödmann« einhandeln können. Aber das passierte nicht, und obwohl ich nicht den Eindruck erwecken will, dass ich am Helfersyndrom leide: Es fühlte sich verdammt gut an.

45
Lenny Bruce

Als der Umzug hinter uns lag und keine weiteren Reisen anstanden, wurde unser Alltagsleben mehr und mehr von angenehmer Häuslichkeit geprägt. Die Arbeitswelt schien Lichtjahre weit entfernt zu sein. Kate und ich fingen nicht nur wieder an auszugehen, wir fingen auch wieder an, unser gemeinsames Ausgehen zu planen. Das ist ein großer Unterschied. Vorher war meine Reaktion auf den Vorschlag auszugehen beinahe immer gewesen: »Ausgehen – mit wem? Heute Abend? Lieber Gott, hättest du mir das nicht früher sagen können? Ich muss früh ins Bett, ich hab morgen früh ein Meeting.« Blablabla, Sie kennen das. Weniger »Seelenmord« als »Beziehungsmord«. Neuerdings nahmen wir uns sogar die Zeit, unser Sozialleben im Voraus zu planen. Es ist erstaunlich, wie viel kostenlose Unterhaltung man in Sydney bekommen kann, wenn man danach Ausschau hält. Ebenso erstaunlich ist, wie weit ein beschränktes Budget reichen kann, wenn man es geschickt anstellt. Wir sahen so viele Konzerte und Theaterstücke für lau, dass ich ernsthaft darüber nachdachte, mich als Kritiker für Mittellose beim *Herald* zu bewerben.

Diese neu entdeckte Freude an einem abwechslungsreichen sozialen Leben erlaubte es mir auch, eine andere fast vergessene Leidenschaft wiederaufleben zu lassen – Stand-up-Comedy. Meine Liebe für Comedy ist sogar noch älter als meine Liebe zum Laufen. In London ging ich mindestens zweimal pro Woche zu Stand-up-Veranstaltungen, doch seit wir in Australien waren, hatte ich keine einzige gesehen. An einem der nächsten Wochenenden gingen wir zu einer Show.

Der Abend hatte einen seltsamen Effekt auf mich. Ich bin ein strenger Kritiker von Komikern, und zwei der drei Nummern, die an diesem Abend auf dem Programm standen, waren ausgesprochen mäßig. Jede Menge Flüche und Witze über Studentenzeit, Sex und Haschrauchen. Peinlich, ehrlich gesagt. Gerade als ich zu denken begann, entweder bin ich aus dem Comedy-Alter herausgewachsen oder es gibt nur beschissene Komiker in Australien, kam der letzte Akteur auf die Bühne. Von seinen ersten Worten an – einem lockeren Schwadronieren darüber, dass Boy-

Bands ja gar keine Bands seien, weil sie keine Instrumente spielen, und folglich eigentlich Knabenchöre heißen müssten – war klar, dass er »brannte«. Das Publikum war völlig von den Socken. Der gesamte Pub brüllte zwanzig Minuten am Stück vor Lachen. Er genoss die Lacher und legte immer wieder nach, um die Stimmung auf dem Siedepunkt zu halten. Der Typ hatte den Saal völlig unter Kontrolle – lauter Menschen, die fünf Minuten zuvor noch nie von ihm gehört hatten. Es war eine beeindruckende Vorstellung, doch ich konnte nur daran denken, wie sehr ich seine Freundin bemitleidete.

Meine eigene Karriere als Stand-up-Komiker begann kurz nach dem Ende meiner Zeit als Squash-Trainer. Und wenn ich Stand-up-Comedy machte, war es unmöglich, mit mir zusammenzuleben. Zwar war ich glücklicherweise einigermaßen gut als Komiker, doch erstreckte sich das Glück bei dieser Sache leider nicht auf Kate. Aus irgendeinem verrückten Grund wollte ich nicht, dass sie sich meine Auftritte ansah. Deshalb bekam sie statt der Show nur die After-Show-Party, was ein ziemlich schlechter Tausch war. Ich glaube kaum, dass man jemandem, der das nicht selbst erlebt hat, wirklich klarmachen kann, wie es ist, als Komiker den Saal zum Toben zu bringen. Es ist wie Sex, ein Lottogewinn und das entscheidende Tor im Endspiel der Fußball-WM schießen auf einmal. Noch besser ist es, wenn man seine eigenen Texte geschrieben hat und außerdem an ungelösten Kindheitskonflikten leidet, die ein ungesundes Bedürfnis nach öffentlichen Zuneigungsbezeugungen bewirken.

Eines Abends kam ich so gut an, dass ich tatsächlich meinen Auftritt mit dem Satz beendete: »Mein Name ist Nigel Marsh, schauen Sie sich im Oktober meine Fernsehshow auf Channel Four an. Danke, dass Sie ein so gutes Publikum waren, gute Nacht.« Im Bewusstsein, einen angehenden Fernsehstar gesehen zu haben, jubelten die Leute umso lauter. Die Sache ist bloß, es war kompletter Blödsinn. Ich hatte es erfunden. Eine schlichte Lüge. Es gab keine Fernsehserie. Ich würde eher in die Fußballnationalmannschaft berufen werden, als dass ich jemals im Fernsehen auftreten würde. Aber zu diesem Zeitpunkt war es real. *Ich* glaubte es. Ich war Lenny Bruce. Ich ging in diesem Moment so in meiner Rolle auf, dass ich nicht einmal überrascht gewesen wäre, wenn mir jemand tatsächlich eine eigene Fernsehshow angeboten hätte.

Und damit fing das Problem an – zumindest für Kate. Als ich nach Hause in unsere Einzimmerwohnung kam, war ich enttäuscht, feststellen zu müssen, dass keine Reporter vor unserer Tür campierten, und regelrecht böse auf Kate, weil sie weder Girlanden aufgehängt noch eine Blaskapelle bestellt hatte, um den siegreichen Helden zu empfangen. Es war kein Vergnügen, mitzuerleben, wie ich von meinem Lenny-Bruce-Komplex wieder herunterkam, und zu Kates Pech bestand das Publikum bei dieser speziellen Veranstaltung immer nur aus ihr allein. Denkt man sich dann noch einen Alkoholkonsum in olympischen Maßstäben hinzu, dann wird das Ganze ziemlich unschön.

Ich wusste, dass ich mit einer Lüge lebte, und das verbesserte meine Laune auch nicht gerade. Denn wissen Sie, ich log nicht nur am Ende meiner Nummer – ich log auch, um Auftritte zu bekommen. Das war nicht meine ursprüngliche Absicht gewesen, aber mein erster Anruf, um einen Auftritt zu bekommen, war nicht gerade ein großer Erfolg gewesen.

»Hallo, ich würde gerne bei Ihrem Stand-up-Abend auftreten«, sagte ich am Telefon zu dem Besitzer eines bekannten Pubs in Nordlondon.

»O.k., Kumpel. Mittwoch in drei Wochen haben wir noch was frei. Wie viele Auftritte hast du schon gemacht?«

»Äh … keine. Das wird mein erster sein.«

»Dein erster? Du hast das noch niemals vorher gemacht?«

»Äh … nein.«

»Ich weiß nicht, wie gut deine Nummer ist, Kumpel, aber für mich hörst du dich wie ein beschissener Komiker an«, sagte er, bevor er auflegte.

Es würde eindeutig ein wenig Bluffen nötig sein. Ich erinnerte mich meiner Erfahrungen als Squash-Trainer und suchte in der Zeitung nach anderen Pubs, die Comedy-Abende veranstalteten. Ich suchte mir willkürlich einen heraus und rief dort an – es war eine Bar in der Innenstadt, unweit der Oxford Street.

»Hallo, ich rufe an, um einen Auftritt bei einem Ihrer Comedy-Abende zu bekommen.«

»Gutes Timing, gerade hat mir so ein Drecksack abgesagt. Sind Sie nächste Woche Donnerstag frei?«

»Ja.«

»Sehr gut. Moment mal, Sie sind doch nicht etwa einer von diesen Anfänger-Pfeifen? Ich nehme keine Anfänger mehr, seit der letzte von der Bühne flüchten musste, weil meine Gäste anfingen, Flaschen nach ihm zu werfen. Der arme Depp wurde ein paarmal getroffen und fing auf der Bühne zu heulen an. Totaler Loser.«

»Hört sich wirklich tragisch an«, sagte ich, wobei ich an mich selbst und an den armen Deppen gleichermaßen dachte.

»Wie viele Auftritte haben Sie schon gehabt?«, fragte er.

Ich spürte, wie mein Lenny-Bruce-Komplex zuschlug. »Keine Ahnung. Ich hab bei hundert aufgehört zu zählen. Inzwischen vielleicht zweihundert oder so«, log ich.

»Ausgezeichnet, in dem Fall schiebe ich Sie in der Reihenfolge ein bisschen nach vorne. Ist es o.k., wenn Sie als Zweiter auftreten?«

»Ist o.k.«, log ich wieder.

»Können Sie mir fünfzehn Minuten geben?«

»Ich werd ein paar von den guten Sachen rauskürzen müssen, aber klar, wenn das die Zeit ist, die Sie wollen«, log ich noch einmal. Hör sich einer das an, ich bin ein verdammter Schizo. Ich habe nicht einmal fünf Minuten Material, geschweige denn fünfzehn. Als Nächstes erzähle ich dem Kerl noch, dass ich Lenny Bruce bin.

»Wie war gleich Ihr Name?«, fragte er.

»Lenny Bruce«, antwortete ich.

»Sehr witzig. Ihr richtiger Name.«

»Oh, Nigel Marsh«, gestand ich.

Bizarrerweise gab es am bewussten Abend keine Flaschenwürfe. Ich bekam im Gegenteil sogar einige gute Lacher und einen halbwegs anständigen Applaus am Ende. Von da an log ich jedes Mal, wenn ein Veranstalter mich fragte, wie viel Erfahrung ich hatte. So wurde ich zwar selten abgelehnt, allerdings richtete diese Strategie mein Nervenkostüm zugrunde. Ich hatte nicht nur Angst, auf der Bühne meinen Text zu vergessen, ich war auch davon überzeugt, dass die Lügen, die ich bei jedem Telefonat auftischte, auf irgendeine schrecklich demütigende Art und Weise ans Licht kommen würden. Aber ich vergaß weder meinen Text, noch flog ich auf. Jede Woche dachte ich, dass es passieren würde, doch es passierte nie. Der Druck wurde unerträglich, deshalb beschloss ich aufzuhören, bevor es zu spät war. »Kneifen«, wie Kate es voller Verständnis nannte.

Feigheit oder nicht, das Verrückte war, dass es mir mehr Spaß machte, den Leuten zu *erzählen*, dass ich früher Stand-up-Comedy gemacht habe, als es mir Spaß machte, es zu *tun.* Das ist übrigens auch deutlich weniger Arbeit. Die Erinnerung an diese Geschichten brachte mich wieder zu Verstand. Wenn ich recht darüber nachdachte, wurde mir klar, dass es keinen Sinn hat, alle guten Dinge aus der eigenen Vergangenheit nochmals zu durchleben – bei manchen Dingen ist es besser, wenn sie Vergangenheit bleiben. Comedy-Auftritte gehören wahrscheinlich dazu, ebenso wie das Trinken. Ich beschloss, stattdessen lieber beim Joggen zu bleiben.

46
Einbeiniger Simulant

Ich kann exakt den Moment benennen, an dem mir meine Verwandlung vom »Manager-Vater« zum »Typ, der nicht arbeitet« bewusst wurde. Es geschah eines Morgens, als ich im Bad war. Ich konnte keine Zahnpasta finden.

»Kate, wo ist die Zahnpasta?«, schrie ich.

»Alle. Kannst du bitte heute welche kaufen?«

»Das ist völlig ausgeschlossen. Ich habe irgendwo noch ungefähr hundert von diesen kleinen Tuben von British Airways und Qantas Airlines.«

»Hast du nicht. Ich habe gestern die letzte davon leergemacht.«

Du liebe Zeit, dachte ich, ich werde tatsächlich Zahnpasta kaufen müssen. Dank meines letzten Jobs, der mit einer Menge Dienstreisen verbunden gewesen war, hatte ich seit mehr als einem Jahr keine Zahnpasta mehr gekauft – ebenso wenig wie Shampoo, ehrlich gesagt. Hotels und Fluggesellschaften waren so wunderbar freigebig mit diesen Dingen – besonders, wenn man in der Business Class reiste. Es mochte ein triviales Ereignis sein, aber es setzte in mir eine ganze Kette von Gedanken in Bewegung. Ich hatte in den letzten neun Monaten kein Jackett und keine Krawatte getragen. Eve hatte vor einer Woche mein ganzes, gerade fertiggestelltes Skizzenbuch vollgekritzelt und ich war nicht ausgeflippt. Harry hatte angefangen, nachts aus seinem Etagenbett zu krabbeln und sich zum Schlafen unter unser Ehebett zu legen. Anstatt den kleinen Burschen anzuschreien, hatte ich mich beim ersten Mal neben ihn auf den Boden gelegt und ihn gefragt, warum er das machte. »Weil ich keine Rechtecke mag, Daddy«, war seine Antwort. Zumindest benutzte er immer noch seinen richtigen Namen. Grace taute mir gegenüber auf, sie hatte mich am Wochenende sogar umarmt und dabei gesagt: »Daddy, ich bin eigentlich keinen schlimmen Kinder.« Ich – und die Familie – hatten uns wirklich verändert.

Das soll überhaupt nicht heißen, dass ich auch nur ansatzweise in die Nähe der Perfektion kam. Der Spitzname der Kinder für mich war immer noch »Schwänzer Tensing«. Ihre Rufe »Schwänzer! Schwänzer! Mama sucht dich!« hallten durch unser Haus, wenn ich wieder einmal meinen väterlichen Pflichten aus dem Weg ging. Meine häufigste Schwänz-Taktik war das Angebot, »das Bad einzulassen«, wenn mir das Abendessen wieder einmal zu chaotisch wurde. Dann verdrückte ich mich ins Bad, drehte den Wasserhahn auf und schaute zu, wie die Badewanne sich füllte – als ob diese Tätigkeit irgendeine Hilfe darstellte. Es trieb Kate zum Wahnsinn. Wenn sie einen Fluch mit meinem Namen beendete, wusste ich, dass ich wirklich in Schwierigkeiten war. Zwischen »Verdammt noch mal, was hast du denn die ganze Zeit gemacht?« und »Verdammt noch mal, was hast du denn die ganze Zeit gemacht, *Nigel*?«

liegt, was den Grad der Verärgerung angeht, ein himmelweiter Unterschied.

Doch nicht nur mein Drückebergertum sorgte für Spannungen. Auch meine zielorientierte Natur hatte ihre Schattenseiten. Das wurde besonders deutlich, als ich mit Kate und Alex beim *Sydney Bridge Run* mitlief. Es war unser erstes gemeinsames Rennen, und ich war ausgesprochen aufgeregt. Leider wird es wahrscheinlich auch das letzte Rennen bleiben, das wir zusammen laufen. Das Rennen selbst war himmlisch. Ich liebe Alex, mehr als Worte sagen können, und das Aufwärmen mit ihm zusammen im *North Sydney Oval*, bevor der Startschuss ertönte, ist eine meiner allerliebsten Erinnerungen. Es war einer jener Events, die ich an Sydney so liebe – Tausende vergnügter Menschen, die in wundervoller Umgebung und bei wundervollem Wetter etwas Gemeinsames erleben. Für mich war das Laufen entlang der gleichen blauen Linie, die schon den Läufern bei der Olympiade im Jahr 2000 den Weg zeigte, ein beflügelndes und die Fantasie anregendes Erlebnis. Die meiste Zeit war ich nicht Nigel Marsh, ja nicht einmal Lenny Bruce, sondern eine Mischung aus Daley Thompson und Sebastian Coe. Und darin lag das Problem. Während das Rennen selbst fabelhaft war, war das Ende eher suboptimal.

Zu meiner ewigen Schande muss ich gestehen, dass mein Glücksgefühl, mein Enthusiasmus und meine privaten Fantasien mich wohl dazu verleiteten, meine beiden Mitläufer ein klein wenig zu sehr »anzuspornen«. Als wir zusammen die Ziellinie an den Stufen der Oper überquerten, gaben Alex' Beine nach und sein Gesicht wurde totenbleich. Ein Ordner eilte ihm zu Hilfe.

»Dieser Junge ist viel zu sehr angetrieben worden, er ist völlig dehydriert. Wir müssen ihn ins Sanitätszelt bringen. Wo ist sein Vater?«, fragte er.

»Ich glaube, irgendwo da drüben«, sagte ich und deutete so vage wie möglich in irgendeine Richtung. »Er sagte, er würde eine Weile weg sein. Wenn Sie wollen, sehe ich nach dem Kleinen, bis er zurückkommt. Völlig unverantwortlich, wenn Sie mich fragen.« Dankenswerterweise ließ Kate mich nicht auffliegen, und einen Becher Wasser und eine Handvoll Jelly Beans später wurde Alex aus dem Sanitätszelt entlassen – kerngesund und in Hochstimmung, weil er das Rennen durchgelaufen war. Ich dagegen bekam von Kate zu Recht die Standpauke meines Lebens zu hören – daher mein Verdacht, dass es eine Weile dauern könnte bis zum nächsten derartigen Familienereignis.

Ich will hier aber nicht den Eindruck erwecken, dass Kate vollkommen ist. In den zwölf Jahren, die wir nun zusammenleben, hat sie ungelogen jeden einzelnen ihrer Teebeutel aus der Tasse genommen und, anstatt ihn in den Mülleiner zu werfen, in der Küche *neben* dem Mülleimer auf die Arbeitsplatte gelegt. Es übersteigt meine nicht gerade kleine Vorstellungskraft um ein Vielfaches, was jemanden dazu veranlassen kann, etwas derart Bescheuertes so oft und so lange immer wieder zu tun. Zumal nach den Auseinandersetzungen, die wir deswegen hatten. Andererseits ist es durchaus vorstellbar, dass sie es mit einer Art verdrehter Logik gerade *deswegen* tut, weil es mir total auf den Senkel geht. Wie ich schon sagte, Frauen können so grausam sein.

Doch abgesehen von diesen kleinen Schönheitsfehlern hatte die Familie Marsh ein wirklich sehr schönes Gleichgewicht gefunden. Ich schwamm, surfte, lief, zeichnete und schrieb, so viel ich wollte, gleichzeitig fand ich mich immer besser in eine neue aktive Rolle als Ehemann und Vater. Ich hielt mein Gewicht und, was am allerwichtigsten war, ich war immer noch trocken. Letzteres war enorm wichtig –

und wahrscheinlich war es dieser Faktor, der die anderen Veränderungen in meinem Leben erst ermöglichte.

Mit dem Trinken aufzuhören ist kein einfaches Thema; es ist schwer, darüber zu sprechen oder gar zu schreiben. Außerdem ist es ein Thema, das die Leute völlig polarisiert. Einige reagieren verständnisvoll und hilfsbereit – ich danke allen, die das betrifft, allen voran Kate –, andere dagegen sind völlig destruktiv.

Die letztgenannte Gruppe versucht mit erstaunlicher Hartnäckigkeit und Einfallsreichtum, dich zum Trinken zu bewegen. »Komm schon, nur einen. Das kann doch nichts schaden«, sagen sie. Das hört sich vielleicht übertrieben an, aber es stimmt. Die Sache wird noch seltsamer dadurch, dass zu dieser Gruppe auch Menschen gehören, die dir eigentlich nahestehen und denen du wirklich etwas bedeutest. Ich mache diesen Leuten keinen Vorwurf. Es ist ein komplexes Thema. Teilweise liegt es sicher daran, dass es uns unheimlich ist, wenn ein nahestehender Mensch sich so fundamental verändert. Das kann besonders dann ein Schock sein, wenn man nichts anderes zusammen gemacht hat, als sich gemeinsam in Pubs zu betrinken, und man sich jetzt eine andere gemeinsame Ebene suchen oder der traurigen Tatsache ins Gesicht sehen muss, dass die Freundschaft sozusagen nur alkoholabhängig war.

Es gibt jedoch eine Reaktion, die noch weitaus schlimmer ist. Es ist die Reaktion der Leute, die dir geradezu zwanghaft beweisen wollen, dass du überhaupt kein Alkoholproblem hast. Ich habe eine Weile gebraucht, um diese Menschen zu erkennen, doch im Verlauf der Monate lernte ich, sie schon von weitem kommen zu sehen. Meistens fangen sie langsam an und steigern sich dann in ihr Thema hinein.

»Ich höre, du hast mit dem Trinken aufgehört, Nigel«, sagen sie zu mir.

»Äh, stimmt«, antworte ich.

»Warum das denn?«

»Ach, ich hatte einfach genug davon.«

»Wirklich? Ich dachte, du trinkst ganz gern mal einen.«

»Ehrlich gesagt habe ich ein kleines Problem damit, also habe ich beschlossen, gar nichts mehr zu trinken.«

»Ein kleines Problem? Welches denn?«

»Na ja, ich will nicht groß darüber reden, aber ich hatte einfach den Eindruck, dass der Alkohol in meinem Leben einen zu großen Raum einzunehmen begann, und deshalb habe ich aufgehört, bevor die Sache außer Kontrolle geriet.«

»Du willst mir doch nicht erzählen, dass du Alkoholiker bist?«

»Nun ja, jetzt, wo du es erwähnst – das will ich. Aber ich ...«

»Du bist doch kein Alkoholiker. Mein Bruder, ja, *der* war ein richtiger Alkoholiker. Wollte eines Tages besoffen mit dem Auto von der Arbeit nach Hause und hat dabei jemanden überfahren, musste ein Jahr lang ins Gefängnis. Jeden Tag eine Flasche Whisky vor dem Mittagessen, zwanzig Jahre lang, bevor er endlich davon loskam.«

»Nun, also, es freut mich, dass er das geschafft hat.«

»Ja, und mein Kumpel Simon – der hatte ein echtes Problem. Der pinkelte nachts ins Bett, machte mit Prostituierten herum, fing Schlägereien an, ging auf Sauftouren, die fünf Tage dauerten!« Der letzte Punkt wurde mit einem Stolz und einer Freude verkündet, die man normalerweise an den Tag legt, wenn man anderen mitteilt, dass man gerade Vater geworden ist oder bei den olympischen Spielen eine Goldmedaille gewonnen hat.

»Wie schrecklich. Geht es ihm jetzt wieder besser?«

»Keine Ahnung, hab ihn eine Weile nicht gesehen. Aber

meine Freundin Jane zum Beispiel. Die ist ein Brüller, eine echte Bekloppte. Ihr Mann hat keine Ahnung, dass sie seit Jahren eine zusätzliche Stärkung in ihren Morgentee kippen muss. Letzte Weihnachten bemerkte er, dass ihre Hände zitterten, und sie musste den ganzen Mummenschanz mitmachen – scheinbar zum Arzt gehen und dann eine Geschichte erfinden über irgendeine erbliche Schüttelkrankheit, die tödlich ausgehen kann. Der Blödmann glaubt ihr und ist am Boden zerstört. Ja, *das* ist ein echtes Alkoholproblem. Dich hab ich noch nicht mal kotzen sehen. Du trinkst nicht vor dem Mittagessen. Du bist ein Fliegengewicht, Alter. Wenn ich dagegen an den Burschen denke, mit dem ich letztes Jahr zusammengearbeitet habe …« Und so ging es weiter.

Die Geschichten waren immer andere, doch die Absicht dahinter stets die gleiche. Irgendwie passte ich nicht in die Vorstellung, die diese Leute davon hatten, wie die Geschichte eines »echten« Säufers auszusehen hat. Ich war kein Trinker aus der ersten Liga – mein Schicksal war allerhöchstens Kreisklasse. Armselig. Mein Leben war in ihren Augen viel zu wenig aus den Fugen geraten. Hätte ich wenigstens eine Affäre gehabt, meinen Job verloren oder jemanden bei einem Autounfall verstümmelt, dann wäre alles in Ordnung gewesen. Es wurmte diese Leute einfach, dass ich aufgehört hatte, bevor ein dramatisches Unglück über mich hereingebrochen war. Es war geradezu ein wenig unheimlich. Als ob man durch ein Krankenhaus geht und die Beinamputierten mit Geschichten von Menschen traktiert, die zwei Beine verloren haben. Zwei! Nicht bloß eins wie du, du einbeiniger Simulant.

Die Hartnäckigkeit dieser Menschen ist beinahe noch schlimmer als die Tatsache, dass die Frage nach deinem Wohlbefinden ihnen völlig am Hintern vorbeigeht. Mir ist es egal, wenn ich mich in ihren Augen nicht als echter Alkoholiker qualifiziert habe. Es freut mich sogar. Ich bin glücklich darüber, dass die Geschichte meiner Sucht langweilig und zahm ist. Auf einer Ebene erzähle ich sie gerne: Wenn sie einem Menschen hilft, sein Problem früher zu erkennen als andere, die glauben, dass man erst als Obdachloser auf der Straße gelandet sein muss, bevor man von einem Problem sprechen darf, dann habe ich etwas Gutes getan. Es ist nur so, dass ich nicht so gerne darüber spreche. Aber diese Menschen sind wie ein Hund, der einen Knochen gefunden hat; sie haben offenbar das Bedürfnis, immer und immer wieder in aller Öffentlichkeit damit anzufangen.

Natürlich ist letzten Endes nicht die Reaktion anderer Menschen das Problem. Der Schlüssel ist der innere Konflikt. Mir fiel es im Lauf der Zeit zunehmend leichter, doch es war immer noch etwas, an das ich fast jeden Tag dachte. Anders als viele andere Alkoholiker finde ich die Vorstellung »Nie wieder« eher hilfreich als abschreckend. Die klassische Methode ist, jeden Tag für sich anzugehen, weil die Vorstellung, nie wieder etwas zu trinken, von vielen einfach als zu überwältigend empfunden wird, um damit fertig zu werden. Ich denke, es ist egal, für welche Methode sich der Einzelne entscheidet, solange er eine findet, die in seinem Fall funktioniert.

Ich will das Schicksal nicht durch große Ankündigungen herausfordern, doch ich kann wohl sagen, dass ich mich auch in potentiell schwierigen Situationen zunehmend wohl damit fühle, nichts zu trinken, und dass ich das nüchterne Leben ganz allgemein genieße. Das heißt nicht, dass es nicht regelmäßig schwierige Situationen gäbe. Erst vor ein paar Wochen überquerte ich den Parkplatz einer Schule in unserer Gegend, in deren Keller das Treffen der Anonymen Alkoholiker stattfand, als ich einem ehemaligen Kollegen in die Arme lief. Er war nicht fett, hatte die vierzig noch nicht erreicht und war nicht gefeuert worden, sondern leitete ganz im Gegenteil die größte und erfolgreichste Agentur Sydneys.

»Hallo, Jim«, sagte ich. »Was machst du hier?«

»Oh, ich bin jeden Samstagmorgen hier. Olivia hat hier ihren Ballettunterricht, drüben in der Turnhalle im Erdgeschoss. Und du, Nigel? Fangen Grace und Eve auch mit Ballett an?«

»Äh, nein … Ich gehe zum Treffen der Anonymen Alkoholiker im Keller.«

Abgesehen von peinlichen Momenten wie diesem, liebte ich mein neues Leben. Es hatte neun Monate gedauert, doch alles in allem hatte ich nun eine Situation gefunden bzw. teilweise auch geschaffen, in der ich vollkommen glücklich war – und ich hatte keinerlei Bedürfnis, etwas zu ändern.

Kurze Zeit, nachdem mir das klargeworden war, trat die Katastrophe ein.

Im September bekam ich ein Jobangebot.

47
Anaïs Nin

Zumindest konnte ich mich nicht beklagen, dass ich nicht genug Zeit gehabt hätte, über das Jobangebot nachzudenken. In der folgenden Woche verbrachte ich jedes Schwimmtraining, jedes Laufen und jedes Abendessen damit, ausführlich die Vor- und Nachteile einer Rückkehr ins Hamsterrad gegeneinander aufzuwiegen. Der angebotene

Job war fantastisch, einer, auf den ich mich in meinem vorigen Leben beigeistert gestürzt hätte. Ich sollte ein bekanntes und erfolgreiches Kommunikationsunternehmen leiten. Was diese Art von Job anbelangt, geht es nicht viel besser. Außerdem hatte ich Freunde in der Firma. Einer meiner Partner würde Todd sein, ein ehemaliger Kollege aus meinem letzten Unternehmen, den ich beruflich und als Mensch sehr schätzte. Er hatte etwas an sich, das zeigte, dass er noch nicht zu einem Rädchen in der Maschinerie geworden war. Ein paar Jahre zuvor hatte er sich drei Monate Urlaub genommen und den Mount Everest bestiegen. Allein.

Es imponierte mir auch, dass er seine persönlichen Werte bei der Arbeit nicht außen vor ließ. Bei einer denkwürdigen Gelegenheit hatte eine unserer Klientinnen versucht, ihr miserables Benehmen damit zu entschuldigen, dass sie sich zu Hause nicht so verhielt, nur in der Arbeit. Todd entgegnete ihr: »Susan, wenn Sie im Büro ein Arschloch sind, dann heißt das nicht, dass Sie ein Arschloch *bei der Arbeit* sind. Es heißt, dass Sie ein Arschloch sind.«

Es wäre gut, wieder mit ihm zusammenzukommen. Doch abgesehen von alten Freunden war mir die Tatsache wichtig, dass es sich um eine echte Führungsposition handelte. Der Job bot mir die Chance, etwas zu bewirken. Mir ist eine Geschichte unvergesslich, die ich in einer Biografie des englischen Premierministers Gladstone gelesen habe. Gladstone hatte ein Tagebuch, in dem er verzeichnete, wie er jede Viertelstunde seines Lebens nutzte, denn er wollte dereinst an der Himmelspforte genau Rechenschaft darüber ablegen können, dass er das göttliche Geschenk des Lebens nicht verschwendet hatte. Ich bin nicht ganz so akribisch wie Gladstone, aber ich möchte irgendwann einmal zurückblicken und das Gefühl haben, dass ich meine biblischen 70 Jahre – wenn es so viele werden – gut genutzt habe.

Abgesehen davon: Sosehr ich meine neu gefundene Rolle als »Mann auf dem Schulhof« liebte – uns ging langsam das Geld aus, und die Kinder waren noch ein bisschen zu klein, um im Bergbau zu arbeiten. Ich gewöhnte mich langsam an die Idee, wieder arbeiten zu gehen. Es hatte einige dramatische Verbesserungen in meinem Leben gegeben, aber die größte Herausforderung stand mir noch bevor.

Work-Life-Balance.

Ich hatte festgestellt, dass ich es, anders als viele Männer, genießen konnte, nicht zu arbeiten. Aber was die Balance anging, hatte ich bislang lediglich herausgefunden, dass ich gut darin war, Arbeit und Privatleben in Einklang zu bringen, wenn ich keine Arbeit hatte. Ich wusste, dass ich bald wieder Geld verdienen musste. Die große Frage war also, ob ich zurück in die Arbeitswelt gehen und dennoch die Veränderungen in meinem Leben und meine neue Einstellung, die ich in den letzten paar Monaten so sehr schätzen gelernt hatte, beibehalten konnte. Das schien mir die größte Herausforderung von allen zu sein.

Wenn ich mich mit den kleineren Dingen zufriedengab – schwimmen, ein wenig abnehmen … –, dann wäre mein freies Jahr letzten Endes vielleicht nichts anderes gewesen als eine Zeit, in der ich ein paar kleine Änderungen in meinem Leben vornahm und hier und da ein wenig Gutes tat, die aber letzten Endes keine dramatischen Auswirkungen auf das Wohlbefinden meiner selbst und meiner Familie hatte. Im Grunde genommen ein schöner, sehr langer Urlaub und nicht das dauerhaft lebensverändernde Ereignis, das ich gesucht hatte. Doch ich hatte in diesem Jahr auch einige härtere Nüsse in Angriff genommen, und wenn ich das Alkoholproblem lösen konnte, dann würde ich mit

Sicherheit auch die Frage des Gleichgewichts zwischen Arbeit und Privatleben in den Griff bekommen. Im Vorsätze fassen war ich schließlich Experte. Meine Zeit außerhalb der Arbeit hatte mir den schlagenden Beweis erbracht, dass ich, wenn ich wirklich dazu entschlossen war, etwas zu erreichen, es normalerweise auch erreichen konnte. Egal, worum es sich handelte.

Tief im Inneren wollte ich diesen Job annehmen. Ich entschloss mich, ihn unter der Voraussetzung anzunehmen, dass ich gleichzeitig den Vorsatz fasste, die Auswirkungen, die diese Entscheidung auf mein gesamtes Leben haben würde, zu kontrollieren. Das würde kein kleiner Schritt sein. Einen Vorsatz zu fassen ist für mich keine Übung im Wunschdenken. Wenn ich nicht bereit bin, ein Jahr lang entschlossen und konzentriert auf ein selbstgestecktes Ziel hinzuarbeiten, dann habe ich nach meiner Definition keinen wirklichen Vorsatz gefasst.

Und doch konnte ich die nagenden Zweifel nicht loswerden. Welche Auswirkungen würde es wirklich auf meine Familie haben? Ich wollte nicht wieder der Papa im Anzug werden, der morgens mürrisch seine Kinder an der Schule absetzt und dabei so mit den Gedanken woanders ist, dass er schon beim Wegfahren keinen Blick mehr in den Rückspiegel wirft. Würde Grace wieder damit anfangen, mich »Kackakopf« zu nennen? Würden Harrys Bilder aus der Schule wieder anfangen, komische Namen zu tragen? Würde ich trocken bleiben? Fett werden? Würde ich es schaffen, das Schwimmen von Bondi nach Bronte mitzumachen? Was war mit dem Rettungsschwimmer-Kurs und der Prüfung, die ich für den Oktober geplant hatte? Und was mit den Spielen der Rugby-Weltmeisterschaft, die ich mit Alex besuchen wollte? Wir hatten schon die Flugtickets und die Hotelreservierungen, um der englischen

Mannschaft im November in einem ausgedehnten Vater-und-Sohn-Ausflug durch das Land zu folgen. Würden wir es dennoch schaffen, zu den Spielen zu gehen? Würde das bedeuten, dass ich keine Zeit mehr hätte zum Schreiben? Oder zum Zeichnen? Oder zum Surfen?

Unabhängig davon, wie gut die neue Firma war, wollte ich wirklich in eine Branche zurückkehren, die den Äther so oft mit einem ständigen Strom hirnlosen Schwachsinns verschmutzte? Gerade an diesem Morgen hatte ich eine Fernsehwerbung gesehen, die mich stöhnend die Hände über dem Kopf zusammenschlagen ließ. »Sind wir wahnsinnig geworden? Der Teppichwahnsinn bei Teppich-Welt! Wer jetzt nicht unsere total verrückten Preise ausnutzt, muss übergeschnappt sein. Ja, wir sind plemplem. Und Sie müssen irre sein, wenn Sie unsere durchgeknallten Angebote nicht ausnutzen!« Und das alles vorgetragen von einem Typen, der schrie, so laut er nur konnte. Eine Woche zuvor hatte ich zwei andere Spots gesehen, aus denen ich beim besten Willen nicht schlau wurde. Mir blieb nicht nur rätselhaft, worum es ging, ich verstand nicht einmal, was sie verkaufen wollten oder an wen sie sich richteten. Ich hatte in den letzten Monaten die Zeitung jeden Tag von vorne bis hinten durchgelesen, doch an den meisten Tagen hatte ich nicht eine einzige der Anzeigen darin gelesen oder auch nur wahrgenommen. Die meisten Unternehmen und ihre Werbeagenturen scheinen eine beinahe paranoide Angst davor zu haben, offene Aussagen zu machen über ihre Produkte und die Rolle, die sie im Leben der Konsumenten spielen. Die seltenen Fälle, in denen ein Unternehmen ehrlich und mit einem Schuss Charme und Mitgefühl spricht, springen einem regelrecht ins Gesicht. Und jetzt kommt der Witz an der Sache: Je mehr ich die Branche hasste, desto mehr wollte ich zurückkehren. Wir konnten das besser machen. Ich wollte es besser machen. Nicht nur das Endprodukt, die Anzeigen, sondern auch das, was davorlag und was dieses Endprodukt hervorbrachte. Die Menschen hinter den Kulissen.

Zu Beginn meines letzten Jobs hatte ich der Presse ein Interview gegeben, in dem ich gefragt wurde, was für mich die primäre Rolle eines Unternehmensleiters sei. Ich antwortete, dass ein Unternehmensleiter meiner Meinung nach vor allem »Sinn geben« muss. Die Journalisten machten daraus einen Artikel über den schrulligen Theologen im Chefsessel. Die Sache ist nur: Ich habe das damals ernst gemeint, und ich meine es immer noch ernst. Ich glaube, dass die Aufgabe eines Unternehmensleiters ist, sinnvolle Beschäftigung zu bieten. Das bedeutet nicht, dass er nicht für Bilanzen und unpopuläre Entscheidungen zuständig ist. Es heißt, dass er für die Angestellten einen Sinn vermitteln muss. Und für mich muss dieser Sinn etwas mehr beinhalten als »Ich will, dass Sie alle in einem Job, der ihnen nicht gefällt, bis zum Umfallen arbeiten, damit ein paar Aktionäre, die Sie nie kennenlernen werden, noch mehr Geld auf der Bank haben.« Es ist verständlich, wenn Sie das übertrieben finden, aber ich habe genau diesen Vortrag gehört. Der Mann, der diese Rede hielt, war wohl ziemlich enttäuscht, als am Ende des Vortrags seine Zuhörer – die alle so wie ich keine Aktionäre waren – nicht aufstanden und applaudierten. Ich hatte meine letzte Position als Geschäftsführer geliebt und ich freute mich jetzt auf eine neue, denn ich glaubte, dass ich auf diesem Gebiet einen Beitrag leisten konnte, und ich wollte diese Chance, etwas zu bewirken, nicht vorüberziehen lassen.

Anaïs Nin hat einmal gesagt, dass sich das Leben in direkter Abhängigkeit vom eigenen Mut ausdehnt oder zusammenzieht. Wenn ich in meiner freien Zeit eine einzige

Sache gelernt hatte, dann war es, dass ich dieser Auffassung vehement zustimme. Ich wollte kein Leben voller Reue und Enttäuschung. Ich bin der festen Überzeugung, dass man, wenn man seine selbstgesetzten Grenzen über Bord wirft, seine Erwartungen anhebt und verdammt hart für seine Ziele arbeitet, erstaunlich viel erreichen kann. Und wenn man die richtige Einstellung hat, dann kann man sich bei all dem auch noch gut amüsieren. Ich wollte meinen Fußabdruck auf der Welt vergrößern, nicht verkleinern. Tot ist man schließlich noch lange genug. Je länger ich darüber nachdachte, umso mehr neigte ich dazu, den Sprung zu wagen und ins Hamsterrad zurückzukehren, um herauszufinden, ob ich das Problem der Work-Life-Balance knacken und in meinem Job und meiner Familie gleichzeitig erfolgreich sein konnte.

Doch mitten hinein in diese selbstgefälligen Überlegungen platzte eine wirkliche Katastrophe.

48
Opi

Meine Mutter rief mich aus England an, um mir zu sagen, dass mein Vater schwer erkrankt sei. Zehn Jahre zuvor war bei ihm die Parkinsonsche Krankheit diagnostiziert worden, doch eine streng überwachte Medikamentierung hatte die Krankheit bis zu diesem Zeitpunkt auf einem frustrierenden, aber handhabbaren Level stabilisiert. Nun war die Sache offenbar über Nacht so viel schlimmer geworden, dass er ins Krankenhaus eingeliefert worden war. Meine Mutter hörte sich verständlicherweise völlig erschüttert an.

Ich beschloss spontan, sofort nach England zu fliegen, um die beiden zu besuchen. Meine Mutter war überwältigt, als ich es ihr sagte. In dem Moment, als ich den Hörer auflegte, traf ich eine weitere Entscheidung – ich würde Alex mitnehmen. Opi, wie die Kinder ihn nannten, hatte Alex besonders ins Herz geschlossen und überschüttete ihn mit der Art von Aufmerksamkeit und Lob, die ich selten, wenn überhaupt jemals bekommen hatte. Es bestätigte die alte Binsenweisheit, dass es Großeltern bei ihren Enkeln leichter fällt, ihre Liebe zu zeigen, als bei ihren Kindern. Mutter und Vater hatten Alex einige Male allein übers Wochenende zu sich nach Somerset ins englische West Country eingeladen. Dabei hatte sich regelmäßig alles um ihn gedreht, er wurde zum Angeln mitgenommen, spielte unzählige Partien Dame mit den Großeltern, wurde mit Leckerbissen gefüttert – kurz gesagt, er wurde völlig verhätschelt. Von jedem Trip brachte er ein Buch mit nach Hause, das seine Großmutter für ihn angelegt hatte. Darin waren alle Aktivitäten des Wochenendes aufgelistet und Fotos der wichtigsten Momente eingeklebt. Zwischen ihm und seinen Großeltern existierte eine enge Bindung, und ich konnte den Gedanken nicht ertragen, dass Alex seinen Großvater möglicherweise nie mehr sehen würde. Abgesehen davon dachte ein Teil von mir, dass es meinem Vater vielleicht guttun würde, Alex zu sehen.

Die Entscheidung zu fliegen war das eine. Die Reise zu arrangieren war etwas ganz anderes. Der einzige Flug, der am nächsten Tag ging, hatte Zwischenaufenthalte in Singapur *und* Rom und eine Gesamtreisezeit von über 30 Stunden. Als der Flug gebucht war, musste ich mit der Schuldirektorin verhandeln. Und ich muss fairerweise sagen: Sie war wunderbar. Unser Rückflug lag einen Tag vor der Theateraufführung der Schule, und so machten wir einen

Handel: Ich konnte Alex aus der Schule nehmen, solange ich dafür sorgte, dass er jeden Tag seinen Text übte.

Nach hektischem Packen sprangen wir in ein Taxi und checkten – wenige Stunden nach dem Telefonanruf meiner Mutter – am Flughafen für die erste Hälfte unserer Marathonreise nach Somerset ein. Wir flogen zwar Economy Class, doch meine glänzende Vielflieger-Karte war noch nicht heruntergestuft worden. Für den Computer war ich immer noch der Supermanager, nicht der Supervater. Trotzdem glaube ich, dass das System von der Veränderung meiner Lebensumstände Wind bekam, nachdem ich zwei Stunden lang in kurzen Hosen und T-Shirt in der Business Class Lounge gesessen und mit Alex Magnet-Schiffeversenken gespielt hatte.

Die Reise war unbequem und lang, und sie wurde durch Verspätungen bei jedem Umsteigen noch verlängert. Doch die Zeit, die ich mit Alex verbrachte, war einfach wundervoll. Ich war so stolz auf ihn. Er war ein großartiger Begleiter. Von mir aus hätten wir eine Woche lang auf dem Flughafen in Rom festsitzen können, es war einfach so schön, mit meinem ältesten Sohn zusammen zu sein. Dabei blieb mir die Ironie der Situation nicht verborgen. Wir, Vater und Sohn, reisten zusammen, um meinen Vater zu besuchen, dem ich nie nahe gewesen war. Alex und ich würden eine Woche zusammen verbringen, nur wir beide, etwas, das ich mit meinem Vater weder als Erwachsener noch als Kind je erlebt hatte.

Da unser Geld langsam knapp wurde, kam in Heathrow wieder die »Tasmanien-Taktik« zum Einsatz, und wir mieteten das billigste Auto, das am ganzen Flughafen zu bekommen war. Das war übrigens gar nicht so einfach. Ob es daran liegt, dass die Autovermietungen auf Provisionsbasis arbeiten, oder daran, dass sie es einfach nicht glauben können, wenn jemand keinerlei Komfort möchte – die Eurocar- und Budget-Angestellten dieser Welt haben alle den Ehrgeiz, dir ihr bestes Gefährt zu vermieten. Zur Verteidigung von Ford muss ich hinzufügen, dass der Ka, den wir schließlich mieteten, zwar die PS-Stärke und den Komfort eines Rasenmähers hatte, aber nicht ein einziges Mal liegen blieb und – Junge, er war wirklich billig.

Als wir in Somerset ankamen, war es Mitternacht. Mutter freute sich, uns zu sehen, und überschüttete Alex mit Liebesbezeugungen. Es war zu spät, noch ins Krankenhaus zu fahren, also brachten wir Alex ins Bett, und danach tranken Mutter und ich einen Tee zusammen, während sie mich über die Einzelheiten aufklärte. Vater lag im Frenchay-Krankenhaus in Bristol, etwa 60 Kilometer entfernt. Er war sehr verwirrt und hatte seine Mobilität völlig eingebüßt. Außerdem hatte er große Schwierigkeiten mit dem Sprechen und konnte kaum mehr als nur die einfachsten Sätze sagen. Die Ärzte versuchten eine neue Medikamentierung zu finden, um die Verschlechterung aufzuhalten und eine Verbesserung seines Zustands herbeizuführen. Aber die einhellige Meinung lautete, dass, selbst wenn eine Besserung erreicht werden könnte, eine völlige Wiederherstellung des vorherigen Zustands ausgeschlossen war.

Doch keine ihrer Beschreibungen konnte mich auf die Realität vorbereiten. Am nächsten Tag meinen Vater zu sehen war herzzerreißend. Mit allem Respekt gegenüber dem staatlichen Gesundheitswesen – die Krankenhausstation glich einem Lazarettzelt im Krimkrieg. Keine Privatsphäre, kein Komfort, einfach zwei Reihen eiserner Bettgestelle mit kranken Menschen darin. Alex war ein Lebensretter.

»Ist es gut hier drin, Opi?«, fragte er fröhlich.

Keine Antwort.

»Wann wirst du dein Wissen zurückbekommen, Opi?«, fragte er weiter.

Keine Antwort.

»Ich werde mit dem Doktor reden, damit du einen Fernseher bekommst, Opi. Dieses Wochenende gibt es ein Special mit den *Simpsons.*«

Keine Antwort.

Und so weiter. Eine halbe Stunde lang. Abgesehen davon, dass ich meinen Vater zweimal auf die Toilette brachte, spielte ich bei diesem Besuch eine Nebenrolle.

Als wir später zum Auto zurückgingen, nahm Alex meine Hand. »Sei nicht traurig, Dad, Opi wird alt.«

Abgesehen davon, dass es traurig war, kam es mir auch schrecklich unfair vor. Vater kam aus sehr bescheidenen Verhältnissen. Seine Jugend war alles andere als einfach und von zahlreichen Tragödien geprägt gewesen. Sein eigener Vater starb jung nach einer langen Krankheit. Seine beiden Schwestern starben unter tragischen Begleitumständen ebenfalls jung, und so wurde mein Vater zu einem Einzelkind mit einer Mutter, die sich nie ganz von den Schicksalsschlägen erholte, welche das Leben ihr zugemutet hatte. Jede Stunde, die er nicht in der Schule war oder schlief, musste mein Vater in dem Pub aushelfen, in dem Nanna an der Theke arbeitete. Als er zum Militär einberufen wurde, empfand Vater das als einen Aufstieg, anders als fast alle seine Zeitgenossen, die ein Absinken ihres Lebensstandards hinnehmen mussten. Vater war ein Mann mit einem starken Pflichtgefühl, er blieb 32 Jahre lang bei der Royal Navy. Danach übernahm er eine Stelle bei den Vereinten Nationen. Nur noch sieben Jahre, bis er sich etwas Entspannung gönnen und den wohlverdienten Ruhestand mit seiner Frau genießen konnte. Und dann, peng – das hier.

Kate hatte immer einen guten Draht zu Vater gehabt, sie

sagte, er habe so ein Glitzern in den Augen und einen immer präsenten, trockenen und sanften Humor. Auch wenn er sich in Sachen Umarmungen und Küsse bei seinen Söhnen eher zurückgehalten hatte, war er doch ein guter Mann, der sich sein ganzes Leben lang bemüht hatte, das Richtige zu tun, egal wie schwer es ihm persönlich fiel. Neumodische Vorstellungen von individuellem Glücksstreben hätten ihn zum Lachen gebracht. Man musste seine Pflicht tun. Wenn einen das glücklich machte, gut. Wenn es einen unglücklich machte, auch gut. Diese Einstellung ließ ihn ziemlich unnahbar erscheinen, doch ich hatte ihm sehr viel zu verdanken. Auf jedem Stück des Weges war er da und tat sein Bestes für mich. Auch wenn er nicht darüber sprach, er tat es, brachte Opfer, ging die harten Wege, versuchte nicht, sich beliebt zu machen, und blieb unverrückbar bei seiner Meinung. Er erzog meinen Bruder und mich gut. Ich liebte ihn. Ich war am Boden zerstört. Mein Besuch war erst einen Tag alt, und ich war völlig aufgelöst. Reiß dich am Riemen, Nigel, ermahnte ich mich.

49
Mrs. Sargeant

Doch die Woche war nicht nur eine emotionale Belastung, sie bereicherte mich auch. Abgesehen von der Zeit mit Alex hatte ich die Art von »*Quality Time*« mit meiner Mutter, die ich nie zuvor gehabt hatte. Wir erinnern uns: Neun Monate zuvor hatte ich versucht, diese Art von Erfahrung gezielt herbeizuführen, indem ich sie zu einem schicken Essen einlud. Nun wurde mir klar, dass die wichtigen

Momente dann kommen, wann sie es für richtig halten, und nicht, wenn man sie haben will. Ich schäme mich im Rückblick für all die Gelegenheiten, bei denen ich versucht hatte, einen emotionalen Austausch zu erzwingen. Andererseits, wenn man kaum Zeit mit jemandem verbringt, dann hat man eigentlich kaum eine andere Wahl, als die wenigen gemeinsamen Momente möglichst intensiv zu nutzen. Oder, wie die amerikanischen Lebenshilfe-Gurus sagen, »für *Quality Time* braucht man *Quantity Time*«, sprich: ausreichend Zeit. Am zweiten Tag fuhr ich Alex zu seinen Cousins, so dass Mutter und ich allein im Haus waren. Die Zeit mit ihr war so glücklich, wie die Besuche bei Vater traurig waren. An den meisten Tagen fuhr ich mit Mutter nach Bristol. Wir verbrachten die Autofahrten damit, Erinnerungen auszutauschen und uns alte Familiengeschichten zu erzählen, auch wenn wir sie schon hundertmal gehört hatten.

Mutter überraschte mich eines Tages mit einer Geschichte, die sie mir noch nie vorher erzählt hatte. Die Geschichte selbst war nicht die Überraschung – immerhin spielte ich darin die Hauptrolle –, es war die Tatsache, dass sie sie erzählte. Wissen Sie, wir hatten in den etwa dreißig Jahren, seit sie vorgefallen war, nie darüber gesprochen.

Es trug sich in dem Reihenhaus in Yeovil zu, in dem wir wohnten, als ich ein Kind war. Mein Zimmer befand sich auf der hinteren Seite des Hauses und überblickte den Hof zwischen unserer Häuserreihe und der Reihe hinter uns. Genauer gesagt lag mein Fenster direkt gegenüber dem Fenster des Schlafzimmers der Sargeants, einem Ehepaar, das in Nummer 17 wohnte. Ich hatte ein Fernglas zu Weihnachten bekommen und muss zu meiner Verteidigung sagen, dass es nicht viele Dinge gab, die ich damit betrachten konnte. Es schien nur natürlich zu sein, die Ellbogen auf das Fensterbrett zu stützen und Mrs. Sargeant zu beobachten, wenn sie sich morgens anzog.

An einem solchen Morgen schaute Mrs. Sargeant in meine Richtung und hielt inne. Sie starrte angestrengt zu mir herüber. Sie trat näher ans Fenster heran, um einen besseren Blick zu bekommen. Sie würde mich sehen, wenn ich mich nicht schnell wegduckte. Das Problem war nur, ich war in einem militärischen Haushalt aufgewachsen – und eine der Weisheiten, die ich von meinem Vater gelernt hatte, war, dass man im Dschungel, wenn man von einem Suchscheinwerfer überrascht wird, niemals in Deckung geht, weil die Bewegung einen verraten würde. Die Leute, die stocksteif stehen blieben, auch wenn sie einen Moment lang hell angestrahlt waren, wurden meist nicht entdeckt. Sie wurden einfach für Bäume oder Büsche gehalten.

Von dieser Theorie geleitet, blieb ich also still stehen. Mrs. Sargeant stand nun direkt an ihrem Fenster und schaute mit wütendem Gesichtsausdruck zu mir herüber. Ich stand still wie ein Denkmal und hoffte, für irgendetwas anderes als einen jugendlichen Spanner gehalten zu werden. Mrs. Sargeant rief etwas über die Schulter nach hinten zu ihrem Mann, der prompt ins Zimmer gelaufen kam. Mr. Sargeant prallte entsetzt zurück, als er den zehnjährigen Sohn seines Nachbarn mit einem Fernglas seine nackte Frau beobachten sah. Er machte eine ziemlich rüde Geste, und seine Lippen formten einen noch rüderen Ausdruck. Ich klammerte mich weiterhin an meine militärische Theorie und bewegte keinen Muskel. Mr. Sargeant verließ das Zimmer. Ich hörte, wie das Telefon klingelte und Mutter den Hörer abnahm. Ich konnte die eine Hälfte der Unterhaltung mithören.

»Was fällt Ihnen ein, Mr. Sargeant? Mein Sohn würde so etwas niemals tun. Wenn Ihre Frau unanständige Gedanken über meinen Sohn hat, dann ist das nicht Nigels Problem, sondern ihr eigenes. Ich weiß genau, dass er oben ist und seine Hausaufgaben macht. Ich an Ihrer Stelle würde erst einmal dafür sorgen, dass Brenda nicht nackt am Fenster herumstolziert, bevor ich meine Nachbarn verleumde.«

Ich bewegte mich immer noch nicht. Ich bewegte mich nicht, als Mutter in mein Zimmer kam. Nicht einmal, als sie sich neben mich stellte und aus dem Fenster hinübersah, wo Mr. und Mrs. Sargeant beide zu mir herüberzeigten, der ich stocksteif dort kniete, die Ellbogen auf dem Fensterbrett und die Augen am Fernglas. Vielleicht ist es gar nicht so überraschend, dass ich seit mehreren Generationen der erste Marsh bin, der nicht zum Militär gegangen ist.

Als Mutter diese Geschichte erzählte, war ich von meiner eigenen Reaktion überrascht. Ich hörte mich selbst lachen, lauthals lachen, so als würde mir ein Freund eine wirklich lustige Geschichte erzählen – anstatt vor Scham rot zu werden, weil meine Mutter eine peinliche Anekdote aufwärmte. Es spielte auch keine Rolle, dass wir beide die Geschichte schon kannten. Es war wundervoll: Je lauter ich lachte, umso lauter lachte auch meine Mutter. Als sie mit Mrs. Sargeant fertig war, kicherten wir beide wie Teenager. Bis heute glaube ich, dass dieser Moment der Durchbruch in unserer Beziehung war. Es ist schon seltsam, dass die unwahrscheinlichsten Ereignisse manchmal positive Folgen haben können – man könnte fast auf die Idee kommen, das Spannertum zu rehabilitieren.

Am letzten Tag unseres Aufenthalts in England wollte ich Vater allein besuchen, ohne mir über Alex oder Mutter Gedanken machen zu müssen. Obwohl die Ärzte sagten, dass sein Zustand nicht lebensbedrohlich war, hatte ich das bedrückende Gefühl, dass dies unser letzter Abschied werden würde. Nachdem mir die gezwungen-fröhlichen Kommentare ausgegangen waren, verstummte ich nicht wie üblich. Stattdessen fing ich an, etwas davon zu nuscheln, wie sehr ich ihn liebte und bewunderte, dass ich immer zu ihm aufgeblickt hatte, ihm gute Besserung wünschte und in Australien jeden Tag an ihn denken würde.

Zu meiner Überraschung unterbrach Vater mich. Er hob seinen Arm und legte eine zitternde Hand auf mein Handgelenk. Dann sah er mir geradewegs in die Augen. Er hatte Schwierigkeiten beim Sprechen und seine Worte kamen langsam und schwach. Ich lehnte mich vor, um ihn zu verstehen.

»… Bedeutet mir so viel, dass du gekommen bist, Nigel … und dass du den goldigen Kleinen mitgebracht hast … Ich bin so stolz auf dich … Das war ich immer … Deine Mutter und ich lieben Kate und die Kinder … Es macht uns große Freude zu hören, dass es euch in Australien gutgeht.«

Es war, als würde ein anderer Mann sprechen. Mein Vater sagte nie solche Dinge. Als ich ihm damals erzählte, dass ich Kate heiraten würde, machte er mir Vorwürfe, dass mein Job nicht gut genug sei. Als ich ihm erzählte, dass wir Zwillinge bekommen würden, fragte er mich, wie in aller Welt ich glaubte, mir so viele Kinder leisten zu können. Bei der letzten Beförderung in meinem alten Job fragte er mich, ob es in der *Times* stehen würde. Zugeben zu müssen, dass es nicht einmal im Branchenmagazin *Campaign* stehen würde, stellte wirkungsvoll sicher, dass ich mir nicht zu viel auf meine neue Position einbildete.

Ich wusste nicht, wie ich reagieren sollte. Besser gesagt, ich wusste es. Ich weinte. Nicht nur in diesem Moment, sondern noch auf dem Weg zum Auto. Und auf dem Parkplatz. Auf der Heimfahrt musste ich an den Straßenrand fahren, weil ich nicht aufhören konnte zu weinen. Als ich endlich aufgehört hatte und zu Hause angekommen war und Mutter fragte, wie es gegangen war, fing ich sofort wieder von vorne an. Ich gebe es nicht gerne zu, aber ich weine in diesem Moment, während ich das niederschreibe. Es sieht ziemlich dämlich aus, wenn man in einem Ford Ka an einer Ampel steht oder beim Schreiben in einem Strandcafé in Bronte sitzt und dabei heult wie ein Baby – vielleicht ist emotionale Verdrängung doch keine so schlechte Sache.

Auf dem Heimflug nach Australien dachte ich wieder an die Wahl, vor der ich stand. Ob es dieser Job war oder ein anderer – ich würde bald wieder anfangen müssen, Geld zu verdienen. Wenn ich wieder eine Werbeagentur leiten wollte, konnte ich mir wenige bessere Jobs vorstellen als den, der mir angeboten worden war. Das Unternehmen war stolz auf seine Integrität und Umsichtigkeit und außerdem schien der Gründer – Leo Burnett – ein Mann nach meinem Herzen zu sein: Einer seiner berühmteren Aussprüche war: »Werbung ist nicht *ganz* der Hauptzweck der menschlichen Existenz.« Eben.

Nach sechs Stunden rastlosen Hin- und Herwerfens in einem unbequemen BA-Flugzeugsitz traf ich mit mir selbst eine Vereinbarung. Daran sind, glaube ich, diese ganzen Lebenshilferatgeber schuld, die ich gelesen habe. Die Vereinbarung sah vor, dass ich so genau wie möglich aufschrieb, welche Art von Mensch und Chef ich sein wollte. Und wie die Familie und das Unternehmen aussehen mussten, denen ich mit Stolz angehören würde. Dieser Vertrag mit mir selbst würde mir dabei helfen, sicherzustellen, dass die positiven Veränderungen der letzten neun Monate nicht vergessen waren, sobald ich ins Büro zurückgekehrt war.

Doch bevor ich herausfand, wie es sein würde, wieder einen Fuß in ein Büro zu setzen, musste ich mich den Reaktionen meiner Umwelt auf meine *Entscheidung*, wieder zu arbeiten, stellen. Angesichts der Tatsache, dass sie nur Monate zuvor ihres Kindermädchens beraubt und zusammen mit ihrer Familie in ein kleineres Haus verpflanzt worden war, reagierte Kate bemerkenswert verständnisvoll auf die Perspektive, mit all dem nun allein fertig werden zu müssen. Sie beschwerte sich nicht über ihr Los – meine Mutter unterstellte charmanterweise, dass sie es wahrscheinlich nicht erwarten konnte, mich wieder aus dem Haus zu haben –, doch sie war ehrlich besorgt, dass die Veränderungen in meinem Leben sich als kurzlebig erweisen könnten, wenn ich erst wieder angefangen hatte zu arbeiten.

Doch mit Kates Befürchtungen angesichts meiner Rückkehr ins Berufsleben konnte ich leichter umgehen als mit einigen der anderen Reaktionen, die mir begegneten. Dabei gab es mehrere Lager; die beiden schlimmsten davon waren die Herablassenden und die Neidhammel. Die Reaktion der ersten Gruppe lautete in etwa: »Ich sehe, dass der Junge endlich wieder zu Verstand gekommen ist, ich habe ja gleich gesagt, dass das nur eine kurzlebige Marotte ist.« Letztere Gruppe ging mehr in die Richtung: »Wir können uns das nicht leisten, einfach ein Jahr freizunehmen, deshalb hoffen wir insgeheim, dass es dir jetzt nach der Rückkehr so richtig dreckig geht, als Ausgleich für die Monate der Freiheit, die wir dir von Herzen missgönnen.«

Neben solchen kleingeistigen und missgünstigen Einstellungen war die Reaktion meiner Schwimm-Kumpane wundervoll erfrischend. »Nur weil du aus deinem Ausstieg aussteigst, heißt das noch lange nicht, dass du eine Entschuldigung hast, auch aus dem Ozeanschwimmen auszusteigen«, wie es eine von meinen Trainingspartnerinnen ausdrückte, als sie den allgemeinen Bedenken Ausdruck verlieh, ich könnte jetzt ganz mit meinem Schwimmtraining aufhören und, schlimmer noch, das Rennen nicht mitschwimmen.

Nachdem ich die Skala der Reaktionen verdaut hatte, schrieb ich, am Tag bevor ich ins Büro zurückkehrte, meinen »persönlichen Vertrag«. Dann zeigte ich ihn Kate. Niemand sonst hat ihn zu sehen bekommen. Und das wird auch niemand. Wir waren beide sehr angetan davon.

Ihn zu schreiben war das eine – ihn zu leben war allerdings eine ganz andere Angelegenheit.

50
Haus der Schmerzen

Man kann ohne Übertreibung sagen, dass meine Rückkehr ins Hamsterrad nicht gerade glatt vonstatten ging. Ich war vor dem ersten Tag ziemlich aufgeregt. Wir hatten noch keine Zeit gehabt, das verkaufte Auto zu ersetzen, und ich hatte noch nicht herausbekommen, wie man mit öffentlichen Verkehrsmitteln in weniger als zwei Stunden von Clovelly nach MacMahons Point am Nordufer des Hafens von Sydney kommt, deswegen hatte ich mir ein Taxi bestellt. Ich dachte, bei einer entspannten Taxifahrt würde ich am besten dazu in der Lage sein, meine Gedanken zu ordnen, denn meine erste Aufgabe in meiner neuen Position würde es sein, morgens um neun Uhr vor dem gesamten Unternehmen eine Rede zu halten.

Im Rückblick und angesichts meiner Kenntnis der Taxis von Sydney kann ich nicht glauben, dass ich so dumm war. Das Problem war diesmal allerdings nicht das übliche »Wie kommt man da hin?« Das Problem war ein Taxifahrer, der reden wollte. Und Junge, der *konnte* reden. Er war völlig unempfänglich für irgendwelche Hinweise meinerseits, dass ich meine Ruhe haben wollte.

»Das ist faszinierend. Ich mag Margaret Thatcher auch nicht, aber wenn es Ihnen nichts ausmacht … wissen Sie, ich muss eine Rede vorbereiten, halten Sie mich bitte nicht für unhöflich, wenn ich noch ein wenig arbeite«, sagte ich zu ihm, nachdem mein vierter Versuch, ihn zum Schweigen zu bringen, gescheitert war.

»Oh. Kein Thema, Kumpel. Versteh ich. Bin manchmal selbst so beschäftigt, dass ich mich einfach nicht auf etwas anderes konzentrieren kann. Macht meine Alte verrückt. Ha, ha. Zum Beispiel bei der Steuererklärung. Machen Sie Ihre Steuererklärung selbst?«

»Äh, ja, aber ich muss wirklich …«

»Ich auch. Ich hasse es. Lasse es immer bis zum letzten Moment liegen, und dann muss ich mich irgendwo einschließen ohne Ablenkung …«

Und so ging es weiter. Irgendwann musste ich ihm deutlich sagen, es liege nicht daran, dass ich ihn nicht mochte, aber ich wolle mich nicht unterhalten und er solle mich bitte nicht mehr stören. Wunderbarerweise hörte er wirklich zu reden auf, doch stattdessen – und damit begann mein Untergang – drehte er das Radio an.

Ich gehöre nämlich zu jenen Menschen, die das letzte Lied, das sie morgens gehört haben, den ganzen Tag über nicht mehr aus dem Kopf bekommen. Aus genau diesem Grund höre ich, wenn ich morgens arbeiten muss, immer nur Nachrichten im Radio, niemals Musik. Dieser Bursche hatte offenbar nicht die gleiche Philosophie – Teenie FM wummerte in ohrenbetäubender Lautstärke los. Mein entscheidender Fehler war, dass ich zögerte, bevor ich ihn bat, das Radio auszuschalten. Immerhin hatte ich ihm gerade eröffnet, dass ich nicht mit ihm sprechen wollte, deshalb fühlte ich mich ein wenig unbehaglich dabei, ihm zu sagen, dass er in seinem eigenen Auto auch nicht Radio hören dürfe. Während dieser Gedankenprozess in meinem Kopf ablief, hatte sich das Lied bereits in meinen Gehirnwindungen festgesetzt.

»*You and me, baby, we ain't nothing but mammals, so let's do it like they do on the Discovery Channel. You and me, baby, we ain't nothing but mammals, so let's do it like they do on the Discovery Channel. You and me, baby, we ain't nothing but mammals, so let's do it like they do on the Discovery Channel*«, dröhnte es aus dem Radio.

Es war vielleicht nicht sehr abwechslungsreich, aber ohne Frage eingängig. Als ich in meinem neuen Büro ankam, war ich rettungslos verloren.

»Guten Morgen, Mr. Marsh. Willkommen bei Leo Burnett«, begrüßte mich die freundliche Dame am Empfang.

Ich hörte meinen Mund »Guten Morgen« sagen, während mein Gehirn sang: »*You and me, baby, we ain't nothing but mammals, so let's do it like they do on the Discovery Channel.*«

Todd war der Zweite, der mich begrüßte. »Hallo, Nigel, es sind alle im Konferenzraum versammelt und warten auf dich«, sagte er.

»*You and me, baby, we ain't nothing but mammals, so let's do it like they do on the Discovery Channel*«, antwortete ich.

«Was?«

«Oh, nichts – hast du dieses Lied schon mal gehört?«

»Ja, ganz schön eingängig, was?«

»Das kann man wohl sagen.«

»Nigel?«

»Ja?«

»Es sind immer noch alle im Konferenzraum und warten auf dich«, wiederholte er.

»Oh, natürlich. Ich bin gleich da«, antwortete ich. Ich stieg die Treppe zum Konferenzraum hinauf und versuchte verzweifelt, mich zu konzentrieren, während ich die ganze Zeit die Säugetier-Hymne in meinem Kopf hörte.

Es war alles ein wenig unwirklich, doch irgendwie schaffte ich es, meine Rede und den ersten Tag unfallfrei zu überstehen. Unglücklicherweise verlief der Rest der Woche alles andere als unfallfrei. Stellen Sie sich die Invasion der Normandie ohne die Landungsboote vor. Bei meinem ersten Treffen mit Vertretern unseres zweitgrößten Klienten informierten mich diese höflich, dass sie zu einer anderen Agentur gehen würden. Visionen von einem Mann, der einundvierzig, fit und wieder gefeuert war, schossen mir durch den Kopf. Es war mein vierter Tag im Büro, und ich war, um es vorsichtig auszudrücken, nicht darauf vorbereitet. Ich war so sehr nicht darauf vorbereitet, dass ich ein englisches Rugby-Trikot trug, weil ich später an diesem Tag die Eröffnungsfeier der Rugby-Weltmeisterschaft besuchen wollte. (Wenigstens verlief die Weltmeisterschaft nach Plan – Jonny Wilkinson, dem Kapitän der englischen Rugby-Nationalmannschaft, sei Dank. Im Finale der Rugby-Weltmeisterschaft 2003 erzielte er gegen Australien in der letzten Minute der Nachspielzeit die entscheidenden Punkte.)

In dem Moment, als sie mir ihre Entscheidung mitteilten, wusste ich, dass ich Leute entlassen musste. Ich kenne einige Manager, denen so etwas keine schlaflosen Nächte bereitet – die sich im Gegenteil über die Gelegenheit freuen, ihre Entschlossenheit und ihre Machtposition unter Beweis zu stellen. Mich persönlich macht es krank, Kollegen ihren Lebensunterhalt wegzunehmen. Ich kann mich nie ganz von der Vorstellung befreien, dass in der Regel diejenigen gefeuert werden, die es am wenigsten verdienen, auch wenn man sich noch so sehr bemüht, die Sache so fair wie möglich zu arrangieren.

Anstatt mich langsam in meine neue Position einarbeiten zu können, verbrachte ich also den ersten Monat damit, Leuten zu sagen, dass ich ihre Stelle abbauen musste. Ich hasse das Wort »Stellenabbau«, es ist fast so schlimm wie der Euphemismus »Ihnen steht leider eine unfreiwillige Trennung von unserem Gehaltssystem bevor«, der offenbar in einigen amerikanischen Firmen tatsächlich zur Anwendung kommt. Mein Bruder erzählte mir, dass die Armee in solchen Fällen einen etwas rustikaleren Ansatz verfolgt: »Alle, die einen Job haben, einen Schritt vortreten … nicht so voreilig, Dickens« ist ein Beispiel, von dem er behauptet, es persönlich erlebt zu haben.

In einer Reihe von direkt aufeinanderfolgenden Gesprächen musste ich den Betroffenen die schlechte Nachricht überbringen, wobei ich versuchte, einen Mittelweg zwischen dem Galgenhumor der englischen Armee und dem verwirrenden Doppelsprech amerikanischer Manager zu finden. Doch einige Kommentare in der Branchenpresse waren deutlicher. Eine der denkwürdigeren Schlagzeilen aus den ersten Tagen in meiner neuen Position war: »Blutbad im Haus der Schmerzen. Neuer Geschäftsführer lässt in vormals stolzer Agentur die Köpfe rollen.«

Eingängig wie jenes Lied im Taxi auch gewesen sein mag – am Ende meines ersten Monats fühlte ich mich eher wie ein Regenwurm und nicht wie ein *mammal,* äh, Säugetier.

51
Niedrige Frequenzen

Die Arbeit war nicht meine einzige Sorge. Auch mein Privatleben fing an, in die Binsen zu gehen.

Es fing schon damit an, dass ich das Schwimmen von Bondi nach Bronte nicht mitmachte. Für mich war das niederschmetternd, nicht nur, weil ich neun Monate lang auf dieses Ziel hingearbeitet hatte, sondern mehr noch, weil dieses Rennen für mich irgendwie zu einem Symbol meiner Anstrengungen geworden war, mich im Verlauf meines freien Jahrs selbst neu zu definieren. Jedes Mal, wenn ich zum Schwimmtraining ging oder auch nur an das Rennen dachte, erinnerte mich das an die Gesamtheit aller Ziele, die ich mir neben der Teilnahme an diesem Rennen noch gesetzt hatte. An dem Rennen noch nicht einmal teilzunehmen gab mir deswegen das Gefühl, auf der ganzen Linie gescheitert zu sein.

Dabei ist es gar nicht so, dass ich nicht an dem Rennen teilnehmen wollte – ich wollte nichts mehr als das. Mein Training hatte gute Fortschritte gemacht, und nachdem ich ein paarmal durch die Bucht von Bondi geschwommen war – hin und zurück! –, wusste ich, dass ich bereit war. Das Problem war die Arbeit. Die Zentrale meines neuen Arbeitgebers war in Amerika, und ich musste dort an einer Konferenz teilnehmen, die am Wochenende des Rennens stattfand. Als ich am Morgen des Rennens nicht in Sydney, sondern in Chicago saß, fiel es mir daher ziemlich schwer, das Ganze im richtigen Maßstab zu betrachten. Was der Sache die Krone aufsetzte, war, dass ich beim nächsten Gesundheits-Check-up von meiner Hausärztin erfuhr, dass das ganze Training für das Rennen mir ein »Schwimmerohr« beschert hatte.

»Schwimmerohr – was ist denn das?«, fragte ich.

»Das gibt es hier in Australien häufig. Es heißt, dass Ihr Gehörgang verstopft ist, ungefähr so wie eine Wasserleitung.«

»Und was bedeutet das?«, fragte ich.

»Nun, ich befürchte, es wird Ihr Gehör beeinträchtigen. Doch glücklicherweise ist in Ihrem Fall nur der niedrige Frequenzbereich betroffen«, beruhigte sie mich.

»Oh, gut. Was liegt denn im niedrigen Frequenzbereich?«, fragte ich.

»In erster Linie die menschliche Stimme«, antwortete sie.

Wunderbar.

Außer dem Rennen schienen plötzlich viele andere Sachen schiefzulaufen. Ein Kernbestandteil meines schriftlichen »persönlichen Vertrags« war eine Vereinbarung mit Kate, dass Mittwoch unser Ausgehtag war. Dies sollte der Abend sein, an dem ich, ohne Rücksicht auf Arbeit und Karrieredruck, alles fallen ließ und mit Kate ausging. Diese Verpflichtung sollte nicht nur Selbstzweck sein, also ein schöner gemeinsamer Abend, nein, es war auch ein wichtiges Mittel zum Zweck. Es würde mir dabei helfen, meine Work-Life-Balance im Blick zu behalten, denn, so meine Überlegung, wenn ich es nicht mehr schaffte, mir einen Abend pro Woche freizunehmen, dann würde ich wissen, dass ich den Faden verloren hatte. Nach zwölf Wochen in meinem neuen Job hatte ich es nicht einmal geschafft, auszugehen. Nicht ein einziges Mal. Zwölf abgesagte Verabredungen hintereinander. Entzückend.

Abgesehen von der ausgefallenen Zweisamkeit fing ich bald auch wieder an, meine Arbeit mit nach Hause zu bringen und Kate mit den Mühen meines Jobs zu quälen. *Déjà-vu* mit Sternchen. Ich fing auch wieder damit an, die Kinder anzubrüllen. An einem Morgen in meiner zweiten Woche schaffte ich es tatsächlich, alle Kinder zum Weinen zu bringen, bevor Kate aufgestanden war – eine spektakuläre persönliche Bestleistung für jemanden, der angeblich seine Einstellung zum Leben im Allgemeinen und zur Familie im Besonderen geändert hatte.

Ich war am Kämpfen. Was der Sache die Krone aufsetzte, war ein Artikel, den ich im *Sydney Morning Herald* las. Der Artikel zitierte den früheren Chef von Microsoft in Australien. Ich habe Daniel Petre nie persönlich kennengelernt, aber als ich seine Aussagen über das Leben, das man als Unternehmensleiter führt, las, war es, als würde er mich persönlich ansprechen: »Diese Leute haben keine anderen Freunde als die Arbeit, sie haben keine Beziehung mit ihrem Ehepartner, sie sind ihren Kindern egal, sie haben keine Hobbys. Sie führen ein sehr isoliertes, eindimensionales Leben und haben nicht den Mut, es zuzugeben.«

Danke, das wollte ich wissen.

52
Weingummi

Eine ganze Generation von Frauen hat schon vor langer Zeit festgestellt, dass der »Du kannst alles haben«-Traum genau das war – ein Traum. Diese Erkenntnis scheint uns Männern noch nicht aufgegangen zu sein, deshalb versuchen wir immer noch, jenen Traum zu verwirklichen. Ein regelrechter Berg von Lebenshilfebüchern gibt den

Männern Ratschläge, wie sie ihre Work-Life-Balance erreichen können, und ich glaube, dass diese Ratschläge nicht nur irreführend, sondern ein Teil des Problems sind. Gestresste Manager überall in der westlichen Welt sehen sich inzwischen zusätzlichem Stress ausgesetzt, weil sie versuchen, alles unter einen Hut zu bringen. Unser ganzes Streben nach mehr Balance macht uns unausgeglichener, nicht ausgeglichener. Die Stange liegt auf einer völlig unrealistischen Höhe. Viele Männer versuchen verzweifelt, alles unter einen Hut zu bekommen – und üben sich in Selbstzerfleischung, wenn sie nicht zum Abendessen mit den Kindern zu Hause sind. Kommen sie dann heim, fühlen sie sich als Versager, sind frustriert und schlecht gelaunt und schreien Frau und Kinder an. Nun ja, das war zumindest das, was ich machte.

In den 90er Jahren war es eine Zeitlang so, als hätte eine Art kollektiver Wahnsinn Einzug gehalten. Niemand hatte den Verstand oder den Mut, zu fragen »Wenn es für Frauen in den 80er Jahren nicht funktioniert hat, warum in aller Welt glauben wir dann, dass es bei den Männern funktionieren wird?« Stattdessen gab es jede Menge Buchautoren, die die Botschaft ausgaben, dass die Männer mit ein paar kleinen Kompromissen tatsächlich alles haben könnten. Wenn Sie glauben, dass die alten Artikel im *Cosmopolitan* witzig sind, in denen es heißt, dass Frauen Beruf und Privatleben unter einen Hut bringen können, indem sie die halbe Nacht im Büro bleiben und ihren Orgasmus dem Ehemann nach Hause faxen, dann sollten Sie mal etwas von dem Müll lesen, den sogenannte Experten über Väter schreiben. Die meisten von ihnen haben nicht die leiseste Ahnung von den wirtschaftlichen, familiären und beruflichen Realitäten, mit denen sich 99 Prozent von uns auseinandersetzen müssen. Niemand will es zugeben, aber ebenso wie Arbeitgeber nicht gerne Frauen einstellen, von denen sie glauben, dass sie bald schwanger werden könnten, wollen sie keine Männer, die ein wirklich ausgewogenes Leben führen. Sie wollen, dass der Job gut gemacht wird, und sie wissen, dass voller Einsatz erforderlich ist, wenn wichtige Dinge gut erledigt werden sollen – was die Aktionäre angeht, können Ihre Ehe und die Schulkantine sich ein Loch ins Knie bohren.

Doch es gibt Anzeichen dafür, dass – auch wenn die Situation an sich nicht unbedingt besser geworden ist – doch zumindest eine ehrlichere Debatte darüber einsetzt. Das Wirtschaftsmagazin *Fast Company* brachte im Oktober 2004 auf seiner Titelseite die Überschrift »Balance ist Blödsinn!«, der zugehörige Artikel nannte die Idee der Work-Life-Balance grundsätzlich fehlerhaft und schrieb über den zentralen Mythos des modernen Arbeitsplatzes: »Die Wahrheit ist, dass die Vorstellung von einer Balance Blödsinn ist. Es ist ein unerreichbares Luftschloss, ein eitles Konstrukt, das in erster Linie rhetorische Lösungen für logistische und wirtschaftliche Probleme bietet. Die Suche nach einer Balance zwischen Berufs- und Privatleben, so wie wir sie uns vorstellen, ist nicht nur unrealistisch, sondern eine destruktive und schädliche obendrein.«

Doch die Debatte muss auch auf individueller Ebene ehrlich geführt werden. Es hat keinen Zweck, bequeme Gemeinplätze daherzuschwafeln, solange ich mir selbst etwas vormache, sobald es um meine eigenen Gefühle über mein Berufsleben geht. Ich habe ein Geständnis zu machen – vier kleine Kinder zu versorgen ist *nicht* immer so befriedigend wie sich in einem geschäftlichen Meeting gut zu verkaufen. Es *ist* manchmal fantastisch, wenn man die häuslichen Pflichten einfach hinter sich lassen kann, um auf eine Geschäftsreise zu gehen. Ich *beziehe* einen großen Teil meines

Selbstbewusstseins aus meiner beruflichen Position. Ich finde es enorm befriedigend und motivierend, Teil einer Gruppe von Menschen zu sein, die auf ein gemeinsames Ziel hinarbeitet. Auch wenn dieses Ziel geschäftlicher Erfolg ist. Nein, der letzte Satz war nicht ganz ehrlich: *Besonders*, wenn dieses Ziel geschäftlicher Erfolg ist. Ich liebe es, hart zu arbeiten. Nichts, das etwas wert ist, fällt einem einfach so in den Schoß. Ich bin ehrgeizig und ich genieße es, wenn ich gewinne – nicht um jeden Preis, aber ich bin bereit, persönliche Opfer zu bringen, um einen beruflichen Sieg zu erringen. Ich meine, schauen Sie mich an: Ich habe nicht einmal ein Jahr durchgehalten, bevor ich die Giftstunde wieder gegen die Business Lounge eintauschte.

Würde ich also allen Männern empfehlen, den Versuch aufzugeben, ein ausgeglicheneres Leben zu führen? Nein. Ich empfehle gar nichts. Ich habe keine Antworten. Ich kann nur sagen, dass ich die Dinge inzwischen ein wenig anders sehe. Ich habe aufgehört, nach Perfektion zu suchen. Während ich in meinem bisherigen Leben immer nur nach Schwarz und Weiß eingeteilt habe, fühle ich mich heute auch mit Grau ganz wohl. Das Leben ist hart, und soweit ich sehen kann, wird sich das auch nicht ändern. Die große Mehrheit von uns wird *immer* zu kämpfen haben – egal, für welchen Lebensstil wir uns entscheiden. Schon dass ich mir das selbst eingestehen konnte, war wie eine Befreiung. Seither versuche ich, den Kampf zu genießen und nicht ein mythisches, stressfreies Nirwana zu errichten. Ich habe angefangen, mich für die kleinen Siege zu loben, anstatt mich über die große Enttäuschung zu ärgern, dass ich kein perfektes Leben habe.

Heute schätze ich mich glücklich, wenn eines der Kinder in meiner Gegenwart etwas Wundervolles sagt oder tut, glücklich, dass ich diesen Moment erlebt habe – anstatt in Verzweiflung darüber zu versinken, dass ich all die *anderen* wundervollen Momente verpasse. Ich bin dankbar für jedes Mal, wenn ich es schaffe, die Kinder zur Schule zu fahren, anstatt darüber verbittert zu sein, dass ich es an anderen Tagen nicht schaffe. Im Großen und Ganzen arbeite ich daran, mich an den guten Dingen zu erfreuen, anstatt über die Probleme zu jammern.

Ich kämpfe, doch der Kampf macht ein wenig mehr Spaß als noch vor einem Jahr, und er ist weniger destruktiv für die Menschen um mich herum. Der Kontrast zwischen den beiden Weihnachtsfeiertagen vor und nach meinem freien Beinahe-Jahr könnte größer nicht sein. Zugegeben, ich musste im zweiten Fall keine Papierunterhosen tragen, aber ich arbeitete ebenso hart, wenn nicht härter. Doch trotz der beruflichen Belastung hatte ich ein wundervoll harmonisches Familienfest.

Harry war wie immer voller Überraschungen. Ganz oben auf seinem Wunschzettel hatte »eine grose warme Deke« gestanden. Als Kate ihn nach dem Grund für diesen Wunsch fragte, sagte er, er habe das ganze Jahr gefroren. Im Hinblick auf seine Abneigung gegen rechteckige Formen war es kein Wunder, dass er sein Bett nicht mochte.

Eve war unbeschreiblich stolz, dass die Menschen andauernd von »Christmas Eve« – also Heiligabend – sprachen, so dass schließlich Grace anfing herumzulaufen und jedem, der in der Nähe war, erzählte, sie sei »Christmas Grace«. Eines ihrer Geschenke war ein Video des Musicals *The Sound of Music*, weshalb ich andauernd dazu aufgefordert wurde, wie der Vater im Film zu pfeifen, woraufhin die Mädchen in Habachtstellung gingen und anfingen, im Haus herumzumarschieren. Leider hielt das nicht sehr lange vor. Als ich Alex fragte, ob er ein schönes Weihnachtsfest hatte, schaute er mich an und antwortete: »Dad, es war klasse. Ich bin erst acht, aber ich habe schon so viele schöne Erinnerungen.« Natürlich gab es auch Auseinandersetzungen, aber sogar die waren auf ihre eigene besondere Weise wundervoll.

Am ersten Feiertag kam Grace in Tränen aufgelöst in unser Schlafzimmer gestürzt. Als wir sie fragten, was los sei, hob sie die rechte Hand mit der Handfläche nach vorn und schluchzte: »Ich hab Eve das Stoppzeichen gezeigt, aber sie hat nicht aufgehört!« Sie war ehrlich fassungslos darüber, dass das Stoppzeichen nicht gewirkt hatte. Offenbar hatte der Kindergarten unmittelbar zuvor den Kindern beigebracht, diese Konfliktlösungstechnik anzuwenden. Ich will die Fähigkeiten der Berufspädagogen nicht in Zweifel ziehen, aber sie werden sich schon etwas Effizienteres ausdenken müssen, um Eve daran zu hindern, ihre Schwester zu schlagen. Als ich Eve wegen dieses »unakzeptablen Verhaltens« streng zurechtwies, fing ihre Unterlippe an zu zittern, und sie rannte ins Schlafzimmer, um Kate zu erzählen: »Mami, Daddy hat meine Gefühle verletzt!« Ein paar Minuten später war der Frieden wiederhergestellt, und Eve kam ohne Vorwarnung von hinten an mich heran, schlang ihre Arme um meinen Hals und flüsterte mir ins Ohr: »Daddy, ich hab dich so lieb wie um die ganze Harbour Bridge.« Ich war nicht ganz sicher, was es bedeutete, aber ich fühlte mich geehrt.

Ermutigenderweise waren die Erfolge nicht auf die Weihnachtsfeiertage beschränkt. Ich bin immer noch trocken, habe seit April 2003 keinen Tropfen mehr getrunken. Ich bin fit – zwar kein Waschbrettbauch, aber definitiv fit. Die Beziehung zu meinen Kindern hat sich dauerhaft verbessert. Harry benutzt immer noch seinen richtigen Namen, Grace hat damit aufgehört, mich öffentlich bloßzustellen. Ich habe mit Alex zusammen nicht nur einige Spiele der Rugby-Weltmeisterschaft gesehen, sondern auch einen weiteren Vater-und-Sohn-Ausflug unternommen – diesmal habe ich mit ihm und seinem Bruder ein Wochenende lang im Busch gezeltet. 2004 habe ich nicht an einem, sondern an drei Ozeanschwimmen teilgenommen und sie durchgeschwommen. Ich habe das Laufen beibehalten und sogar angefangen, morgens vor der Arbeit mit Alex joggen zu gehen. Ich bleibe nicht mehr vor der Tür im Auto sitzen, wenn ich abends von der Arbeit nach Hause komme. Und am wichtigsten: Kate hält es immer noch mit mir aus.

Natürlich bin ich nach wie vor alles andere als ein perfekter Manager, Vater und Ehemann, aber ich bin fest davon überzeugt, dass mein freies Jahr mehr war als nur ein längerer Urlaub – es gab mir den Startschuss zu einer sehr persönlichen Reise. Ich gebe mich nicht der Illusion hin, dass ich jemals am Ziel ankommen werde, aber ich bin fest entschlossen, dem Weg zu folgen, wo immer er mich auch hinführen mag. Er mag manchmal an überraschenden Orten vorüberführen, denn fast jede Woche lehrt mich etwas völlig Unerwartetes. Ein Aha-Erlebnis, das ich vor ein paar Wochen hatte, scheint mir ein passender Schlusspunkt für diese Geschichte zu sein.

Es geschah, während ich mit meinem Bruder Jon und unserem Cousin Clive kürzlich bei einem Familientreffen in England auf einer Wandertour war. Wir wollten den ganzen Tag unterwegs sein und hatten vereinbart, dass jeder ein paar Süßigkeiten und Schokolade als Energiespender für unterwegs mitbringen sollte. Auf dem Weg zu unserem Treffpunkt hielt ich an einer Tankstelle an. Als ich zur Kasse ging, um zu bezahlen, sah ich mit Begeisterung, dass irgendein Marketinggenie endlich auf die Idee gekommen war, rote und schwarze Weingummis herauszubringen.

Weingummis waren schon als Kind meine liebste Süßigkeit, und bis heute kaufe ich welche, wenn ich auf lange

Autofahrten oder Wanderungen gehe. Das Problem war nur, dass man in jeder Packung, die man kauft, immer zehn oder noch mehr dämliche grüne, orange oder gelbe Weingummis essen muss, bevor man die ein oder zwei roten und schwarzen erwischt. Dabei weiß jeder Mensch, dass die roten und die schwarzen am besten schmecken. Niemand isst am liebsten die orangen, grünen oder gelben. Die werden allerhöchstens toleriert – aber niemals gesucht oder genossen. Eine ganze Packung *nur* mit roten und schwarzen war fast zu schön, um wahr zu sein. Es war die Süßigkeiten-Entsprechung einer Frau, die zu ihrem Mann sagt: »Heute Abend wollte ich dich einmal in Schwesterntracht und mit Strapsen überraschen. Mach dir keine Sorgen um mich, heute wollen wir einmal all die Dinge tun, von denen du redest, wenn du betrunken bist, und die wir bis jetzt noch nicht ausprobiert haben.« Ich war so begeistert von meiner Entdeckung, dass ich den ganzen Vorrat aufkaufte – siebzehn Päckchen, um genau zu sein. Wir würden auf unserer Wanderung definitiv genug Energie haben.

Jon und Clive waren ebenso begeistert wie ich, als ich ihnen meine Süßigkeiten-Goldmine zeigte. Doch auf der Wanderung geschah etwas wirklich Seltsames. Anfangs mampften wir uns mit Begeisterung durch ein Päckchen nach dem anderen. Doch nach einigen Kilometern Wanderung hörten wir alle einfach auf, Weingummis zu essen. Wir aßen stattdessen Schokolade oder tranken Wasser. Am Ende des Tages hatte ich immer noch zwölf Päckchen mit roten und schwarzen Weingummis in meinem Rucksack, obwohl wir alle anderen Snacks aufgegessen hatten. Auf der Heimfahrt traf mich plötzlich die Erkenntnis: Ich mochte die roten und schwarzen Weingummis so gern *wegen* der orangen, grünen und gelben.

Und das ist wohl der Punkt, nehme ich an. Man muss

sich gut überlegen, was man sich wünscht im Leben. Vielleicht ist es gar nicht so wundervoll wie in der Fantasie. Mit der richtigen Einstellung sind die schlechten Dinge gar nicht so schlimm, und letzten Endes sind sie meistens die Voraussetzung dafür, dass man die guten Dinge genießen kann. Nun, da ich wieder arbeite, habe ich zwar zu kämpfen, aber ich bin glücklich über diesen Kampf. Ich bin froh über mein freies Jahr *und* freue mich auf das Jahr, das vor mir liegt. Kampf hin oder her.

Was nicht heißen soll, dass ich ein bisschen mehr Einsatz an der Schwestern-in-Strapsen-Front nicht zu schätzen wüsste …

Danksagungen

Eine ganze Reihe von Menschen hat den Entstehungsprozess dieses Buches mit viel Ermutigung und Hilfe begleitet. Ich möchte gerne danken:

Tara Wynne, Jude McGee, Jessica Dettmann, Claudia und Jonathon Crow, Vickie and Miles, Paul Wilson, Bill Ford, Katie und James, Charlie Lawrence, Hugh Mackay, Justin und Jacqi, David Rollins, Miche Holdsworth, David Holtham, Ilona Levchenko, Peter Guitronich, Tom Loewy, Margaret Marsh und natürlich der Erfinderin des gestrandeten Teebeutels persönlich, meiner geliebten Frau Kate.

Außerdem möchte ich gerne der ehemaligen Belegschaft von D'Arcy Australia und meinen jetzigen Kollegen bei Leo Burnett Australia danken – zwei ganz besonderen Gruppen von Individuen. Ich fühle mich privilegiert, diesen beiden Teams angehört zu haben bzw. anzugehören.

Und *last, but not least* gilt meine Dankbarkeit allen, die sich sehr viel Mühe gegeben haben, damit wir uns in diesem wunderbaren Land willkommen fühlen. Ihr wisst, wer gemeint ist. Eure Freundlichkeit hat uns wirklich berührt.

Hinweis:

Die Anonymen Alkoholiker im deutschsprachigen Raum können über ihre Internetseite www.anonyme-alkoholiker.de kontaktiert werden. Außerdem kann man sie in jeder größeren Stadt unter der Telefonnummer 19295 erreichen.